गौरैया को तो गुस्सा नहीं आता

गौरैया को तो गुस्सा नहीं आता

दामोदर खड़से

लेखश्री पब्लिकेशन

ISBN : 978-81-905388-3-1

लेखश्री पब्लिकेशन
पन्नालाल लेन, 21-ए, दरियागंज,
नयी दिल्ली-110002
द्वारा प्रकाशित

संस्करण : 2017
मूल्य : ₹ 450.00

जी.एस. ऑफसेट, दिल्ली-110032 द्वारा मुद्रित

लेखश्री पब्लिकेशन, वाणी प्रकाशन की सहयोगी संस्था

सुमित्रा के लिए

अनुक्रम

मुहाने पर

उसने पैसे गिने और भीतरी जेब में रखे। बच्चा उसके बालों से खेल रहा था, पर उसका ध्यान कहीं और था। वह आँखों ही आँखों में कुछ जोड़-घटा रहा था। पत्नी ने एक बार फिर आवाज दी, पर वह सुन नहीं पाया था। "अं...तुमने कुछ कहा?"

"हाँ, मैं पूछ रही थी, खाना परोसूँ? कहाँ खो गये हो आज..."

"चलो खाना परोसो...भूख लगी है।"

खाना खाते समय उसने बच्चे को दुलारा और पत्नी से बोला, "हमारा धन्धा यदि इसी तरह चल निकला तो एक महीने के भीतर हम आने वाले का खर्चा भी जुटा लेंगे...।"

वह कुछ शरमायी—"तुम बहुत आगे की सोचते रहते हो...।"

"आगे की कहाँ? अब तो तीन महीने ही बचे हैं।"

"ऐसा खर्चा भी क्या होगा, सरकारी दवाखाने में सब ठीक हो जाएगा।"

"ठीक है। पर, तुम्हारे दो-तीन महीने साथ न होने से मैं सारा काम अकेले कैसे निपटा पाऊँगा...इसलिए कुछ पैसा रहे तो अच्छा। समय पर भागमभाग नहीं होगी।"

"ठीक है, मुझे क्या चिन्ता है, पर एक बात है, अब हरी सब्जियाँ नहीं लाएँगे। बचने पर कुछ दिन में सड़ जाती हैं। बस सँभालते रहो।"

"बस, आज का अनुभव अच्छा रहा। अब सिर्फ आलू और प्याज ही बचेंगे। इसमें घाटा होने का सवाल ही नहीं होता।"

खाना खाया उसने। बरसात के दिन थे। उसकी छत पर पानी की बौछार पड़ने लगी। इस बरसात में उसने प्लास्टिक चढ़ा दिया है। अब पानी सीधे नहीं टपकता। बस, बाहर यदि बारिश बहुत हुई तो उसके घर में पानी घुस जाता है। ट्रेनें रुक जाती हैं... वह समझाता है, धन्धा यदि ठीक से जम गया तो वह पास के गाँव में एक झोंपड़ा बनवा लेगा। फिर न रेलवे लाइन के दादा को हफ्ता देना पड़ेगा और न रात-दिन की चिन्ता होगी कि पता नहीं कब कौन उसे कहाँ से उठा दे।

वह आठ साल से इस महानगर में है। पहले एक होटल में काम करता था। उसका बचपन तब खत्म भी नहीं हुआ था। उसके रोएँदार होंठों ने बीड़ी पीनी शुरू

कर दी थी। वह रात-दिन काम करता पर उसे मिलता क्या था? एक दिन होटल का काँच का सामान उसके हाथों टूट गया। मालिक ने बहुत पीटा। दूसरे दिन वह काम पर गया ही नहीं। मालिक ने हिसाब कर दिया। कुल पैंतीस रुपये उसे मिले। पिछले दो महीने की नकदी जोड़कर।

होटल से निकलते समय उसने तय कर लिया नौकरी नहीं करूँगा। फिर उसके सामने कई पर्याय थे। बूट पॉलिश, अखबार बेचना, फुटकर सामान बेचना या सब्जी बेचना। बूट पॉलिश पता नहीं वह क्यों नहीं अपना पाया। हालाँकि, उसे मालूम था कि इसमें फायदा ज्यादा है। फिर उसने सब्जी बेचना शुरू कर दिया। तीस रुपये की सब्जी खरीद लाया। सड़के के ऐसे कोने में बैठता था जहाँ कोई दुकान ही न हो। चाहे इसके लिए उसे कितनी ही दूर क्यों न जाना पड़े।

सात साल पहले की बात है यह। अब उसने रेलवे लाइन से लगकर एक झोंपड़ा खड़ा कर लिया है। झोंपड़ा क्या है—चार बाँस, चार बल्लियों में टाँग दिये हैं। ये भी कई बार उखड़ चुके हैं। कारपोरेशन वालों ने इसे कई बार तोड़ा है। उस इलाके में रामदास नामक एक व्यक्ति है, जिसका काफी रोबदाब है। वह आता है। कारपोरेशन वालों को गालियाँ देता है और हिम्मत बँधाता है कि फिर झोंपड़े बना लो। अब की बार मोर्चे निकालेंगे। चुनाव आ रहे हैं। अब कोई किसी को नहीं हटा सकता। इस हिम्मत बँधाने के काम के लिए उसे महीने में दस-बीस रुपये देने पड़ते हैं। बाद में, यह भी मालूम हुआ कि रामदास के पास वे सारी बल्लियाँ और बाँस आ जाते हैं, जिन्हें कारपोरेशन वाले उखाड़कर ले गये थे। वह फिर इन्हीं लोगों को सस्ते भाव में बेच देता। जबसे इस झुग्गी-झोंपड़ी वालों को यह बात मालूम हुई है, उन पर दोहरा आतंक रहता है। एक तो कारपोरेशन वालों का और दूसरा रामदास का। रामदास को दूसरा कोई काम-धन्धा नहीं था। फिर भी उसके घर में सबकुछ था।

उसे आज नींद नहीं आ रही थी। जबसे उसने सुना कि कारपोरेशन वाले सभी झोंपड़ियाँ हटाने वाले हैं। उसे कभी-कभी अफसोस भी होता कि वह नन्हे और उसकी माँ को यहाँ क्यों ले आया...पर यदि नन्हे की माँ न आती तो क्या वह अकेले इतना धन्धा कर पाता।

नन्हे की माँ कितना चिल्ला-चिल्लाकर सब्जियाँ बेचती है। वह अकेला कितना खटता। पर अब नन्हे भी तो है। खर्चा बढ़ता जा रहा है। गाँव कुछ नहीं भेज पाता। और अब नन्हे की पीठ पर एक नया मेहमान भी आ रहा है। फिर ये झोंपड़ा...पता नहीं कब हटा दें?

"अरे...अरे...उठो।" वह नन्हे की माँ को झिंझोड़कर उठाने लगा।

"क्या पानी भर आया है...?" नन्हे की माँ हड़बड़ाकर उठ बैठी। घबराहट में नन्हे भी रोने लगा। उसने उस झोंपड़ी में एक लकड़ी की खटिया डाल रखी थी। पहले वह वहाँ सोता था। पर जबसे नन्हे की माँ को फिर दिन चढ़े, वह खाट पर

सोती है और वह नीचे। नन्हे को किसी तरह चुप किया। नन्हे की माँ ने पूछा, "क्यों क्या बात है? अभी तक सोये नहीं। मैं कहती हूँ, चिन्ता कम किया करो। पर तुम मानते ही नहीं...अच्छा क्या बात है?"

"अब और बच्चा नहीं...।"

नन्हे की माँ हँस पड़ी। "बस, इसी के लिए उठाया...।" पर अचानक उसकी शर्म गायब हो गयी, "बिल्कुल ठीक कह रहे हो। अच्छा अब सो जाओ। सुबह जल्दी उठना पड़ता है...।"

"अच्छा!" कहकर वह अपने बिस्तर पर लुढ़क गया। एक झपकी आती। पर अचानक नींद उचट जाती। उसकी आँखों के सामने कई दृश्य घूम जाते।

कुछ दिन पहले की घटना भी उसे सोने नहीं दे रही थी। कारपोरेशन की गाड़ी अचानक आयी। लोग अपना सामान छोड़कर भाग खड़े हुए। उन लोगों ने सारा सामान बटोरकर गाड़ी में डाला ओर चलते बने। जिसने विरोध किया उसे पुलिस की गाड़ी में डाल दिया गया। उस दृश्य से वह दहल गया था। उसे तो पहले ही खबर लग गयी थी। दूर से लोग भागते हुए आ रहे थे। वह झट अपनी सब्जियाँ बोरे में भरकर पास की गली में जा छिपा था।

वह देख रहा था—नारियल से भरा एक ठेलिया लिए दूसरा फेरीवाला किस तरह भाग रहा है। कारपोरेशन वाले उसके पीछे ऐसे लगे थे ज्यों हाँका हो रहा हो। जब फेरीवाले के लिए यह सम्भव नहीं हुआ कि वह स्वयं को और ठेलिए को बचा सके, वह ठेलिया ढकेलकर गली में गायब हो गया था। सड़क पर नारियल बिखर गये थे। सारे नारियल जमा किये गये और ठेलिए समेत गाड़ी में डाल दिये गये। फेरीवाला दूर से गालियाँ दे रहा था। पुलिस वालों को देखकर वह भाग खड़ा हुआ।

कितने दिनों से उसका एक सपना था कि उसका भी एक ठेलिया हो, जिसमें वह तरह-तरह की सब्जियाँ रखकर गली-मोहल्लों में बेचता हुआ निकले। पर उस दिन के इस भयंकर दृश्य को देखने के बाद उसने अपना यह विचार छोड़ दिया। वह फेरीवाला कितना कोस रहा था, अपने भाग्य को। कितनी मेहनत के बाद उसने यह ठेलिया खरीदा था। फिर एक नारियल के पीछे कितना मिलता है। कभी पचीस पैसे, कभी पचास पैसे—वह आगे कभी सोच ही नहीं पाया और ठेलिया उसके दिमाग से हमेशा के लिए निकल गया....।

ठेलिया न खरीदने के फैसले पर उसे राहत मिली। ज्यों वह किसी खास निर्णय पर पहुँच गया था। अब उसे कोई डर नहीं। उसे कब नींद लगी, उसे भी नहीं मालूम।

दूसरे दिन वह देर से उठा। नन्हे यदि न रोता तो शायद वह एकाध घंटा और न उठता।

थोड़ी देर बाद तीनों अपनी झोंपड़ी से बाहर थे। बाहर ही उन्होंने चाय पी और

बाजार-खरीद के लिए निकल पड़े। आज वह कुछ अधिक जोश में था। पैसे जो थे उसकी जेब में। उसने सोचा जितना अधिक ले सकते हैं, खरीद लें। आज भाव भी कुछ कम था। फिर आलू-प्याज में नुकसान भी उठाना नहीं पड़ता। उसने दो बोरे आलू और तीन प्याज की बोरियाँ खरीद लीं।

जब वह अपना माल लेकर हमेशा की जगह की ओर बढ़ा तो उसे बड़ा आश्चर्य हुआ। आज देर होने के बावजूद बहुत कम लोग दुकान लगा पाये हैं। वरना रोज तो सड़क की एक-एक फुट जगह के लिए झगड़ना पड़ता है। यहीं सड़क के किनारे दूसरी दुकानों के सामने, फुटपाथ पर उसकी दुकान लगती है। वह कुछ भयभीत भी हुआ। उसने चम्पाबाई से पूछा, "क्यों, आज सब लोग कहाँ चले गये?"

"अरे तुम्हें मालूम नहीं, बड़े दुकानदारों ने शिकायत की है कि हम लोग सारा फुटपाथ घेर लेते हैं। उनकी दुकानों में जाने के लिए रास्ता ही नहीं बचता...।"

"अरे मौसी, यह सब रामदास की बदमाशी है। कल उससे मेरा झगड़ा हुआ था। इसी से उसने कोई बखेड़ा खड़ा किया होगा। पर यह क्या पहली बार हुआ है। हम इसी तरह डरेंगे तो जिएँगे कैसे?"

"पर बेटा, इन कारपोरेशन वालों का क्या भरोसा... सब बटोरकर ले जाएँगे।"

"अब तो आ गये हैं, देखा जाएगा...।"

वह जोर-जोर-से चिल्ला-चिल्लाकर आलू-प्याज बेचने लगा—दो रुपये किलो—दो रुपये किलो। वह पचीस पैसे दूसरों से कम ले रहा था। सुबह दस बजे तक उसका आधे से अधिक माल खप गया। फिर लोग अपने दफ्तर और काम-धन्धे के लिए निकल जाते हैं। ऐसे समय इक्का-दुक्का ग्राहक ही आते हैं। दोपहर में वह अपने लिए और नन्हे तथा उसकी माँ के लिए पास के किसी होटल से कोई भाजी ले आता है और पावरोटी। दोपहर का भोजन इसी तरह दुकान में ही होता।

खाना खाकर वहीं बोरे पर वे दोनों एकाध-घंटों के लिए बारी-बारी लुढ़क जाते। दोपहर तीन बजे के बाद ग्राहक फिर शुरू हो जाते हैं। छः-सात बजे तो सड़क से चलना मुश्किल हो जाता है। दफ्तरों-मिलों से छूटने वाले लोगों की भीड़। सब इन फुटपाथी दुकानवालों को कोसते हैं। उन्हीं के कारण सारी सड़क सिकुड़ गयी है। चलना दूभर हो जाता है। फिर कोई कार वाला नाक सिकोड़कर हॉर्न बजाता आगे बढ़ता है। कभी बड़बड़ाता हुआ, कभी उपेक्षा से देखता हुआ।

यही कोई पाँच बजे होंगे। सनसनी फैल गयी। चारों तरफ लोग जितना कुछ अपने सिर पर लेकर भाग सकते थे, भाग रहे थे। जिनका ज्यादा सामान था वे बोरों में भर रहे थे। एक डर, आतंक और माल चले जाने का अफसोस।

आज कारपोरेशन वालों की 'फौज' भी बहुत बड़ी थी। आठ-दस लोग सड़क पर ऐसे दौड़ रहे थे जैसे कबूतरों के झुंड से अधिक-से-अधिक कबूतर दबोच सकें।

वह भी पहले कुछ माल बोरे में भरने लगा। पर उसने अन्दाज बाँधा कि अब कुछ भी बचाना सम्भव नहीं। वह नन्हे की माँ को नन्हे सहित पीछे हटने को कह रहा था। नन्हे की माँ की इच्छा नहीं हो रही थी! चौथी-पाँचवीं मंजिल से लोग इस दृश्य को देख रहे थे।

वह अपनी दुकान छोड़कर पीछे हट गया। नन्हे की माँ की ओर देखा। उसकी आँखें डबडबायी थीं। नन्हे की माँ को लगा कि रात को जो हिसाब लगाया था, उस पर पानी फिर गया...उसका मन हुलसने लगा। आँखों के सामने उसकी सारी योजनाएँ लुट रही थीं। भरे हुए बोरे कारपारेशन की ट्रकों में जा रहे थे।

नन्हे की माँ पता नहीं कैसे अचानक चीख पड़ी और नन्हे सहित आलू-प्याज के ढेर पर बैठ गयी—

"खबरदार, माल को हाथ लगाया तो...।"

कारपोरेशन वालों के लिए यह नया था। किसी ने इस तरह नहीं रोका था। लोग हाथ जोड़ते थे, मिमियाते थे। इस तरह किसी ने इंकार नहीं किया था। उसमें से एक गरज उठा, "ए औरत, दूर हट, हमें अपना काम करने दे...।"

"नहीं हटूँगी...।"

नन्हे की माँ का यह रुख देखकर वह भी अकचका गया। उसने भी कहा कोई फायदा नहीं, उठ जा। पर वह हटी नहीं। आलू-प्याज के ढेर पर पसर कर बैठ गयी। नन्हे भी उसके साथ था।

चारों ओर लोग देख रहे थे। वह विरोध कर रही थी और कारपोरेशन वाले माल जमाकर ट्रक में डालना चाहते थे। इसी बीच कारपोरेशन के एक आदमी ने उसका हाथ पकड़कर उसे वहाँ से हटाने की कोशिश की। वह अपनी जगह से ही चिल्लाया, "खबरदार जो मेरी औरत को हाथ लगाया...।"

"फिर उससे कहा, अलग हो जाए...।"

इससे पहले कि और कोई बात हो दूसरा कारपोरेशन वाला आगे आया, "ये हरामजादे, ऐसे नहीं मानेंगे...।"

"तुम स्साला हमें हरामजादी कहता है...मादर...।" वह ढेर सारी गालियों के साथ सामने आ गया, "हाथ लगा के तो देख...।"

इतने में पुलिस भी वहाँ पहुँच चुकी थी। पुलिस वालों को देखकर कारपोरेशन का एक तगड़ा आदमी आगे आया। नन्हे की माँ ने स्थिति भाँप ली और वह झट ढेर से उठकर उसके सामने हो ली। उसे लगा कि उसके सामने आने पर कोई उसके मरद पर हाथ नहीं उठाएगा। औरत पर हाथ उठाने पर वे लोग हिचकिचाएँगे। पर वह तगड़ा आदमी उसी का हाथ पकड़कर उसे वहाँ से अलग करने लगा। अपनी औरत का हाथ दूसरे के हाथ में देखकर वह झपट पड़ा। एक झटके से उसने उसका हाथ उस आदमी से अलग किया और एक भद्दी गाली देता हुआ उस तगड़े आदमी पर

टूट पड़ा। इस आवेग से उसे भान नहीं रहा कि वह नन्हे की माँ को बहुत जोर से पीछे आलू-प्याज की ढेर पर ढकेल चुका है, जो उठ नहीं पायी है। उस तगड़े आदमी से मुकाबले की बात ही नहीं थी, यह वह भी जानता था। फिर भी वह अपने-आपको नहीं सँभाल पाया था। उधर वह तगड़ा आदमी इस उम्मीद में नहीं था। पहला घूँसा पड़ते ही वह सँभला और उसने एक भरपूर लात उसकी कमर के नीचे लगा दी। और वह नन्हे की माँ पर गिरा। दोनों हाथों से उसने अपनी पीड़ा भींच ली।

मजमा लग गया। पुलिस वालों ने अब चार्ज ले लिया। उस तगड़े आदमी को अलग किया। वह लगातार गालियाँ दिये जा रहा था और चीख-चीखकर उनके खिलाफ बोल रहा था। दर्द से भी वह फूट पड़ता। अब तक नन्हा खूब रो रहा था। नन्हे की माँ की ओर देखकर वह फिर चीख पड़ा। उसकी चीख से नन्हे की माँ ने आँखें खोलीं। और नन्हे के बाप की हालत देखकर उसकी आँखें फिर मुँद गयीं। उसकी मुँदी आँखों में ग्राहकों से घिरी एक छोटी-सी दुकान थी। उसकी आँखों में एक छोटा-सा झोंपड़ा और दो लाड़ले बेटे थे। सबके लिए यह एक नया हादसा था।

वह अपने दर्द से बेहाल था। खड़ा भी नहीं हो सकता था। गला फाड़-फाड़कर वह चिल्ला रहा था। नन्हे का रोना देखा नहीं जा रहा था। वे सब लोग जैसे किसी का इन्तजार कर रहे थे। हाँ, पास के पुलिस-स्टेशन से नीली गाड़ी आयी। पुलिस के आते ही उसने अपनी साँस रोककर नन्हे और उसकी माँ को देखा। नन्हे की माँ अब भी बेहोश थी। उसे पुलिस पकड़कर लारी में बैठाने लगी। लारी में बैठते हुए उसकी नजर मौसी पर पड़ी, "मौसी, नन्हे और उसकी माँ का ध्यान रखना...।"

लारी एक तेज आवाज के साथ आगे बढ़ गयी।

मौसी सामने आयी। नन्हे को पास खींचने लगी जो अपनी माँ से चिपका था। बेहद आतंकित। उसकी आँखों में भय समाया हुआ था। वह सहमा हुआ था। सबकुछ उसकी समझ से बाहर था। मौसी ने उसका हाथ पकड़कर अपनी ओर खींचा, नन्हे की भयंकर चीख से उसकी माँ ने कराहकर करवट बदली। उसके करवट बदलते ही मौसी ने देखा कि नन्हे की माँ की साड़ी खून से लथपथ है। उसके दोनों हाथ अपने पेट पर फिर रहे हैं। उसके दाँत आपस में कसे हुए हैं। आँखें बन्द हैं, फिर भी पुतलियों का कसाव दर्द साकार कर रहे हैं। मौसी अचानक चीख पड़ी, "अरे दौड़ो...खून! खून!!"

यह भी सच है

इस बरामदे को चन्द्रकान्त दीक्षित ने बड़े मन से बनवाया था। एक ही सपना था—यहाँ बैठकर सुबह-सुबह प्रार्थना के साथ चाय पीना और सूरज को उगते हुए देखना। इसलिए इसकी दिशा भी ऐसी ही चुनी थी। प्रार्थना जब चाय चढ़ाती तो उसकी पहली गन्ध से चन्द्रकान्त की नींद खुलती और चाय से पहले ही वे तैयार होकर, दरवाजों की कुंडियाँ खोलते, अखबार दरवाजे से भीतर ले आते और प्रार्थना की ओर देखकर मुस्कुरा देते। जवाब में प्रार्थना चाय का बड़ा-सा मग उनकी ओर बढ़ा देती। वे अब भी मग में ही चाय पीते हैं। कप उन्हें कभी पसन्द नहीं आया। अब वे चाय के साथ एकाध बिस्कुट ले लेते हैं। वैसे सुबह की चाय, केवल चाय के रूप में उन्हें पसन्द थी। बरामदे में सूर्य की पहली किरण पड़ते ही वे अपने जीवन का कायाकल्प पाते। उनके इस सुखद क्षण की गवाह होती, उनकी प्रार्थना...अभी-अभी वे नींद में कुछ-कुछ मुस्करा रहे थे और उनके होंठों की हलचल से लग रहा था कि वे पुकार रहे हों—प्रार्थना। उनकी सारी देह अस्वाभाविक हलचल में थी। आँखों की हालत बड़ी अजीब थी। कभी लगता वे पूरा जोर लगाकर खोलना चाहते हैं, कभी लगता वे आँखें खोलना ही नहीं चाहते। शायद सपने में ऐसा कोई दृश्य है, जिसे आँखें खोलकर वे खोना नहीं चाहते।

आँखें खुल ही गयीं अन्ततः। न बरामदा, न प्रार्थना...न मकान...टूट ही गया सपना। टूट ही गयी नींद। पर अभी तो सुबह भी नहीं हुई। खिड़की से बाहर अँधेरे का राज था। पड़े रहे वे बिस्तर पर। बाथरूम जाने की भी इच्छा नहीं हुई। टीन की छत और उसमें झूलता पंखा उन्हें चिढ़ा रहा था।

सारी जिन्दगी एक घर के लिए, एक अच्छे मकान के लिए उन्होंने क्या कुछ नहीं किया। लोन लिया। बचत की। मेहनत की। मित्रों से मदद ली। मकान बनाया। अपने प्लाट पर। पर इसके लिए उन्हें पेंशन तक लोन को पहुँच जाने दिया ...कोई बात नहीं प्रार्थना कितनी खुश है। कितनी मेहनत से उसने घर को सजाया-सँवारा है...और सुबह की चाय की वह गन्ध...क्या कहने...हमारा लोन कुर्बान! कनिष्क भी तो बड़ा हो रहा है...सब कुछ सँवर जाएगा। जिन्दगी चलती रही। उम्मीदों और सपनों पर सवार चन्द्रकान्त प्रार्थना के साथ सब कुछ सहने को तैयार...

कनिष्क पढ़-लिखकर बड़ा हो ही गया। नौकरी लगी तो उसकी शादी भी हो गयी। शादी के समय चन्द्रकान्त ने अपने रिटायरमेंट के समय मिली कुछ रकम खर्च कर दी। लोन का क्या है—पेंशन से कटता रहेगा। अब उनका अपना खर्च ही क्या था...

कनिष्क जैसे-जैसे गृहस्थ होता गया वैसे-वैसे उसके हाथों से गृहस्थी फिसलकर उसकी पत्नी के हाथों में आ गयी। बहुत हिसाबी थी वह। फिर हमेशा की तरह 'सास-बहू' और चक्चक्! कनिष्क पहले से ही पत्नी की बात सही समझता। प्रार्थना धीरे-धीरे अन्तर्मुखी हो गयी। केवल चन्द्रकान्त उसे पढ़ सकते। एक दिन अचानक प्रार्थना चन्द्रकान्त की निगाहों से हमेशा के लिए दूर निकल गयी। फिर न बरामदा उनका रहा, न चाय की गन्ध...न सूरज की ताजा किरणें, न अखबार का वैसा आकर्षण। बुझ-से गये। अपने ही बेडरूम में बैठे रहते। बहू जब चाय देती, पी लेते।

सुबह-सुबह दोनों बच्चों को स्कूल भेजने के चक्कर में कनिष्क और उसकी पत्नी चाय बहुत देर से दे पाते। चन्द्रकान्त समझाते अपने आपको, क्या चाय छोड़ नहीं सकता मैं...तभी चाय आ जाती। अभी मना करने के कई मतलब होंगे। कनिष्क का ऑफिस का समय हो रहा है। उसके दिमाग में सैकड़ों बातें रहती हैं। अभी-अभी प्रमोशन हुआ है। बहुत चखचख करता है। चन्द्रकान्त चाय पीकर धीरे से बाहर निकल आते हैं, अपनी छड़ी के सहारे। घर से दूर निकलकर सीमेंट की एक-एक बेंच पर बैठ जाते हैं और वहीं से अपने घर को निहारते हैं। निहारते-निहारते वे प्रार्थना में खो जाते हैं। तभी जल्दी में कनिष्क ब्रीफकेस लिए अपनी स्कूटर स्टार्ट करता है। स्कूटर स्टार्ट नहीं होती। किक् लगाते समय दूर से उसकी खीझ देखी जा सकती थी। स्टार्ट होते ही इतनी जोर से आगे बढ़ता है कि चन्द्रकान्त का दिल बैठने लगता है—सँभल कर बेटा! क्या कभी माँ की याद आती होगी उसे। आज चन्द्रकान्त को प्रार्थना की बहुत याद आ रही है। उन्हें लगता अचानक प्रार्थना घर से निकलेगी...भौचक निगाहों से मुझे तलाशेगी। नजरें मिलते ही पास आयेगी...यहाँ बेंच पर कहाँ बैठे हैं, घर चलिए, बरामदे में...चाय पियेंगे।...अरे आपको तो बुखार है—आपने बताया भी नहीं। हाथ छूकर कहेगी प्रार्थना!...अरे उन्हें तो सचमुच बुखार है—चन्द्रकान्त की आँखें भर आयीं। पर यहाँ से घर बुलाने वाला कोई नहीं।

शाम को कनिष्क आया ऑफिस से। ऑफिस की सारी बातें पत्नी को बताता है। कभी इस पर, कभी उस पर झल्लाता है। मैंने ऐसा कहा, मैंने वैसा कहा पत्नी कहती—ऐसा कहना था आपको! फिर बच्चे ट्यूशन से घर लौटे और उनका चाय-नाश्ता। बहुत देर बाद कनिष्क पिता के कमरे में गया। उसने देखा वे हाँफ रहे हैं। यूँ ही छुआ तो लगा उनका शरीर जल रहा है, आपने बताया क्यों नहीं, आपको बुखार है। क्या हम इतना भी नहीं कर सकते...आपने खाना खाया...कोई दवाई

ली...? कनिष्क कोई आदर या प्रेम में नहीं था। वह लगभग झल्लाते हुए ही पूछ रहा था। उसकी पत्नी भी कमरे में आ गयी और लगा कि चन्द्रकान्त बुखार में जाकर अपराधी हो गये उन्होंने कुछ नहीं कहा...एक शब्द नहीं बोले, केवल कनिष्क को देखते-देखते उनकी आँखें मुँद गयीं। प्रार्थना उनकी निगाहों में थी। तभी कनिष्क ने उन्हें हिलाया और बोला 'ये क्रोसिन ले लीजिए।' वे कुछ नहीं बोले। क्रोसिन ली, पानी पिया और कम्बल ओढ़कर आँखें मूँद लीं। कुछ दिनों बाद वे ठीक हो गये। उनका जीवनक्रम सामान्य हो गया, बेंच पर बैठना। आने-जाने वालों को देर तक दूर तक निहारते रहते। वैसे उनकी उम्र पैंसठ पार कर चुकी थी। पर मन इतना बोझिल हो गया था कि शरीर ठीक होने के बावजूद वे उम्रदराज लगने लगे थे।

एक रविवार कनिष्क ने एक प्रस्ताव रखा कि अब चूँकि बच्चे बड़े हो रहे हैं, इसलिए चन्द्रकान्त के बेडरूम में दोनों बच्चे रहेंगे। पढ़ाई ठीक से होगी और चन्द्रकान्त अब बरामदे में शिफ्ट होंगे। उनकी अलमारी और कॉट भी यहीं रहेगा। चन्द्रकान्त देखते रह गये...लगा भूकम्प आ गया, सुनामी आ गयी, दिमाग में कोई ज्वालामुखी फट गया...अकाल आ गया। नाते-रिश्ते के सारे लोग खत्म हो गये। मकान ढह गया। खाने को कुछ नहीं। घायल-से पड़े वे कराह रहे हैं। तभी कनिष्क के शब्दों ने ज्यों उन पर आग से झुलसता छप्पर ही ढकेल दिया, बरामदे के दो ओर से दीवाल तो है ही, एक ओर से तिरपाई लगा देंगे धूप नहीं आयेगी...। फिर कुछ बुदबुदायी-सी आवाज उठी, 'एकाध कमरा और होता तो यह स्थिति न आती...'

चन्द्रकान्त बरामदे में...न सूरज की पहली किरण, न चाय की गन्ध...बस रोज सुबह खटर-पटर और झुँझलाता कनिष्क...उसका प्रमोशन, पर इन्तजार चन्द्रकान्त की पेंशन का। पेंशन के दिन से दो-तीन दिन पहले और एक-दो दिन बाद चन्द्रकान्त की चाय समय पर होती। ऑफिस जाते समय कनिष्क उतना झुँझलाया न होता।

एक दिन कनिष्क कार से घर आया। दोनों बच्चे उछल रहे थे। पत्नी ने पूजा की थाल सजा ली। चारों खूब खुश थे। कनिष्क ने पिता को बताया लोन पर ली है। चन्द्रकान्त को अच्छा भी लगा, चलो घर में कार आ गयी। उन्होंने घर बनाया। बेटे ने कार खरीदी। प्रार्थना होती तो कितनी खुश होती। कनिष्क आया बरामदे में। पिता के पैर छुए और कुछ भावुक हो गया। उसका भावुक होना चन्द्रकान्त को अच्छा लगा...शायद माँ की याद आयी होगी।

कार आयी तो गराज भी बनी। कनिष्क के लिए अच्छी बात लगी कि गराज के लिए प्लाट में जगह है। ऊपर टीन डाल दिये और तीन तरफ ईंटें घेरकर बरसात से कार की सुरक्षा कर ली। इस बीच कनिष्क देर से घर लौटता। कार से जाता-आता। पर जब गराज में कार लगाता तभी चन्द्रकान्त सो पाते। तब तक वे चादर में दुबककर चुपचाप इन्तजार करते रहते। कनिष्क से कहने की इच्छा होती 'जल्दी आया कर बेटे, तबीयत का खयाल रखा करो।' पर चन्द्रकान्त कुछ न कह पाते।

उन्हें अचानक लगने लगा कि इस घर में अब उनकी उपस्थिति धीरे-धीरे अनचाही होती जा रही है। अपने समय में अनुशासनप्रिय शिक्षक और वात्सल्यपूर्ण पिता रहे चन्द्रकान्त अब इस मकान में अजनबी होते जाने लगे।

गराज में बाथरूम बना अचानक एक दिन। कार बाहर खड़ी की जाने लगी और चन्द्रकान्त कार की जगह आ गये। ठंड के दिन थे। कार बाहर रह सकती थी। बरामदा अब पूर्ववत् हो गया। अलमारी और कॉट गराज में आ गये चन्द्रकान्त के साथ। इस परिवर्तन ने चन्द्रकान्त को बुरी तरह तोड़ दिया। संवेदनाहीन बना दिया। प्रार्थना की याद भी अब उतनी नहीं आती। बरामदा तो फिर भी मकान का हिस्सा था। पर गराज...वे इस परिवर्तन को नहीं सह पाये। वैसे भी कुछ कहना उनके लिए तकलीफदेह था। अब वे मौन हो गये। हाँ, एक परिवर्तन और हुआ। वे अब जब इच्छा होती पास के छोटे-से होटल में चाय पी आते। कभी नाश्ता कर आते। जब खाने की अनिच्छा दर्शाते तो घर के लोग समझते बाहर से खाकर आये होंगे। अब वे बहुत गुमसुम रहने लगे थे।

आज सुबह जब नींद खुली तो उनकी इच्छा नहीं हुई उठने की। बाहर अँधेरा ही था। केवल पंखे की आवाज उनका साथ दे रही थी। बाकी सब सुनसान। क्यों न हो, सुबह कहाँ हुई...घड़ी भी देखकर क्या करेंगे...कुछ भी बजा हो, क्या फायदा। वे चुपचाप बिस्तर पर पड़े रहे। पंखा बजता रहा। नींद भागती रही। प्रार्थना बतियाती रही। चन्द्रकान्त की दिशाएँ भटकती रहीं। आँख लगी। लगा छाती पर कोई बड़ा राक्षस एक बड़ा पत्थर उठाये खड़ा है। वे उठना चाहते हैं, पर शरीर जवाब देता जा रहा है। राक्षस का आकार बड़ा होता जा रहा है। उनकी साँस बन्द हो रही है। वे जागना चाह रहे हैं, पर आँखें खुलती ही नहीं। दम घुट जाएगा। राक्षस का वजन बढ़ता ही जा रहा। वह सिर पर पत्थर पटकेगा अब...और वे कॉट से नीचे गिर चुके थे। भयानक डरावना सपना ढेर सारा पसीना निकाल चुका था। उन्होंने खड़ा होना चाहा। लगा पीठ में चोट आयी है। वे खड़े हुए। उनका पुराना स्वभाव तन रहा था। उन्होंने अपने आपको टटोलकर देखा। ठीक था सब। सुस्त कदमों से टीन के दरवाजे की साँकल खोली। सुबह हो चुकी थी। सामने की कार गायब थी। घर के मुख्य दरवाजे पर ताला लटक रहा था। अपने दुःस्वप्न में उन्होंने कार चलने की आवाज भी सुनी थी। किससे पूछे? तभी काम करने वाली औरत दिखाई दी। उसने इधर-उधर देखा और दरवाजे पर लगा ताला खोलने लगी। 'मौसी' चन्द्रकान्त ने आवाज दी। कामवाली को सब इसी नाम से पुकारते थे। मौसी ने मानो सुना ही नहीं। वह भीतर जाने लगी। चन्द्रकान्त ने बाहर आकर फिर आवाज दी। इस बार वह पलटकर बोली, "क्या बात है? चाय थोड़ी देर में देती हूँ...।" चन्द्रकान्त गुस्से में आ गये "चाय गयी भाड़ में। तू इधर आ।"

"क्या है?" लापरवाह होकर उसने प्रश्न किया। उसकी लापरवाही ने चन्द्रकान्त को

यह जता दिया कि घर में उसका क्या स्थान है। उन्होंने तीखे स्वर में पूछा, "कहाँ गये सब?"

"आपको नहीं मालूम?"

"इसीलिए तो पूछ रहा हूँ।"

"दो हफ्ते के लिए सब बाबूजी की ससुराल और फिर आगे घूमने निकल गये हैं। दो हफ्ते बाद आयेंगे।" वह फिर भीतर जाने लगी। चन्द्रकान्त पल भर तो कुछ समझ ही नहीं पाये। फिर पता नहीं कहाँ से उन्हें शक्ति आयी, गरजकर बोले, "चाबी मुझे दे और तू यहाँ से दफा हो जा।"

"बीबीजी ने चाबी देने से मना किया है।" नौकरानी की यह बात सुनकर चन्द्रकान्त आग बबूला हो गये, "घर का मालिक मैं हूँ कि तू? बीबीजी को क्या कहना है, बाद में देखेंगे। पहले चाबी मुझे दे नहीं तो बहुत बुरा होगा।" चन्द्रकान्त बोल तो गये, पर बुरा क्या कर लेंगे उन्हें भी मालूम नहीं था। पर असर हुआ। नौकरानी की लापरवाही काफूर हो गयी। उसने चुपचाप चाबी दे दी और रुआँसी होकर बोली, "बीबीजी नाराज होंगी। उन्होंने मना किया था।"

"वो मैं देख लूँगा। अब तू यहाँ से जा। दो हफ्ते आने की जरूरत नहीं है। मुझे चाय नहीं चाहिए।" नौकरानी दबे कदमों से चन्द्रकान्त को देखते ही निकल गयी।

चन्द्रकान्त ने घर को फिर ताला लगाया और अपने गराजवाले कमरे में आ गये। थोड़ी देर निश्चेष्ट बिस्तर पर पड़े रहे। फिर अचानक सक्रिय हो गये। पैंट-कमीज पहनकर चाय पीने निकल पड़े, पास के होटल में। चाय पीते हुए उन्होंने अखबार भी पढ़ा। उनकी आँखें इधर-उधर कुछ खोज रही थीं। प्रार्थना की याद ने उन्हें घेर लिया था। पैंट की जेब में घर की चाबी को टटोल कर आश्वस्त हुए। निर्विकार-सी उनकी आँखों ने अचानक उछाल अनुभव किया। वे झट वहाँ से उठ खड़े हुए। सलून गये। बहुत दिनों से बढ़े बाल और दाढ़ी बनवायी। घर लौटे। अरसे बाद अपने पसन्दीदा बाथरूम में नहाये। अलमारी में महीनों तह किये गये कपड़े पहने। कुछ रुपये जेब में लेकर वे ऑटोरिक्शा की ओर बढ़े। आज उनके पैरों में अचानक कुछ तेजी और दृढ़ता आ गयी थी। उनका मौन टूट गया था। वे स्वयं से खूब बतिया रहे थे। प्रार्थना की हर बात का जवाब दे रहे थे। स्वयं से भी उन्होंने खूब जिरह की। आज वे जीत गये। मन ही मन उन्होंने फैसला कर लिया था।

रिक्शा एक अखबार के दफ्तर के सामने रुका। चन्द्रकान्त के कदम कुछ निढाल पड़ रहे थे। पर बहुत जल्दी वे सँवर गये। अखबार के दफ्तर गये।

दूसरे दिन पास-पड़ोस सहित पूरे शहर में एक विज्ञापन चौंका गया...'बंगला तुरन्त बेचना है।' पूरा पता विवरण आदि छपा था, मालिक के रूम में—'चन्द्रकान्त दीक्षित।'

अनचाहे मोड़

आज की रात आशुतोष को बिल्कुल नींद नहीं आ रही थी। नौकरी का पहला दिन था उसका। पुणे के उपनगरीय इलाके के एक होटल में वह ठहरा था। यह होटल उसकी कम्पनी के बिल्कुल करीब था। फिर भी 20-25 मिनट लग ही जाते हैं। वैसे रोज सुबह कम्पनी की बस यहाँ आ जायेगी। पहला दिन ज्वाइन करने की औपचारिकता और काम को समझने में ही बीत गया। आशुतोष पुणे की इस सारी चमक-दमक को देखकर मोहित हो गया। सॉफ्टवेयर की इस कम्पनी में काम करना उसके लिए किसी चकाचौंध से कम नहीं था। कम्पनी के भीतर प्रवेश करते ही वह जैसे किसी अन्तर्राष्ट्रीय कॉर्पोरेट ऑफिस-सा महसूस करता। अमरावती जैसे तुलनात्मक रूप से छोटे शहर में पढ़-लिखकर आशुतोष हमेशा ही पुणे में काम करने के सपने सँजोता रहा। वह ई-मेल के माध्यम से तमाम कम्पनियों के सम्पर्क में रहता और अन्ततः एक प्रतिष्ठित सॉफ्टवेयर कम्पनी में रोजगार पाकर वह फूला न समाया। अमरावती और पुणे के बीच की स्वप्निल यात्राओं में वह खो गया और अनायास ही बाबा याद हो आये कि आज यदि वे होते तो उनके चेहरे की खुशी आशुतोष को सातवें आसमान पर पहुँचा देती। आदमी हमेशा जो नहीं मिल पाता उसके पीछे भागता है। अतीत उसका पीछा करता रहता है। पर बाबा होते तो...पता नहीं कब उसकी आँख लग गयी...सारा ऊहापोह अचेतन में उतर गया!

आशुतोष जल्दी ही नये काम का अभ्यस्त हो गया। सभी अपने-अपने काम से मतलब रखते। आपस में मुलाकात लंच पर होती। सभी अपने-अपने 'क्यूब' में व्यस्त होते। समय कैसे बीतता, पता ही न चलता। पूरी कम्पनी अलग-अलग प्रॉजेक्ट का ठेका लेती और काम करवाकर सप्लाई करती। विदेशी कम्पनियों के लिए भी वे काम करते। वेतन ठीक था पैंतीस हजार। दूसरे इन्सेंटिव भी मिलते। काम अधिक होता पर मानसिक दबाव नहीं। टीम लीडर के नियन्त्रण में सब चलता। बगल का ही सुरेश आया और बोला—"तुमने ब्रेकफास्ट किया?"

"हाँ"

"कहाँ लिया?"

"पास के ही होटल में!"

"अरे तुम्हें कूपन नहीं मिले?"

"नहीं, मुझे नहीं मालूम!"

"चलो मैं दिलवाता हूँ।" दोनों एच.आर. के पास गये। आशुतोष को बताया गया कि आज सभी नये आये लोगों को कूपन दिये जाने वाले थे। पर वह आ गया था तो तुरन्त इश्यू कर दिया। कोई परेशानी नहीं थी। वे सोडेस्को के कूपन कम्पनी के बाहर भी बड़ी दूकानों में चलते। आशुतोष नया था। धीरे-धीरे सब समझ रहा था।

"तुम कहाँ रहते हो?"

"पास के ही होटल में..." आशुतोष ने कहा।

"तुम मेरे साथ क्यों नहीं आ जाते? मैं पाषाण इलाके में एक फ्लैट में रहता हूँ। तुम देख लो, तुम्हें ठीक लगे तो हम साथ रह लेंगे। मैं अकेला ही हूँ। किराया शेयर कर लेंगे।"

"पहले मैं फ्लैट देखूँगा। फिर देखेंगे।" आशुतोष ने कहा। नाश्ते का बिल आशुतोष ने ही दिया। कूपन की शुरुआत हो गयी थी।

होटल पहुँच कर आशुतोष ने सोचा कि फ्लैट का किराया शेयर करना अधिक व्यावहारिक होगा।

आशुतोष और सुरेश की जोड़ी जम गयी। दोनों व्यक्तिगत बातें भी करने लगे थे। सुरेश को कम्पनी में एक साल हो गया था। सुरेश मैसूर का रहनेवाला था। बेंगलूर में भी उसने कुछ दिन काम किया था।

"बेंगलूर छोड़कर पुणे क्यों आ गये? वह तो मैसूर के करीब था।"

"करीब रहकर क्या करेंगे। यहाँ सैलरी ज्यादा है। आगे का स्कोप अधिक है। यहाँ जॉब जितना करेंगे उतना नया सीखने की गुंजाइश होगी। सी वी में बढ़ोतरी होगी।"

"पर घर के पास रहने से अच्छा रहता है न!"

"कभी-कभी दूर रहने में ठीक रहता है। प्रेम बना रहता है..." कहकर सुरेश टी.वी. पर खबरें देखने लगा। आशुतोष को लगा कि उसने कोई अप्रिय बात छेड़ दी है।

"शादी कब करोगे?" आशुतोष ने विषय बदलना चाहा।

"इसी झंझट में फँसा हूँ..."

"क्यों इसमें झंझट क्या है?"

"मैं पुणे में मराठी लड़की से शादी करना चाहता हूँ। घरवालों ने किसी लड़की वालों से बेंगलूर में बात की है। कह रहे थे बहुत पैसेवाले लोग हैं। पर मुझे वहाँ शादी नहीं करनी है।"

"यहाँ कौन है भई, जिसने हमारे सुरेश का दिल चुरा लिया है। अपनी ही

कम्पनी में है क्या?"

"हाँ, कल मैं लंच के समय मिलवाऊँगा। दरअसल मैं खुद ही तुमसे मिलवाना चाहता था। यहाँ अपना कौन है? मानसी पुणे की ही है। उसके बारे में मुझे ज्यादा जानकारी नहीं है। पर मुझे वह अच्छी लगती है। बातों में ऐसा लगता है कि मैं भी उसे अच्छा लगता हूँ।"

"शादी की कोई बात की है?"

"नहीं..."

"कोई बात नहीं, अब कर लेंगे।" आशुतोष ने आश्वस्त किया। हालाँकि लड़कियों से बात करने के मामले में वह खुद ही बहुत फिसड्डी था।

एक बड़ी-सी इमारत के टैरेस पर कम्पनी का कैफेटेरिया है। इस ऊँचे टॉवर की पाँचवीं और सातवीं मंजिल पर कम्पनी का ऑफिस है। टैरेस के कैफेटेरिया पर डेढ़ बजे सारे लोग एक साथ ही आ जाते हैं, लगभग जगह पकड़ने की जल्दी सबको होती है। पाँच काउंटर थे बुफे के। लम्बी-लम्बी लाइनें हर काउंटर पर।

इस टैरेस पर दोपहर में चहल-पहल। छोटे-छोटे समूहों में भोजन। पच्चीस से तीस-बत्तीस के बीच के युवा। लगभग सभी जींस में। लड़कियाँ भी जींस में ही। यहाँ लगता कि महिलाओं के आरक्षण के बिना ही लगभग आधी संख्या तो लड़कियों की ही है। सब लड़के-लड़कियाँ निस्संकोच हँसी-ठिठोली के साथ आपस में बतियाते। लड़कियाँ कसी जींस में। कइयों पर यह बहुत फबता। युवा ऊर्जा, उत्साह से लबालब यह चहल-पहल आशुतोष को बहुत लुभाती। वह कभी-कभी बहुत तल्लीन होकर देखता। सुरेश की चुटकी से उसका ध्यान टूटता। आशुतोष को लगता कि देश की यह ताकत ही दुनिया में अपना लोहा मनवायेगी। कितना अच्छा माहौल है। सब भोजन के समय केवल काम की बातें करते। न कोई राजनीति, न कोई उठा-पटक। यह एक नयी तस्वीर थी। इसी भीड़ में से सुरेश किसी के साथ आशुतोष की ओर बढ़ रहा था। मानसी होगी...

"मानसी ये है—आशुतोष, मेरा रूम पार्टनर।"

"हॅलो,...हाउ आर यू?" मानसी ने हाथ बढ़ा दिया।

"आई एम फाइन" आशुतोष ने कहा और आनन-फानन में मानसी का हाथ थाम लिया। आशुतोष ने महसूस किया कि मानसी की तुलना में उसका अंग्रेजी उच्चारण कम प्रभावी है और संवादों में आशुतोष कुछ-कुछ दब्बू की तरह साबित तो नहीं हो रहा है।

तीनों बुफ़े की लाइन में लग गये। अपनी-अपनी पसन्द की चीजें लेकर एक टेबल पर तीनों बैठ गये। आशुतोष सोचने लगा कि सुरेश की तुलना में हर दृष्टि से मानसी बीस है। दिखने में, बातों में और व्यवहार में भी अधिक आगे। यह कैसे पसन्द करेगी सुरेश को...?

रात को कमरे पर आने के बाद सुरेश ने बताया कि मानसी ने प्रस्ताव स्वीकार कर लिया है। उसके घर के लोग भी इसके लिए राजी हैं। रजिस्टर्ड शादी होगी और मित्रों के बीच एक पार्टी या रिसेप्शन जैसा कुछ हो जायेगा। यह सब मानसी के घर से पहले से तय था।

"तब तो मुझे यह कमरा छोड़ना पड़ेगा।"

"नहीं, कमरा मैं छोड़ूँगा। हमें थोड़ा बड़ा फ्लैट चाहिए।"

आशुतोष स्तब्ध था। न सुरेश के घर के लोगों की सहमति, न ही मानसी और सुरेश के बीच जाति, भाषा, प्रदेश परिचय-अपरिचय की कोई समस्या, न कुछ लेन-देन, न बारात, न रिश्तेदारी...बस चट मँगनी, पट विवाह...!

सुरेश ने नया फ्लैट किराये से ले लिया। उसकी शादी हो गयी और एक अच्छे पार्टनर से दोनों बिछुड़ गये। इसी बीच अमरावती में आशुतोष की माँ का अचानक देहान्त हो गया। बहन ज्योति अकेली रह गयी। वह भी कम्प्यूटर साइंस में ग्रेज्युएट हो गयी थी लेकिन अमरावती और माँ को छोड़ना नहीं चाहती थी। माँ के अचानक चले जाने पर अमरावती में उसका मन न लगता। वह आशुतोष के साथ पुणे आ गयी। माँ की इच्छा अधूरी ही रह गयी थी क्योंकि, ज्योति की शादी नहीं हो पायी थी। माँ के अचानक देहान्त से ज्योति में पता नहीं कहाँ से भीतरी मजबूती आ गयी थी। शादी के बाद घर-गृहस्थी तक सीमित सपनों वाली ज्योति अब एक कम्पनी में नौकरी करने लगी और जल्दी ही कस्बाई सीमाओं को झटककर पुणे के तौर-तरीकों में ढल गयी।

दोनों भाई-बहन किराये के फ्लैट में धीरे-धीरे जरूरी छोटे-छोटे सामान हर महीने खरीदने लगे। कभी टीवी तो कभी माइक्रोवेव...हाँ, माइक्रोवेव तो बहुत जरूरी था। एक समय खाना बनाकर वे दोनों टाइम खाते। शाम को माइक्रोवेव में गरम करके वे अपना समय और कामों में गुजारते।

एक दिन ज्योति देर से घर पहुँची। आशुतोष ने कुछ नहीं पूछा। पर लग रहा था कि वह कुछ कहना चाहती है।

"क्या बात है? ऑफिस में सब ठीक है न?"

"हाँ, सब ठीक है।"

"अब तो लगभग साल होता आ रहा है...तुम्हें सारा कामकाज तो अब मालूम ही हो गया होगा।"

"हाँ, ऑफिस का कोई झंझट नहीं..." ज्योति ने कुछ इस तरह देखा कि आशुतोष समझ गया कि बात कुछ और है।

"फिर क्या बात है?"

ज्योति बहुत संकोची लड़की रही है। पर अब साहस आ गया है। आशुतोष उसका बड़ा भाई है। अब तो माँ और पिता दोनों है। मन की बात तो उसे बतानी ही

होगी। खासकर वैसी जो बहुत जरूरी है। उसने काफी विचार किया इस विषय पर और कह दिया, "भैया, कल शनिवार है। छुट्टी का दिन। कोणार्क आपसे मिलना चाहता है।"

"कोणार्क। कौन कोणार्क?"

"मेरे साथ काम करता है।" आशुतोष सब समझ गया। फिर भी पूछता रहा कि कहाँ से है, कबसे है, पुणे में कहाँ रहता है, उसके माता-पिता कहाँ हैं, क्या करते हैं? आशुतोष को अपने कुछ प्रश्नों के उत्तर तो मिले पर माता-पिता की जानकारी पूछकर बताने की बात ज्योति ने कही।

पूरी रात आशुतोष मन पर एक खलबली का बोझ लिए करवटें बदलता रहा। कोई उत्तर न मिलता, हाँ कहने के अलावा। फिर भी माता-पिता का दायित्व निबाहना है। ज्योति के भविष्य का सवाल था। खैर! कल सुबह जब कोणार्क आयेगा, तब बात करेंगे, सोचेंगे और अन्तिम निर्णय लेंगे।

आशुतोष सोचता रहा। एक नया समाज बन रहा है। घर से बाहर निकल युवा अपने जीवन का निर्णय स्वयं ले रहे हैं। माँ-बाप हैं तब भी शादी-ब्याह के मामलों में माता-पिता बच्चों की जिन्दगी से छिटक जाते हैं। अधिकांश मामलों में समझौते हो जाते हैं। कुछेक मामले ऐसे भी होते हैं, जो स्थितियों के निर्णय के रूप में स्वीकार कर लिए जाते हैं, जिनमें रिश्तों का भविष्य आने वाला कल तय करता रहता है। ज्योति-कोणार्क का रिश्ता आशुतोष ने मान लिया। कोणार्क, भुवनेश्वर का रहने वाला था। शादी में माता-पिता और करीबी रिश्तेदार आये तो पर एक बुझी-बुझी-सी बाती लेकर। ज्योति शादी के बाद कोणार्क के साथ चली गयी। कोणार्क का किराये का फ्लैट था। आशुतोष फिर अकेला हो गया।

आशुतोष अब अपने बारे में सोचने लगा था। उसके सपने दस्तक देने लगे थे। सुरेश की गृहस्थी उसे बहुत अच्छी लगती। उन्होंने कई बार आशुतोष को घर पर खाने पर बुलाया था। सुरेश ने नया फ्लैट खरीदा है। सुरेश फ्लैट दिखा रहा था। आशुतोष किचन में अटक गया,

"भई सुरेश किचन का डिजाइन बहुत अच्छा लगा मुझे।"

"मानसी की पसन्द है। हमने पसन्द आपस में बाँट ली थी। किचन मानसी का और ड्राइंग रूम मेरा...और...और ये बेडरूम हम दोनों की पसन्द का..."

आशुतोष को बेडरूम में ज्यादा निहारना अच्छा नहीं लगा..."अच्छा है" कहकर वह ड्राइंग रूम में आ गया और नये डेक पर पुराने गाने की सीडी पर वह मन्त्र-मुग्ध हो गया था। 'सौ बार जन्म लेंगे...' मोहम्मद रफी की इस आवाज पर आशुतोष के सपने हिचकोले ले रहे थे...

"कहाँ हो आशुतोष...चलो खाना खाते हैं।" दोनों खाने की टेबल पर थे। मानसी भी ज्वाइन हो गयी।

"बहुत अच्छा लगा, तुम्हारी गृहस्थी और नया फ्लैट देखकर।" आशुतोष ने भीतर से कहा।

"अब तुम्हारी बारी है आशुतोष...अब तक किसी से कोई वादा लिया या दिया नहीं क्या? जल्दी करो। फ्लैटों के भाव रोज चढ़ रहे हैं और अच्छी लड़कियाँ ज्यादा दिन अकेले नहीं रह पातीं।"

"बस भी करो भई। फ्लैट लेना तो पुणे में आसान नहीं लगता..."

"फिर शादी कर लो। दोनों कमायेंगे तो आसान हो जायेगा..." सुरेश ने मानसी की ओर देखा। मानसी मुस्कुरा दी। आशुतोष को दोनों का तालमेल बहुत अच्छा लगा। मानसी ने वाकई बहुत तल्लीनता से सब कुछ सँभाल लिया था। आशुतोष किसी मानसी के संयोग को मन में उतारकर कमरे पर लौट आया था। आज तक उसने किसी की ओर ऐसी नजर से नहीं देखा था। पर अब वह अपने आपके प्रति अधिक सजग हो गया था। कपड़ों के रंग, जूतों की पॉलिश, डियोडंट, बाल काढ़ने की स्टाइल पर वह सजग रहने लगा। अपने बोलचाल और व्यवहार को भी उसने सुधार लिया था। पर सब कुछ सहज और स्वाभाविक। बहुत एग्रेसिव वह कभी नहीं था। सुरेश की बात उसे हमेशा याद रहती कि अति एग्रेसिव लड़कों से लड़कियाँ बिदकती हैं। लड़कियाँ सौम्य व्यक्तित्व ही पसन्द करती हैं। आशुतोष न सिर्फ सौम्य है, बल्कि वह आकर्षक व्यक्तित्व का धनी भी है।

लंच के समय आज टैरेस पर एक लड़की के साथ आशुतोष को आता देखकर सुरेश बहुत खुश हुआ। तेजी से आगे बढ़ता हुआ उन तक पहुँचा। पहले तो आशुतोष कुछ अचकचाया, फिर परिचय कराया,

"ये है मेरा दोस्त और पुराना रूम पार्टनर सुरेश...और सुरेश ये है सुधा..."

"तुम्हारी नयी पार्टनर मतलब नयी दोस्त...मुबारक हो..." सुरेश ने दोनों को बारी-बारी से निहारा और खाने की प्लेट उठाने का इशारा किया।

फिर लम्बे समय तक सुरेश ने आशुतोष और सुधा को साथ-साथ देखा। वे दोनों खाना खाने अक्सर साथ आते। दोनों की केमिस्ट्री सुरेश को अच्छी लगती। आशुतोष की आँखों में एक नयी चमक उभर आयी थी। उसका चेहरा खिल उठा था। खाने-पीने और कपड़ों पर उसका ध्यान पहले से अधिक रमने लगा था। सुधा भी उसके साथ खुश लगती। छरहरे बदन की सुधा अक्सर ही जींस में होती। उसके कपड़े बहुत महँगे होते। उसके पिता पुणे में एक मल्टीनेशनल कम्पनी में रीजनल डाइरेक्टर हैं। क्लब संस्कृति में पली-बढ़ी सुधा बिन्दास लड़की थी। शाम को बियर पीने में भी उसे कोई परहेज नहीं था। सिगरेट पीना उसके लिए आम बात थी। आशुतोष को यह सब धीरे-धीरे मालूम हुआ। पर जब मालूम हुआ तब तक बात शादी तक पहुँच चुकी थी। सुधा को शादी से पहले भी दैहिक-सुख गलत बात न लगती, परन्तु आशुतोष इसके पक्ष में नहीं था। उसके संस्कार इसकी इजाजत न

देते। उसे लगता था कि शादी के बाद सुधा को वह अपनी तरह ढाल लेगा। मानसी की तरह क्यों नहीं मिली सुधा उसे...

सुधा लम्बे समय तक कम्पनी से गायब रही। मोबाइल भी न उठाती उसका। फिर पता चला कि उसके पिता इस शादी के लिए राजी नहीं थे। उन्होंने सुधा से सम्बन्ध तोड़ने की धमकी दी और बाद में सुधा को अपनी तरह मनाने में राजी हो गये...अच्छा ही हुआ। आशुतोष को दोस्तों ने समझाया कि उसकी सारी तनख्वाह तो क्लब, कपड़ों में खप जाती है। वह रईसजादी है। पर आशुतोष के सपनों को कोई क्या समझाये। पहली बार उसने सपने देखे और अब उसकी धज्जियाँ...वह बिखर गया। उसकी चाल में उसकी अव्यवस्था देखी जा सकती थी। कपड़े फिर पहले जैसे थे, कभी-कभी तो वह बिना शेव किये ही ऑफिस आने लगा। उसके बाल उसके जीवन की बेचैनी बयान करते। वह उखड़ा-उखड़ा रहने लगा। सुरेश को ढाढस बँधाना भी उसे सहारा न देता।

रविवार की शाम थी। आज कहीं नहीं गया था बाहर आशुतोष। कल रात को उसने काफी पी ली थी। अभी शाम तक उसका असर था। बेचैनी, उकताहट और खींझ से भरा उसका दिन किसी तरह ढल चुका था। वह कपड़े बदल कर कहीं बाहर जाना चाहता था। फिर विचार बदला...बाहर कहाँ जाऊँ...मॉल...मल्टीप्लेक्स, होटल ...सुधा का साथ पीछा करता...उसका चेहरा उसे हर किसी लड़की में दिखता...कहीं नहीं गया वह। टी.वी. पर कोई फिल्म आ रही थी, उसे देखता रहा। कौन कलाकार है, फिल्म का क्या नाम है, उसे कुछ मालूम न था। तभी दरवाजे की बेल बजी, सुधा होगी...पल भर में वह कमरे की अस्त-व्यस्तता, अपनी त्रस्तता आईने तक जाकर ठीक कर दरवाजे की ओर बढ़ा ही था कि फिर बेल बजी। वह सँभल गया। कमाल है सुधा...उसने एक झटके में लैच खींचा...ज्योति? अपने बच्चे के साथ। बड़ा-सा सूटकेस और एक एयर बैग...क्या बात है...

"ज्योति, इस तरह...क्या बात है? मुझे फोन तो किया होता।"

"मैंने बहुत कोशिश की। आपका फोन आउट ऑफ रीच ही रहा..."

"ऑफ...कल से बैटरी चार्ज करना ही भूल गया। खैर, क्या फिर कोई बखेड़ा है। इस तरह कितनी बार घर छोड़कर आओगी। तुम दोनों ने अपनी मर्जी से शादी की है। और अब तो यह बच्चा?"

"बहुत हो गया भैया। मैंने बहुत-सी बातें आपसे छिपा रखी थीं। अब तो हद ही कर दी कोणार्क ने...आज उसने मुझ पर हाथ उठाया। हर शनिवार-रविवार को वह होटलों में पैसे लुटाता है और नयी-नयी लड़कियों के साथ गुलछर्रे उड़ाता है। कल मैंने टोका तो उसने बात नहीं की और सीधे सो गया। आज सुबह से मुझसे पैसे माँगता रहा। मना करने पर मारने पर उतारू हो गया। बच्चे से भी उसका कोई लगाव नही..."

"...."

"बस दो महीने की बात है भइया! वो तो अच्छा हुआ मैंने अलग वन बेड रूम का फ्लैट बुक कर लिया है। दो महीने में पजेशन मिल जायेगा।"

"सवाल दो महीने का नहीं है। सवाल तुम्हारी जिन्दगी का है।"

"मेरे लिए अब यह सवाल खत्म हुआ। मैं अपने बच्चे के लिए जिऊँगी। मैं उसके साथ एक छत के नीचे नहीं रह सकती।"

"क्या हो गया ज्योति...?"

"बस नसीब है भइया...देखो न, तुम्हारे साथ भी क्या हो गया..."

"मेरी छोड़..." आशुतोष ने बच्चे को उठा लिया। वह अपनी मुट्ठियाँ जोर से हवा में उछाल रहा था और अपनी दूधिया हँसी बिखेर रहा था। उसे देखते ही ज्योति फूट-फूटकर रोने लगी।

आशुतोष अपनी समस्या से उबरा भी नहीं कि ज्योति की जिन्दगी ने उसे छलनी कर दिया। एक अजीब-से वातावरण में जिन्दगी लुढ़क गयी। दो महीने बाद वास्तव में ज्योति अपने फ्लैट में चली गयी। कुछ ही दिनों में कोणार्क से तलाक हो गया। फैमिली कोर्ट में आशुतोष भी गया था। कितने सारे लोग तलाक की कतार में हैं...पर लगा अच्छा ही हुआ सुधा से शादी नहीं हुई, नहीं तो वह भी इन्हीं लोगों में से एक होता।

एक उदास-उदास-सी जिन्दगी आशुतोष और ज्योति को दुहराती रही। ज्योति का बेटा अब स्कूल जाने लगा था। आशुतोष छत्तीस की उम्र पार कर गया। शादी की उम्र फिसलती जा रही थी। बीच में ज्योति को लगा कि भाई की गृहस्थी बस जाने की सम्भावना है। आशुतोष ने ऐसे कुछ संकेत दिये थे। मिलाने की बात भी हुई। पर संयोग नहीं बन पाया। इसलिए ज्योति ने तय किया कि इस शनिवार-रविवार वह आशुतोष के साथ बितायेगी।

शनिवार की सुबह उसने फोन मिलाया। काफी दिन हो गये मुलाकात को। पर फोन नहीं उठाया आशुतोष ने। अन्ततः ज्योति आशुतोष के घर गयी। फ्लैट अन्दर से बन्द था। बहुत बार बेल बजाने के बाद भी कोई हलचल नहीं। ज्योति की धड़कनें बढ़ीं। पड़ोसियों से बात की और अन्ततः पुलिस से सम्पर्क। दरवाजा तोड़ा गया। बाथरूम के पास आशुतोष की लाश...

ज्योति को लगा, आशुतोष के जीवन में फिर कोई और सुधा आयी और निकल गयी।

"आत्महत्या का मामला है..." पुलिसवाला बोला।

"..."

"हाँ, आत्महत्या ही है। पोस्टमार्टम करना होगा। पंचनामे के बाद पुलिस स्टेशन आइए..."

ज्योति पूरी तरह ध्वस्त हो गयी। पुलिस स्टेशन, सरकारी अस्पताल के चक्कर शुरू हो गये। भाई की मौत छोटी हो गयी, पुलिस का आतंक भयंकर हो गया। भाई गया और पुलिस गले में अटक गयी। आत्महत्या का केस बनने पर तमाम तरह की तहकीकात...केस रफा-दफा करने के पुलिस ने ढाई लाख लिए और पोस्टमार्टम को सामान्य करने के डॉक्टरों को पचास हजार देने पड़े। तब कहीं भाई का अन्तिम संस्कार वह कर पायी। महानगरों में अन्तिम संस्कार करना कितना जानलेवा हो जाता है, यह तो जो पीछे रह गये वे ही जानते हैं। खासकर तब जब कोई बाहर से उस शहर में आया हो। केवल सुरेश का साथ बहुत मददगार साबित हुआ।

आठ-दस दिन तक ज्योति आशुतोष के फ्लैट में ही रुकी। छोटी बच्ची को सँभालना कितना भारी था। तेरहवें दिन पूजा-पाठ करके वह फ्लैट छोड़ देना चाहती थी। तभी बेल बजी, कौन होगा?

"साहब हैं घर पर..."

"नहीं, आप कौन हैं?"

"हम फर्नीचरवाले हैं, साहब ने फर्नीचर बुक किया था। आधा एडवांस भी दिया था। कहा था कि उनकी शादी होने वाली है...बहुत पसन्द से फर्नीचर बनवाया है ...उसकी डिलीवरी देने हम आये हैं। हमको 20 दिन देर हो गयी...मैडम हम कहाँ रखें फर्नीचर....?"

"अब फर्नीचर नहीं चाहिए। आप वापस ले जाइए..."

दरवाजा खुला ही छोड़कर ज्योति भीतर जाकर फफक-फफककर रोने लगी।

बची है रोशनी

एक लम्बे समय बाद सुनिधि को ताजगी का अनुभव हुआ। घर लौटते समय उसके मन में कोई खिन्नता नहीं थी। सच तो यह था कि उसे पता ही नहीं था कि वह कहाँ जा रही है। रिक्शे वाले को घर का ही पता बताया था शायद।

रास्ते भर वह नयी नौकरी और नये वातावरण की दुनिया में खोयी रही। दफ्तर से निकली भी लगभग रात आठ बजे। उसे यह बड़ा अजीब लगा कि लगभग सभी ऑफिसर देर रात तक ऑफिस में काम करते हैं। जैसे ही विकास बाहर जाता है। अधिकांश लोग अपना काम समेटने लगते हैं। सुनिधि, जयेश के सामने बैठी थी। तभी अचानक जयेश खड़ा हो गया। सुनिधि ने मुड़कर देखा विकास केबिन से निकलकर ऑफिस से बाहर जा रहा था। किसी के पास वह रुका नहीं। जयेश को भी बिना देखे ही हाथ उठाकर 'बाय' किया। सुनिधि उसे दूर तक जाते देखती रही।

जयेश बैठ गया।

"साहब गये। अब आप भी जाइए।"

"...नहीं कोई बात नहीं...आप तो हैं अभी। और भी लोग बैठे हैं।" सुनिधि ने आश्वस्त करते कहा।

"बैंक में आने का समय है, जाने का कोई समय नहीं। काम खत्म होने का नाम ही नहीं लेता...अब देखिए न, कल साहब को सभी ब्रांचेज के लोन की पोजिशन देनी है।" जयेश कुछ खिन्न होता बोला।

किसी शाखा से फोन आया और जयेश आँकड़े लिखने में व्यस्त हो गया। फोन रखते ही उसने फिर कहा, "आप जाइए। मेरा काम तो इसी प्रकार चलता रहेगा।"

इस बार सुनिधि ने कुछ नहीं कहा।

"धीरे-धीरे आपको यहाँ के सारे तौर-तरीके मालूम हो जाएँगे। कल आपके लिए यहीं बगल में टेबल-कुर्सी लग जाएगी। फिर आपका काम शुरू..." जयेश कल के लिए उसके रुटीन काम को समझाने लगा।

सुनिधि की नजर में जयेश एक कुशल अधिकारी लगा। ऑफिस में उसकी हैसियत है और विकास के बहुत करीब है। उसने पर्स उठायी ही थी कि एक दूसरी महिला अधिकारी उसके पास आयी।

"चलिए अब, बाद में तो ऐसा रुकना ही पड़ेगा।"

सुनिधि ने उसकी ओर देखा। फिर जयेश की ओर। जयेश ने ज्यों जाने की इजाजत दे दी।

लिफ्ट से नीचे आते समय उस दूसरी महिला ऑफिसर ने पूछा—

"आप कहाँ रहती हैं?"

"नव-जीवन सोसायटी में...युनिवर्सिटी रोड पर।"

"अरे, मुझे लगा आप कर्वेनगर के आसपास कहीं रहती हैं...मैं आपको ड्रॉप करती जाती..."

"कोई बात नहीं मैं ऑटो ले लूँगी।"

लिफ्ट के रुकते ही दोनों ने केवल एक-दूसरे को देखा, मुस्कान का आदान-प्रदान हुआ। कोई बात नहीं हुई। न सुनिधि ने नयेपन से कुछ जानने की जिज्ञासा व्यक्त की और न ही उसने सुनिधि के बारे में कुछ जानना चाहा। एक नयापन उनकी मुलाकात में फैला रहा। केवल लंच के समय नाम और मोटी जानकारियों का आदान-प्रदान हुआ था। शायद महानगरों में कम बातें करने का परहेज नयी मुलाकातों पर कुछ अधिक ही हावी रहता है।

सुनिधि रास्ते भर अपनी पुरानी नौकरी से बैंक की नौकरी की तुलना करती रही। हालाँकि उसे बच्चों को पढ़ाना बहुत अच्छा लगता था। परन्तु स्कूल का मैनेजमेंट उसे केवल एक साल का ही ऑर्डर देता और कभी पूरी तनख्वाह की रकम पर पगार आधी! पर उसे तो नौकरी करनी ही थी। अब उसे सही जगह मिली, इसका उसके भीतर सन्तोष था और गर्व भी।

सुनिधि सोचती रही अपनी जिन्दगी के बारे में। एक अच्छी नौकरी पाने की उसकी छटपटाहट दूर हुई। पर क्या उसकी जिन्दगी का अँधेरा इस टिमटिमाहट से दूर हो सकेगा। घर का ध्यान आते ही वह पंख बिंधे पक्षी की तरह छटपटाकर फिर अँधेरे जंगल में गिर जाती। घर का सीलन भरा वातावरण उसकी हर रोशनी को दबोच लेता। वह रिक्शा में बैठे हुए सोचती रही कि काश, उसे घर न जाना पड़ता। वह सोच ही रही थी कि ट्रॉफिक जाम ने रिक्शे को थिर कर दिया। उफ ये धुआँ और प्रदूषण...सब घर जाने की जल्दी में हैं। घर सुनिधि को कभी सुकून नहीं देता...पर यह जानलेवा ट्राफिक...एक तकलीफ की तुलना में दूसरी कम तकलीफ... जिन्दगी तर्क से नहीं भावना से चलती है। पर मन है कि अक्सर तर्क के घोड़े पर सवार होकर जिन्दगी की लगाम थामना चाहता है।

"...मैडम कहाँ रोकूँ? नव-जीवन सोसायटी में कहाँ जाना है?"

"अंऽ...हम पहुँच गये नव-जीवन?"

"जी!"

सुनिधि ने गर्दन झुकायी और झाँककर देखा। "अरे हाँ...नव-जीवन आ गया!"

मन में कहीं सोचा, इतनी जल्दी!

"वो आगे...डी बिल्डिंग में लेना..." रिक्शे वाले से कहा उसने और पर्स खोलने लगी।

रिक्शा डी बिल्डिंग के पास खड़ा हो गया। अड़तालीस रुपये...रिक्शेवाले ने कहा।

सुनिधि ने पचास का नोट दिया।

रिक्शेवाला ऊपर की जेब में दो रुपये का सिक्का टटोल रहा था।

"रहने दो" सुनिधि ने कहा और बिल्डिंग के भीतर जाने लगी।

उसका फ्लैट तीसरी मंजिल पर है। लिफ्ट नहीं है।

आज बैंक में वह जितनी हल्की-फुल्की लग रही थी, उसके कदम अब उतने ही बोझिल हो गये थे—घर की सीढ़ियाँ चढ़ते हुए। उसे लगा आज उसे माँ के घर जाना चाहिए था...पर वह सीढ़ियाँ चढ़ रही थी किसी तरह। दरवाजे तक पहुँची। बेल पर अँगुली गयी और वह ठिठक गयी। देर तक अँगुली बिना बेल दबाए उसी स्थिति में रही। तभी सीढ़ियों से किसी के आने का आभास हुआ। वह बेल की बटन दबाकर आभास का इन्तजार करने लगी। पर नीचे के फ्लैट से बेल की आवाज आयी। कोई दूसरे माला वाला था।

अपने घर की बेल बजाकर वह इन्तजार कर रही थी—दरवाजा खुलने का। रात के साढ़े नौ बज गये थे। भीतर पदचाप सुनाई दिया। नन्दन होगा। वह कुछ अनमनी हो गयी। नन्दन उसका पति। दरवाजा खुला। थैंक गॉड! सासू माँ थीं!

रात साढ़े नौ तक सबने नन्दन के आने का इन्तजार किया, पर वह नहीं आया। पता नहीं क्यों आज उसके न लौटने पर सुनिधि को अच्छा ही लगा। फिर सुनिधि अपने सास-ससुर के साथ खाना खाने बैठ गयी। तीनों के बीच कोई खास बातचीत नहीं होती। खासकर आलोक, सुनिधि के ससुर जब टेबल पर साथ हों तो बहुत ही कम बातें होती हैं। केवल खाने से सम्बन्धित बातें।

"नमक लेना!" आलोक ने कहा था? सुनिधि और यशोधरा का हाथ एक साथ बढ़ा। अन्ततः यशोधरा ने पति की ओर नमक की छोटी शीशी बढ़ा दी। सुनिधि ने सास की ओर देखा और मुस्कुरा दी। यशोधरा को अच्छा लगा। काश, सुनिधि इस मुस्कुराहट के साथ उसके बेटे की गृहस्थी भी सँवार लेती।

"क्या सोच रही हैं माँ!" सुनिधि ने यशोधरा को खाने की टेबल पर खींच लिया। सुनिधि को पता था कि यशोधरा क्या सोच रही हैं। बार-बार दरवाजे की ओर देख रही हैं। नन्दन नहीं आया अभी तक...नन्दन का आभास उनको होता। माँ जो ठहरी वे...माँ का दर्द सुनिधि समझ सकती है। इतनी संवेदनशील तो वह है ही। लेकिन वह माँ नहीं बन पायी अब तक, इसकी टीस भी यदाकदा उसके चेहरे तक पहुँच ही जाती है। यशोधरा इस टीस की आवाज को सहज ही सुन सकती हैं। परन्तु उसने

एकदम हार नहीं मानी है। तभी आलोक अपना खाना पूरा कर उठ जाते हैं। खाना खाकर वे अकेले ही नीचे टहलने चले जाते हैं। कभी-कभी यशोधरा उनके साथ हो लेती हैं। जब भी वे दोनों रात में नीचे, खाने के बाद टहलने जाते हैं, बातों का विषय नन्दन और सुनिधि की जिन्दगी ही होती है। आज आलोक अकेले ही गये हैं। उनका एकालाप तेज हो गया होगा। सुनिधि को नौकरी जो लग गयी है।

यशोधरा, सुनिधि के खाना खाने तक बैठी रहीं। सुनिधि ने अपनी प्लेट उठाकर सिंक में रख दी। यशोधरा डाइनिंग टेबल को सँवार रही थीं। एक-एक बर्तन अपनी जगह रख रही थीं। आज, सुनिधि ने भी हाथ बँटाया। रोज वह उखड़ी-उखड़ी लगती-खासकर यशोधरा को। यशोधरा एक स्त्री होने के कारण सुनिधि का दुख जानती थीं। पर नन्दन बेटा है उनका, यह कैसे भूल सकती थी। आज उन्हें अच्छा लगा कि सुनिधि ने हाथ बँटाया।

यशोधरा एक बैंक में चीफ मैनेजर हैं। पर घर पर एकदम घरेलू, गृहस्थी के लिए समर्पित, स्नेहिल, एक अच्छी इंसान...शायद इसीलिए तमाम विपरीत स्थितियों के बावजूद सुनिधि और यशोधरा के बीच दीपक बुझ जाने के बाद भी तेल और बाती बाकी है।

"कैसा रहा पहला दिन, नयी नौकरी का?" यशोधरा ने सोफे पर बैठते हुए पूछा।

"बहुत अच्छा..." सुनिधि की आँखें खिल गयीं। देर से ही सही, मनचाहा प्रश्न यशोधरा ने पूछा था। वह बताना तो ढेर सारा चाहती थी। बॉस के बारे में, दूसरे अफसरों, महिला कर्मचारियों, परिसर और नये काम के बारे में...पर वह अपनी ओर से कुछ नहीं कह पायी। टीवी खोलकर बैठ गयी। एक चुप्पी थी, दोनों के बीच। तभी दरवाजे की बेल बजी। पता नहीं क्यों रिमोट हाथ में लेकर उसे उलट-पलट कर देखने लगी। यशोधरा उठी। दरवाजा खुला। आलोक थे। सुनिधि ने रिमोट टी-पॉय पर रख दिया।

"बेटा पहला दिन कैसा रहा...?" आलोक ने सुनिधि की आँखों में झाँकते हुए पूछा। सुनिधि को इस प्रश्न का इन्तजार था। वह उठी और ससुर के पैर छुए।

"सुखी रहो..." आलोक के मुँह से निकला। आलोक को लगा कि 'इन्हीं संस्कारों के लिए ही तो सुनिधि का घर चुना था, उन्होंने। अपनी बराबरी की कोई बात नहीं सोची थी।' पर उनका अपना बेटा ही बराबरी नहीं कर पाया।

काफी देर तक चुप्पी छायी रही। फिर सुनिधि अपने कमरें में निकल गयी। आलोक और यशोधरा लम्बे समय तक बात करते रहे।

सुनिधि अपने कमरे में आ गयी। एक कोने में अलमारी में उसकी कुछ किताबें पड़ी हैं। कितने दिन हो गये उसने पुस्तकों के बारे में कुछ सोचा ही नहीं। उसी में एक पुस्तक है—'दि फाउंटेन हैड' शिरीष ने कभी दी थी, जब वह कॉलेज के आखिरी साल में थी। शिरीष पता नहीं कहाँ होगा, पर उसकी दी यह पुस्तक आज

भी उसकी याद दिलाती है। आज उसकी जिन्दगी का बहुत अहम दिन है। उसे एक अच्छी नौकरी लगी है और वे सारी बातें उसे अपनी ओर खींच रही हैं, जो उसे अच्छी लगती हैं। पर इसमें से अधिकांश बातें अतीत हो चुकी हैं।

रात के ग्यारह बज रहे हैं। 'बेला के फूल' कितना अच्छा उसका कार्यक्रम। टीवी के कितने ही चैनल आये। रेडियो में कितने ही एफएम चैनल हैं—पर 'बेला के फूल' लाजवाब।

वह बिस्तर पर लेट गयी। पास की जगह खाली थी। नन्दन अभी तक नहीं आया। साढ़े ग्यारह बजने को हैं। पर क्या फर्क पड़ता है। पता नहीं आज थकान थी या इतना सुकून कि देह कपास की तरह हल्की हो गयी थी। शायद मन कुछ भीतर से हल्का था, जिसने शरीर का अहसास नहीं होने दिया।

नींद लग गयी उसे। अचेतन मुखर हो उठा।

"नन्दन, तुमने मेरे साथ ऐसा क्यों किया?"

"क्या?"

"तुम समझते हो, मैं क्या कहना चाहती हूँ?"

नन्दन ज्यों कच्ची मिट्टी का हो। सुनिधि की बौछार पड़ते ही धुल गया। पानी की बौछार जैसे ही कुछ कम हुई यशोधरा का चेहरा पत्थर की मूरत की तरह सुनिधि के सामने उभरा..."सुनिधि, मेरा नन्दन बुरा नहीं है। उसकी तबीयत ठीक नहीं रहती। वह कुछ अधिक मोटा हो चला। मुझे मालूम है, उसे बहुत अधिक बीपी रहती है। इसलिए वह दुनियादारी में कुछ विरक्त-सा रहा। हमें लगा कि तुम्हारी सुन्दरता और समझदारी से वह तुम पर रीझ जाएगा और सब कुछ ठीक हो जाएगा...!"

"लेकिन मेरे साथ तो धोखा हुआ न! मेरी जिन्दगी बर्बाद हो गयी...पर क्या करूँ? जब मेरे पिता ने ही यह सब नहीं सोचा, तो आपसे क्या उम्मीद हो सकती है?"

"बेटी यह बात नहीं। हमने जैसा अच्छा देखा, उसी तरह तुम्हारे माँ-बाप ने भी अच्छा घर देखा।"

"पर यह घर मेरे किस काम का और मैं आपके घर के किस काम की...?"

यशोधरा निरुत्तर हो गयी। एक स्त्री के रूप में वह सुनिधि को समझ रही थी। पर एक माँ के रूप में वह सुनिधि से उम्मीदें लगाये बैठी थीं।

सुनिधि की नींद अचानक खुल गयी। रेडियो की खरखराट से वह जागी। रात के ढाई बज रहे थे। बिस्तर के पास जगह खाली थी। लेकिन खर्राटे की आवाज आ रही थी। खाट के दूसरी ओर नीचे नन्दन बड़बड़ा रहा है, 'तुमने मेरे पत्ते देखकर चाल चली है। तुमने मुझे धोखा दिया है। अब मैं तुम्हारे साथ कभी नहीं खेलूँगा।' सुनिधि को समझते देर नहीं लगी कि नन्दन आज फिर जुए में हारकर आया है।

काफी देर तक सुनिधि को कुछ नहीं सूझा। घड़ी की टिक्-टिक् उसके एक-एक पल को कोंच रही थी। वह बिस्तर पर उठ बैठी। कभी नन्दन को देखती, कभी घड़ी

को। समय उसे कुतर रहा था और नन्दन ने उसे दलदल में धकेल दिया था। लगा उसे ही कुछ करना पड़ेगा। वह उठ खड़ी हुई।

सुनिधि ने मीना कुमारी की शायरी की किताब उठा ली और ड्राइंग रूम में आ गयी। ड्राइंग रूम में टीवी के पास नन्दन का उल्टा पड़ा जूता उसे बहुत चुभ गया। मीना कुमारी की शायरी में घुसने का रास्ता भी अचानक बन्द हो गया। क्या करे वह। उसने बत्ती बुझा दी। खड़ी रही दरवाजे के पास। पता नहीं क्यों और कैसे उसने बत्ती फिर जला दी। दरवाजे पर देखा कि केवल वह खींचा ही गया है। नन्दन को दरवाजा पूरी तरह बन्द करने की भी सुध नहीं थी। कोई आ जाता तो!! कौन आयेगा?? मेरा क्या ले जाएगा...मेरे पास से छीनने के लिए क्या बचा है अब....? सुनिधि सोचते जा रही थी। उसने लॉक पूरा लगा दिया। भीतर से बोल्ट लगा दिया। फिर झिझकते हुए जूते को ठीक किया। टी.वी. के सामने से हटा कर जूता, जूते के स्टैंड में रख दिया। बेसिन में हाथ धोने गयी। ठिठक गयी। बेसिन में पान की पीक और तम्बाकू की दुर्गन्ध से उसका माथा भन्ना गया। उसे लगा, इससे तो भला था वह बिस्तर पर करवटें बदल-बदल कर थक जाती, कभी तो नींद लग ही जाती।

थोड़ी देर बेसिन के पास किंकर्तव्यविमूढ़-सी खड़ी रही और नल अनायास ही चला दिया उसने। पीक के छींटें कुछ-कुछ उसकी साड़ी पर उछल रहे थे। वह दूर हट गयी। बेसिन अपने आप नल के पानी से साफ होता रहा। फिर नल बन्द कर दिया उसने। नल बन्द होते ही भीतरी कमरे से खर्राटे की आवाज और तेज हो गयी। बेडरूम में जाने की उसकी इच्छा नहीं हुई।

सुनिधि फिर सोफे पर आकर बैठ गयी। टी-पॉय पर रिमोट पड़ा था। उसने टीवी ऑन कर दिया। समाचार चैनल शुरू हुआ। आलोक समाचार देखने के बाद यहीं से सोने चले गये होंगे। टीवी शुरू होने के बाद महँगाई पर संसद का हंगामा, अन्ना हजारे के आन्दोलन का अल्टीमेटम और शरद पवार को मारी गयी थप्पड़ के दृश्य दिखाये जा रहे थे। भीतर ही भीतर वह खीझ रही थी। उसने दूसरा चैनल बदलने की जरूरत भी नहीं समझी और टीवी बन्द कर दिया।

सुनिधि ने मीना कुमारी की शायरी की पुस्तक हाथ में ले ली। सोफे पर वह लेट गयी। पन्ने पलटने लगी। कवर पर मीना कुमारी की लुभावनी तस्वीर उसे बहुत अच्छी लग रही थी। कुछ तस्वीरें ब्लैक एण्ड व्हाइट में बहुत खूबसूरत लगती हैं। अगला पन्ना पलटने पर उसके ध्यान में आया कि रोशनी सामने से आ रही है। इतनी छोटी बात भी उसके पक्ष में नहीं। अनायास ही वह सारी विपरीत स्थितियों का पुलिन्दा खोलने लगी। फिर समझौता कर लिया। खुद ही सोफे के दूसरी दिशा में लेट गयी। हाँ, अब ठीक है। रोशनी सीधे पुस्तक पर पड़ रही है। उसने कवर पेज फिर देखा, अच्छा लगा। गुलजार ने इस पुस्तक का सम्पादन किया था। इस पुस्तक को खोलते ही सुनिधि चंडीगढ़ पहुँच गयी।

कॉलेज के आखिरी साल में चंडीगढ़ के सेक्टर 17-सी के युनिवर्सिटी बुक डिपो में कॉलेज के अधिकांश छात्र थे। कुछ कपड़े-स्वेटर और दूसरी चीजें खरीदने चले गये थे। कुछ तो सामने के ही थियेटर में 'दिल चाहता है' देखने बैठ गये। कुछ देर के लिए तो सुनिधि और शिरीष भी बैठे थे। पर मन परदे पर नहीं था। दोनों कुछ सुनना चाहते थे। तभी सुनिधि ने पूछा था–

"शिरीष, तुम्हारी निगाह में प्यार क्या होता है?"

"अंऽ..."

शिरीष कहीं दूसरे विषयों में खोया हुआ था। निश्चित वह एक रोमांटिक साथ-समय था। पर वह इस तरह की परिभाषा के दार्शनिक पक्ष पर नहीं सोच रहा था। हड़बड़ाते हुए उसने कहा–

"एक-दूसरे का सम्मान, एक-दूसरे का खयाल रखना, बिना कुछ कहे एक-दूसरे के मन की बात जान लेना..."

फिर सुनिधि ने उसकी ओर देखा था और शिरीष ने भी। उस थियेटर के अँधेरे में भी दोनों ने एक-दूसरे की आँखों में वह देखा था, जो परिभाषा से परे था। दोनों संस्कारित थे। इतने करीब और जवान होते हुए भी उन्होंने अपनी-अपनी सीमा को नहीं लाँघा। सुनिधि ने पूछा–

"गदर" देखी है...?

"हाँ..."

"सामने की टॉकीज में लगी है"

"तुम्हें कैसे मालूम"

"बस घूमते-घूमते नजर पड़ गयी थी।"

"तुमने देखी है 'गदर'?"

"नहीं..."

"चलो चलते हैं...!"

दोनों उठ गये। सारे लोग इस तरह अचानक उठ जाने पर उन्हें देखते रह गये। 'गदर' शुरू हुए एक घंटा बीत गया था। पर टिकट न मिलने के कारण वे दोनों थियेटर परिसर में रखी बेंच पर बैठ गये। कोई बात नहीं! तभी शिरीष ने कहा, वहाँ एक 'बुक शॉप है, चलें?' फिर दोनों बुक शॉप में पहुँच गये।

सुनिधि को मीना कुमारी का अभिनय बहुत भाता है। जब भी पुरानी फिल्म टीवी पर लगती है, वह जरूर देखती। मीना कुमारी के अभिनय में उसे दर्द का कलात्मक रूप दिखाई देता। बुक शॉप में घूमते हुए उसे 'मीना कुमारी की शायरी' मिल गयी। उसने उठा ली। पन्ना पलटने लगी। मन हुआ कि इसे शिरीष को दे दे और अपने लिए एक खरीद ले। तभी शिरीष ने सुनिधि के हाथ में 'दि फाउंटेन हैड' एनी रैंड की किताब थमा दी। इसे जरूर पढ़ना। बहुत अच्छी किताब है। सुनिधि

को लगा अब शायरी देना लेन-देन के जैसा हो जाएगा। उसने बड़े आत्मीय भाव से शिरीष की दी किताब रख ली और 'थैंक्स' कहते हुए शिरीष की आँखों में कुछ इस तरह झाँका कि शिरीष भीतर तक अभिभूत हो गया। कोई शब्द नहीं। सुनिधि मीना कुमारी की शायरी के पन्ने पलटती और शिरीष के सामने खड़े होने के बावजूद इधर-उधर देखती। शिरीष ने ही कहा—

"कॉफी पिएँ...?"

"क्यों, 'दिल चाहता है' पूरा नहीं देखेंगे?"

"अब मन नहीं है।"

"चलो कॉफी पीते हैं।"

दोनों सामने के कॉफी हाउस में गये। वहाँ पहले से कुछ साथी बैठे थे। औपचारिकतावश उन्हीं के साथ बैठना पड़ा। पुस्तकें टेबल पर ही रखीं। उनमें से एक ने पुस्तकें उठा लीं और उलट-पुलट कर बोला, "बहुत अच्छी है।"

सुनिधि को लगा कि शिरीष ने किताब पर कुछ लिखा होगा...पता नहीं क्या लिखा हो...वह इसी ऊहापोह में कॉफी पीती रही। समय सार्वजनिक हो गया था। कमरे में आकर उसने 'फाउंटेन हैड' का कवर पलटकर देखा, शिरीष ने कहीं कुछ नहीं लिखा था!

इतने दिनों बाद मीना कुमारी की शायरी के साथ 'फाउंटेन हैड' साथ-साथ रखी होती है। दोनों पुस्तकें सुनिधि ने पढ़ी हैं। ये दो पुस्तकें वह किसी को नहीं देती। आज सोफे पर आधी रात को निबिड़ अकेलेपन में वह शायरी के पन्ने पलट रही है। उसे तब भी लगता था कि मीना कुमारी का दर्द उसके अकेले का नहीं है और आज तो लगता है कि मीना कुमारी ने इसी का दर्द शब्दों में पिरोया है। कितनी ही बार तो सुनिधि ने यह शायरी पढ़ी है, पर हर बार लगता है, मीना कुमारी ने इसे ही, सुनिधि के मन की प्रतिध्वनियों को ही बाँधा है : 'टुकड़े-टुकड़े दिन बीता, धज्जी-धज्जी रात मिली। जिसका जितना आँचल था, उतनी ही सौगात मिली...'

"कहाँ होगा शिरीष, कैसा होगा?" छाती पर किताब रखकर वह समय के पार झाँक रही थी...

सुबह किचन में किसी बर्तन की आवाज से वह हड़बड़ाकर उठी। सोफे पर किसी ने उस पर चादर ओढ़ा दी थी। बत्ती बुझा दी गयी थी। यह शायद यशोधरा ने किया होगा। उसे कुछ अटपटा ही लगा, अपने इस तरह सोने का। तभी किचन से मुस्कुराते हुए यशोधरा निकली, "सुनिधि चाय पियोगी?"

सुनिधि ने चादर, पुस्तक और अपने आपको समेटते हुए यशोधरा को देखा। यशोधरा की आँखों में सुनिधि के लिए हमदर्दी थी और सुनिधि की आँखों में सोफे पर सोने का अफसोस...आलोक सुबह सैर पर जाते हैं। उन्होंने यह सब देखा होगा तो पता नहीं क्या सोचा होगा...!

निष्कासित

आज पहले पृष्ठ पर बहुत बड़ी खबर थी—मुबई पर आतंकवादी हमला...सैकड़ों लोगों को गोलियों से भून डाला...पूरा पृष्ठ भरा था। बड़ी-बड़ी तस्वीरें...खौफनाक दृश्य! पर पृष्ठ बिना पढ़े ही पलट दिया। '...काश मैं भी इसमें मारा जाता...?' अजीब-सा खयाल रेंग गया दिमाग में। पृष्ठ पलटते गये और एक खबर पर निगाह टिक गयी—'रेल से कटकर दर्दनाक मौत...' कल रात लगभग नौ बजे सिग्नल के पास क्रॉस करते हुए ट्रेन से कटकर एक व्यक्ति की दुःखद मृत्यु हो गयी। जानकारी मिली है कि राम प्रसाद नामक रिटायर्ड शिक्षक के साथ यह दुर्घटना घटी। घटना स्थल पर मोबाइल और जूतों से उनकी शिनाख्त हो पायी। शव बहुत क्षत-विक्षत स्थिति में पाया गया।

अखबार हाथों में ही लटका रह गया। राम प्रसाद अपनी ही मृत्यु का समाचार पाकर सिहर उठे। पहले पृष्ठ के आतंकी समाचार, ट्रेन टकराने के समाचार, विमान गिर जाने के समाचार ऐसे कितने ही समाचार अब उन्हें झकझोरते नहीं। न अब वे ऐसे समचारों को पढ़ पहले की तरह बुदबुदाते हैं। पिछले कई दिनों से वे अपनी ही मृत्यु को लेकर बहुत परेशान थे। शायद मृत्यु को लेकर नहीं...जीवन की बेचैनी उन्हें धीरे-धीरे मृत्यु की ओर धकेलते हुए उन्हें मुक्त करना चाह रही थी। वे स्वयं भी मुक्त होना चाह रहे थे।

जीवन संघर्षों का पाठ पढ़ाने वाले, कितने ही अनाथों का सहारा बने राम प्रसाद आजकल अपने आपको बेहद अकेला और असहाय पा रहे थे। वे रिटायर्ड थे, पर किसी तरह की आर्थिक तंगी उन्हें नहीं थी। उन्होंने जीने के लिए कभी पैसे की ओर नहीं देखा, पर इतना तो कमा ही लेते थे, जितना इज्जत से जीने के लिए जरूरी होता। वे पैसे के कभी पीछे नहीं थे। केवल एक ही जगह योजनाबद्ध ढंग से उन्होंने अपने पैसे लगाये। लोन और बचत से उन्होंने वर्धा शहर से बाहर एक पाँच हजार स्क्वेयर फीट का प्लॉट खरीदा था। शहर प्लॉट को लाँघता हुआ मीलों दूर तक फैल गया था। प्लॉट की कीमत आकाश छूने लगी। बेटे-बेटी बड़े होने लगे। उन्होंने आधा प्लॉट बेचा और धूमधाम से बेटी की शादी कर दी। बचे पैसों से उसी आधे प्लॉट पर अपना मकान बनाया। किराये का मकान छोड़ दिया। कुछ

ही दिनों में वे रिटायर हुए। नौकरी पूरी करने का सन्तोष उनके भीतर था। बड़ा बेटा एक स्कूल में क्लर्क हो गया था। उसकी आय भी होने लगी थी। फिर उन्होंने रिटायरमेंट से मिले पैसे मकान में लगा दिये। यह सोचकर कि दोनों बेटे और उनके परिवार ठीक ढंग से वहाँ रह सकें।

छोटा-सा प्लॉट, पर व्यवस्थित ढंग से सँवारा गया। सामने छोटा-सा बगीचा। रहने के लिए पर्याप्त जगह। वे सुबह-शाम बगीचे में पानी देते, नये बीज बोते। देख-देख खुश होते। पत्नी की ओर इस तरह देखते ज्यों कोई कविता सुना रहे हों। पत्नी बहुत सुन्दर और स्नेहमयी। सारी जिन्दगी बिना किसी तकरार के कट गयी। वे बहुत सन्तुष्ट थे। पत्नी गृहस्थी में मग्न थीं। देखते-देखते छोटे बेटे की शादी हो गयी और घर नाती-पोतों से भर गया।

छोटा बेटा पढ़ाई में फिसड्डी। जब राम प्रसाद दूसरे बच्चों को घर में पढ़ाते तो अपने छोटे बेटे को आवाज देते, "नीलेश, तुम भी आकर बैठो। तुम्हारा गणित मजबूत होना चाहिए।"

"अंग्रेजी का होमवर्क करके आता हूँ" कहकर नीलेश गायब हो जाता और राम प्रसाद के स्कूल जाने का समय हो जाता। अन्ततः नीलेश किसी तरह मैट्रिक हुआ और छोटे-मोटे काम करने लगा।

"बाबू जी, आपसे बात करनी है..." नीलेश अपने बाबूजी को गौर से निहारने लगा।

"क्या बात है? कहो।" राम प्रसाद अन्दाज बाँधने लगे कि यह क्या कहने वाला है।

"आज से मैं आनन्द प्रेस नहीं जाऊँगा..."

"क्यों, फिर क्या करेगा। किसी तरह तेरा घर-परिवार चल जाए...दूसरा कौन तुम्हें डीटीपी की इतनी तनख्वाह देगा?"

"मैं नहीं जाऊँगा। मेरे मन में कुछ और है।"

"पहले अपने पैर जमा ले...आनन्द मेरा स्टूडेंट है। उसे कुछ कहना हो तो..." राम प्रसाद का वाक्य पूरा होने से पहले ही बात काटता हुआ नीलेश बोल पड़ा, "अब मैं किसी की गुलामी नहीं करूँगा।"

"क्या मतलब?"

"आनन्द प्रेस में काम बहुत करवाते हैं। पैसा कम देते हैं। इतना ही काम मैं घर पर करूँगा तो ज्यादा पैसे मिलेंगे..." नीलेश एक साँस में बोल गया।

"पर घर पर तुम्हें काम कौन देगा?" राम प्रसाद चिन्तित हुए।

"धीरे-धीरे सब हो जाएगा..." नीलेश ने ऐसे कहा जैसे काफी दिनों से वह इस पर सोच रहा हो।

राम प्रसाद हतप्रभ थे। नीलेश की शादी हो चुकी है। चार महीने बाद घर में

नया सदस्य आने वाला है। वह है कि नौकरी छोड़ने की बात कर रहा है। पता नहीं क्या होगा? वे सोच ही रहे थे कि नीतेश की आवाज ने चौंकाया, "मैं यहाँ एक कम्प्यूटर इंस्टीट्यूट खोलूँगा।"

"इंस्टीट्यूट?!"

"हाँ, शुरू में दो कम्प्यूटर से काम शुरू करेंगे। धीरे-धीरे जरूरत के हिसाब से बढ़ाएँगे।"

"पर रखोगे कहाँ? ड्राइंग रूम में...?"

"नहीं, यहीं गार्डन में एक शेड खड़ा करेंगे। मैंने बैंक वालों से बात कर ली है।" सधे हुए स्वर में वह बोला।

राम प्रसाद देखते रह गये...उनका बगीचा, फूल-पौधे...सब कुछ बिना पूछे। पहले तो वे उत्तेजित-से हुए फिर सँभलते बोले, "अरे भैया से तो बात कर ले..."

"कर ली है?"

"क्या...? कर ली है...क्या बोला सर्वेश?" कुछ सहारा पाते राम प्रसाद ने पूछा।

"कुछ नहीं...भैया बोले, तू और बाबूजी जो करो, मुझे मंजूर है।" नीतेश अपना सोचा-समझा रास्ता निकाल रहा था।

"पर सर्वेश ने मुझे तो कुछ नहीं बताया...!"

"तो क्या मैं झूठ बोल रहा हूँ।" नीतेश आक्रामक-सा होता गया।

राम प्रसाद समझ गये कि बात काफी आगे बढ़ गयी है। सर्वेश निरपेक्ष लगा। या जो हो रहा है—क्या कर सकते हैं, ऐसा ही कुछ उसका रुख था। नीतेश के बारे में उसके मन में बहुत आस्था नहीं थी। पर वह उसका विरोध भी न करता। राम प्रसाद को लगा कि पत्नी उनकी बात समझेगी। पर उसने तो एक ही वाक्य कहा, "क्या हर्ज है, उसकी इच्छा है तो कुछ कर ही लेगा, आखिर है तो इन दोनों का ही।" और इतना कहकर मेथी की पत्तियाँ चुनने लगी। राम प्रसाद ने कुछ नहीं कहा।

महीने भर में बगीचे की जगह एक टीन-शेड, दो-एक कुर्सी-टेबल और दो कम्प्यूटर...राम प्रसाद का खिड़की से आने-जाने वालों को देखना बन्द। उन्हें लगा उनका बगीचा नहीं, उनके अस्तित्व का एक टुकड़ा उनसे कटकर अलग हो गया।

एक दिन अचानक नीतेश एक टीवी ले आया और सीधे ऊपर ले जाने लगा।

"क्या है, नीतेश...?"

"टी वी।"

"अरे पर एक था न घर में। अपना काम तो चल ही रहा है..."

"बाबूजी, सुप्रिया के दिन अब पूरे होने के करीब हैं। उसके लिए ऊपर-नीचे सीढ़ियाँ उतरना-चढ़ना ठीक नहीं।" नीतेश बाबूजी की ओर देखे बिना टीवी वाले

के साथ ऊपर जाने लगा।

राम प्रसाद पत्नी की ओर देखने के लिए मुड़े। पत्नी उन्हीं की ओर देख रही थी। निर्विकार, चुपचाप। राम प्रसाद सोचने लगे, तीन बच्चों के पिता हैं वे, कभी इतना ध्यान नहीं रखा पत्नी का। इस सबसे छोटे नीलेश पर कुछ ज्यादा ही प्यार उड़ेला। अब वही सब कुछ सिखा रहा है। कहाँ भूल हुई?

"आप क्यों चिन्ता कर रहे हैं? उसने लाया है वह देखेगा...अब ध्यान निकालना चाहिए आपको..."

ध्यान निकालना चाहिए? पहले तो कहती थी घर में ध्यान देना चाहिए। उन्होंने मन ही मन सोचा पर कहा कुछ नहीं। सिर्फ यह महसूस किया कि घर के निर्णयों में उनकी भूमिका अब अहम नहीं रह गयी है। सिर्फ यूँ ही एक बात वे बोल गये। घर तो पेंशन पर ही चलता है न...और ये लोन नहीं भर पाया तो पेंशन पर आँच आयेगी, नहीं तो यह मकान संकट में फँस जाएगा...कुछ असहाय हो पत्नी को टटोलने लगे।

"जो भी हो, देख लेगा।" बिना किसी निष्कर्ष या बिना किसी खास सोच-समझकर कहे पत्नी के जवाब से राम प्रसाद आहत हुए। उन्हें लगा था कि पत्नी उनकी तरफदारी करेगी और नीलेश को सँवारने में मदद करेगी। पर जब से सर्वेश की पत्नी भी नौकरी पर लगी है, नीलेश के बारे में पत्नी अधिक संवेदनशील हो गयी है। यह गणित राम प्रसाद की समझ में नहीं आ रहा था। पर यह सच था।

आये दिन भाइयों में, उनकी पत्नियों में झिक-झिक होती रहती। राम प्रसाद दुखी हुए। तंग आकर एक दिन पत्नी से बोले, "रोज-रोज के बखेड़े से मैं उकता गया हूँ। मुझे लगता है कि अब यह मकान बच्चों को सौंपकर बाहर एकाध कमरा लेकर रहना चाहिए...मैं अब भी ट्यूशन कर मकान किराया जुटा ही लूँगा..." पत्नी की ओर बहुत असहाय होकर उन्होंने कहा।

नाती को थपकियाँ देती पत्नी ने कहा, "कहाँ नहीं होता यह सब। क्या सब घर छोड़ देते हैं। फिर कितनी मेहनत से इसे बनाया है। परसों ही तो आपके पुराने साथी शिक्षक ने हमारा घर देखकर कहा कि यह मकान अब बाईस-पचीस लाख से कम नहीं..." पत्नी अपने पूजाघर और छत को निहारती बोली थी।

"पर सुख तो दो पैसे का नहीं। क्या करोगी लाखों का। आगे क्या होगा, किसे पता?" राम प्रसाद हताश होकर बोले।

"भगवान सब ठीक करेंगे..." पत्नी ने यूँ ही कह दिया।

"सब कुछ यदि भगवान को ही करना है तो अपना क्या काम...मैं तो कहता हूँ, बाहर चलने की बात को मन से सोच..." राम प्रसाद ने अपने मन की बात एक मुद्दत बाद कह ही डाली।

नाती को सीने से चिपकाती पत्नी बोलना चाह रही थी, "लेकिन..."

"लोग क्या कहेंगे?...रिश्तेदार क्या कहेंगे? यही न! तुमको क्या लगता है, अब तक हमारे घर की कहानी किसी से छिपी हुई है...?"

"चाय बनाऊँ? उसे सुलाकर आती हूँ..." कहकर पत्नी बेटे के कमरे में गयी। नाती को ठीक से सुलाकर दरवाजा खींच लिया। लगा उसे कि अब तक राम प्रसाद के विचार अपने आप ठंडे पड़ गये होंगे। जैसे ही पत्नी राम प्रसाद की ओर मुड़ी, राम प्रसाद लगभग धमकाते हुए बोले, "तुम मेरे साथ आती हो या नहीं...जवाब दो!"

"माँ को क्यों धमका रहे हैं। मेरे कारण न? पर मैंने ऐसा क्या गलत किया है। मैं कुछ करना चाहता हूँ। आपने बहुत कुछ किया है। हमेशा अपना संघर्ष गाते रहते हैं। हमें भी कुछ करने दीजिए...आपको लगता होगा कि आपका बगीचा टूट गया तो मैं और कहीं इंस्टीट्यूट खोल लूँगा..." नीलेश माँ की ओर देखता बोला। राम प्रसाद को लगा, यह सचमुच धमकी है। वे चुपचाप सोफे पर बैठ गये। नीलेश ऊपर अपने कमरे में चला गया।

पत्नी ने चाय बनायी। बहुत स्नेह से कप आगे बढ़ाती बोली, "शान्त हो जाइए। आपको शुगर और बीपी दोनों हैं। गुस्सा, बेचैनी आपके लिए ठीक नहीं। चाय पीजिए। अपने बेटे हैं समझ जाएँगे।" पत्नी ने बहुत आत्मीय निगाह से देखा।

राम प्रसाद को अच्छा लगा। लेकिन भीतरी खीझ उन्हें चिढ़ाती रही। इसी बीच उनके पुराने साथी शिक्षक का फोन आया, "राम प्रसाद जी, कैसे हैं?" उनके स्वर से लग रहा था कि वे केवल पूछ ही नहीं रहे हैं, वे कुछ कहना भी चाहते हैं। राम प्रसाद ने कुछ रुखाई से ही कहा, "मैं आपको थोड़ी देर बाद फोन करूँगा..." वे रिसीवर रखने को हुए कि उधर से आवाज आयी, "दरअसल आपका छोटा बेटा कल मुझसे मिलने आया था। उसे कुछ बीसेक हजार की जरूरत थी। मैंने सोचा आपके कान पर डाल दूँ। सर, पैसों की कोई बात नहीं, अपना ही बच्चा है। बस आपकी जानकारी में रहे, बस।"

राम प्रसाद को काटो तो खून नहीं। वे स्तब्ध खड़े रहे। उधर का फोन कब का कट चुका था। वे 'हेलो...हेलो...' ही करते रह गये। उनकी आवाज सुनकर पत्नी ने पूछा, "क्या हुआ?"

"कुछ नहीं..." तमतमाए हुए से राम प्रसाद बहुत बेचैन हुए। उन्होंने सर्वेश का मोबाइल मिलाया। उसे बताया। सर्वेश ने कहा, "उसने और भी लोगों से पैसे माँगे हैं। बाबूजी वह पैसे उड़ाता है। कई बार मैंने उसे उसके दोस्तों के साथ होटलों में भी देखा है। आपको बुरा लगेगा इसलिए मैंने आपको बताया नहीं। मैं आज जल्दी आऊँगा। आप ज्यादा चिन्ता न करें, कोई न कोई रास्ता निकलेगा। पर बात बहुत आगे तक चली गयी है।"

राम प्रसाद के पैरों के नीचे से ज्यों जमीन ही खिसक गयी। वे तमतमाए और चीखे, "नीलेश!"

नीलेश ड्राइंग रूम में आया और चुपचाप उनके सामने बैठ गया। उसकी माँ की समझ में नहीं आ रहा था कि क्या किया जाए।

इससे पहले कि राम प्रसाद कुछ कहें, नीलेश ही बोल पड़ा, "बोलिए मुझे क्यों बुलाया...जल्दी बताइए। काम के सिलसिले में मुझे बाहर जाना है..."

राम प्रसाद गुस्से से काँप रहे थे। उनकी आँखें लाल-लाल हो आयी थीं। जुबान लड़खड़ा रही थी। बहुत मुश्किल से बोल पाये, "तुमने जान-पहचान वालों से पैसे उठाये हैं... ये मुझे न बताकर ठीक नहीं किया!"

"आपको बताने से क्या होता? ऊँऽ ! आप मना कर देते। काम तो मेरा रुक जाता न...आज नहीं तो कल लौटा ही दूँगा, बस बिजनेस चल निकले किसी तरह..." एक चुप्पी के बाद नीलेश बोलता गया, "आपको अपनी इज्जत का इतना ही खयाल है तो घर का मेरा हिस्सा देकर मुझे अलग कर दीजिए...मैं मेरा देख लूँगा...!"

राम प्रसाद स्तब्ध रह गये। उनसे कुछ भी बोला नहीं जा रहा था। बस पत्नी की ओर देखा। वह भी भौंचक हो केवल गवाह बनी रही। उसे किसी विस्फोट का आभास हो रहा था। किसी तरह, राम प्रसाद ही बोले, "सर्वेश से बात करेंगे..."

"सर्वेश भैया से क्या बात करेंगे। उनका तो सब ठीक है न! दोनों की नौकरी है...सवाल तो हमारा है...!" एक झटके से नीलेश घर से बाहर निकल गया। उसके मोटरसाइकिल की आवाज आयी।

राम प्रसाद के कानों में आवाज कौंधती रही। सवाल तो हमारा है। 'हम' में वे नहीं थे। घर बनवाया तब सबके लिए था। सोचा था सब सुख-चैन से रहेंगे। मेरा-तुम्हारा कुछ नहीं। बँटवारे के लिए तो बिल्कुल नहीं। मकान है भी ऐसा बना हुआ कि इसे अलग-अलग करना भी मुश्किल। अपनी अदूरदर्शिता पर राम प्रसाद को कोफ्त होने लगी। पत्नी से बस इतना कह पाये—"अब यहाँ एक पल भी नहीं रहूँगा। तुम सोच लो। बहुत भोगेंगी तेरे बेटे। मैं लौटकर नहीं आने वाला..."

पत्नी को लगा कि गुस्सा ठंडा होने पर आ जाएँगे। ऐसी घटनाएँ पहले भी हो चुकी थीं। इसलिए "भेड़िया आया...भेड़िया आया" वाली कहानी-सा सब कुछ लग रहा था। आज तो पेंशन का दिन था, वे पेंशन पत्नी के हाथ में रखते हैं—हर महीने। आज सुबह ही बैंक हो आये थे। पर पैसे नहीं दिये। घर से निकलते समय वह कहना चाहती थी, पैसे निकाले हैं क्या? पर वातावरण बहुत ही तपा हुआ था। वह देखती रह गयी। उनके स्कूटर को बहुत किक मारनी पड़ती है। बहुत घर्राती है और धुआँ छोड़ती है। किसी तरह वह शुरू हुई पर तेज आवाज से नाली जाम गया था। वह नाली के पास भागी और राम प्रसाद का स्कूटर तेज आवाज के साथ दूर निकल चुका था।

राम प्रसाद ने वर्धा रेलवे स्टेशन पर स्कूटर लगायी। युवावस्था में स्टेशन उनकी प्रिय जगहों में से एक थी। यहाँ देर रात तक चाय का दौर चलता, राजनीति की बातें होतीं...

पर आज वे बहुत दुखी और गुस्से में थे। मानसिक सन्तुलन डगमगा गया था। उनका गला बोझिल हो गया था। इतने निराश, हताश और कमजोर वे कभी नहीं थे। अपनी सन्तान के शब्द-दंश से वे छटपटाने लगे थे। ऐसा नहीं कि अचानक ही उन्हें दुनिया से कोफ्त हुई हो। एक लम्बे समय से वे छोटी-बड़ी बातें, घरेलू संघर्ष को लेकर गम्भीर हो जाते और जिन्दगी के दूसरे किनारे की ओर बढ़ने से अपने आपको न रोक पाते।

उनके कदम अपने आप उन्हें रेल की पटरियों की ओर ले गये। सूरज डूबने ही वाला था। वे काफी देर से पटरियों पर चलते रहे। फिर पटरी पर बैठ गये। तभी मोबाइल बजा। सर्वेश का फोन था। उन्होंने देखा पर उठाया नहीं। घंटी बजती रही। वे चुपचाप बैठे रहे। मोबाइल पटरी पर ही रख दिया। उनकी नजर सूरज पर पड़ी। अब तो डूब ही जाएगा। सूरज को अन्तिम बिदाई। उन्होंने जूते उतारे और आँखें मूँदकर सूरज को अपने भीतर उतारने लगे। दोनों हाथ जोड़कर ज्यों वे सूरज से माफी माँग रहे हों या अफसोस जता रहे हों कि उनके भीतर का अँधेरा वे दूर नहीं कर पाये। उनकी तंद्रा ट्रेन की कर्कश सीटी से टूटी। ट्रेन करीबतर आती ही जा रही थीऔरसारा गुस्सा, संघर्ष, जिन्दगी की टूटन, दुख-तकलीफ अस्तित्व और होने की लड़ाई एक ही झटके में खत्म हो जाएगी। वे रोज-रोज की जानलेवा खटपट से मुक्त हो जाएँगे।उन्होंने पत्नी को याद किया और आँखें भींच लीं। ट्रेन ने करीब आकर भयंकर सीटी दी। इतनी भयंकर कि उसकी भेदकता ने राम प्रसाद को दूर धकेल दिया। पता नहीं कैसे पलक झपकते ही उन्होंने छलाँग लगायी और ट्रेन को दनदनाते हुए गुजरते वे भौचक होकर देखते रहे। जिन्दगी और मौत के बीच का केवल एक सेकंड उनको तार गया।

राम प्रसाद को किसी बात का होश नहीं था। वे रोशनी की ओर धीरे-धीरे बढ़ रहे थे। वह वर्धा प्लेटफार्म का अन्तिम छोर था। न जूते का भान, न मोबाइल का ध्यान। वे कब प्लेटफार्म पर आये, क्या-क्या सोचा! कितनी ट्रेनें रात भर इधर से उधर हुईं, कुछ पता नहीं...देख सब रहे थे। सुबह चार बजे प्लेटफार्म पूरा खाली था। कब बेंच पर उनकी पीठ टिकी, नहीं मालूम। सूजी आँखें बहुत तकलीफ में थीं। देखा कि उन पर किसी ने चादर ओढ़ा दी है। आसपास देखा तो बेंच के नीचे पड़े दो भिखारियों पर भी ऐसी ही चादरें थीं। उनमें से एक जाग रहा था और इशारे ही इशारे में चादर डालने वाले को दुआएँ दे रहा था। राम प्रसाद की ओर देखकर मुस्कुरा रहा था। कहना चाह रहा था शायद कि हम कितने खुशनसीब हैं। यह चादर, ये जाड़ा तो निकाल ही देगी।

सुबह पाँच बजे तक राम प्रसाद बीती रात की रील का एक-एक टुकड़ा जोड़ रहे थे। कितने दिनों से उनके मन में एक विद्रोह था। गृहस्थी, नौकरी, बच्चों की परवरिश, बच्चों की पढ़ाई-लिखाई, उनकी शादियाँ सब—सब एक बारगी घूमती चली

गयी। फिर घरेलू झंझटें...कहाँ नहीं होता यह सब...पर वे अलग मिट्टी के बने थे। समय बीतता जा रहा था। वे नहीं बदले। अपनी बात पर अड़े रहने की उनकी आदत ने कभी समझौता नहीं करने दिया। फिर एक ट्रेन आयी। अधेड़ दम्पति अपने 8-10 साल के बच्चों को खिड़की से बाहर कुछ दिखा रहा था। राम प्रसाद को लगा उन्हीं की ओर इशारा कर रहा है। फिर लगा वे भी सर्वेश और नीलेश को दुनिया का कोई खास दृश्य दिखा रहे हैं...गाड़ी ने सीटी दी और आगे बढ़ गयी...राम प्रसाद पीछे छूट गये। और अब वह दृश्य कि उनके हाथों में अखबार की वह खबर है...पैर के जूते और मोबाइल के बारे में अखबार में ब्योरा है। पता नहीं अब तक कितने कॉल आये होंगे...आयें! अब मुझे क्या करना है!

राम प्रसाद ने खुले प्लेटफार्म पर एक पेड़ की डाल से बनकर आती सूरज की किरण को अपनी आँखों में महसूस किया। उगते सूरज को नमस्कार करने का उनका रोज का नियम-सा था। उन्होंने सूरज को नमस्कार किया। उनका गला रुँध आया था। आँखें डबडबा आयी थीं। सूरज देखते-देखते फेड हो गया था। उनका ध्यान फिर अखबार पर था। यही अखबार घर पर आता है। सब-सब बातें सक्रिय हो जाएँगी। वे अपना घर सोचने लगे। पैर में जूते नहीं। मोबाइल पर पता नहीं क्या होगा...उन्होंने सब कुछ दिमाग से झटक दिया। घर में भी स्लीपर पहनकर चलने वाले राम प्रसाद नंगे पैर ठंडी बेंच पर बैठे हैं।

ट्रेन की सीटी सुनाई दी। वे चौंके। प्लेटफार्म सुबह की भीड़ से लबालब था। वर्धा से नागपुर के लिए नौकरी पेशा करने के लिए जाने वालों की ज्यादा भीड़ थी। उन्होंने चादर मुँह तक ओढ़ ली थी। रात की ठंड से बचाव से ज्यादा उस चादर का अब उपयोग हो रहा था। कोई पहचान नहीं सकेगा। बाल-बच्चों को ट्रेन में बिठाने वालों की भीड़, सामान उठाये जगह बनाने वालों की भीड़, कुलियों की रेलमपेल, चाय-नाश्ता वालों की आवाजें, अखबार वालों की आवाजें, वाहन की आवाजें, भीतर राम प्रसाद की अपनी भीतर की आवाजें, जानलेवा कोलाहल, ट्रेन सामने खड़ी है। ट्रेन ने सीटी दी। राम प्रसाद ने सामने के सेकंड क्लास के दरवाजे की हैंडल थाम ली। भयंकर भीड़। ट्रेन ने गति पकड़ी और उनके कन्धे पर रखी चादर प्लेटफार्म पर गिर गयी। राम प्रसाद एक अजनबी भीड़ में समा चुके थे।

ब्लैंक कॉल

कार यन्त्रवत् रोक दी सिग्नल पर। अब तक स्टेरियो पर जगजीत सिंह की ग़ज़ल पर उसका उतना ध्यान नहीं था। गाड़ी बहुत सावधानी से चलाता है वह। पर जबकि सिग्नल पर खड़ा है, ग़ज़ल उसके दिलोदिमाग को चीर रही है—'दुनिया जिसे कहते हैं, जादू का खिलौना है...' बस वह डूब गया शब्दों में...केवल शब्दों में ही नहीं—इन शब्दों के साथ अपनी दुनिया और अपनी भीतर-बाहर तक। अनायास ही वह सिग्नल के नम्बर भी देख लेता—अभी चालीस सेकंड बचे हैं, सिग्नल खुलने में। पता नहीं कब वह ग़ज़ल के साथ इस उल्टी गिनती को स्वयं भी गिनने लगा। तेईस-बाईस तक ही पहुँचा था कि उसे लगा बहुत पास से उसकी खिड़की के उस पार से कोई उसे आवाज दे रहा है—आलोक...आलोक...। आभास होगा, ध्यान नहीं दिया—'आलोक'...फिर लगा। उसने खिड़की से बाहर देखा...कोई हाथ हिलाकर कुछ कहने को है...खिड़की का काँच नीचे सरकाया...अरे गौतमी! 'गौतमी आ जाओ जल्द...सिग्नल खुलने को है।' आलोक के रोमांच का ठिकाना न रहा।

गौतमी ने झट रिक्शे के पैसे थमाये। उसने कितने माँगे, इसने कितने दिये कुछ नहीं मालूम। एक झटके से वह कार की बगलवाली सीट पर थी।

"ओफ़् कितनी गर्मी है बाहर...भीतर एसी कितना सुखद...।" सिग्नल से आगे बढ़ते ही गौतमी ने कहा।

एक चुप्पी।

एक अन्तराल।

एक कौतूहल।

तमाम यादें डाउनलोड हो रही थीं। आखिर ग्यारह वर्ष का अन्तराल था। दोनों चुप थे। आलोक के चेहरे पर भाव आ-जा रहे थे। होंठ कुछ मुस्काते-से लगे गौतमी को। इतने दिनों बाद इतने करीब से वह आलोक को निहार रही थी।

आलोक ने जब देखा, तब वह अपने चेहरे से अपने बालों को पीछे सरका रही थी। 'मिल जाए तो मिट्टी है...खो जाए तो सोना है...।' पंक्तियाँ पूरी होते ही आलोक ने टेप बन्द कर दिया।

"क्यों बन्द कर दिया...अच्छा लग रहा था।" चुप्पी गौतमी ने ही तोड़ी।

"चलिए शुरू कर देता हूँ।" आलोक ने सहजता से कहा और उसका हाथ टेप

की बटन की ओर बढ़ा ही था कि गौतमी की आवाज से हाथ रुक गया–

"खैर, अब बन्द ही कर दिया है तो रहने दीजिए।" कहकर वह आलोक की ओर देखने के लिए नजर उठा ही रही थी कि आलोक की आँखों से टकरा गयी वह। दोनों कहना चाह रहे थे, कैसा संयोग है। मुलाकात, वह भी सिग्नल पर, इस तरह। अचानक। पर दोनों ने कुछ नहीं कहा। गौतमी अनायास ही अपनी पर्स से धूल के कण चुन रही थी। आलोक की निगाह फिर सिग्नल पर। यहाँ उल्टी गिनती के आँकड़े नहीं थे, सिग्नल पर। रुककर आलोक ने पूछा, "कहाँ छोड़ूँ?"

"वृन्दावन कॉम्पलेक्स, वसन्त विहार से थोड़ा आगे...।" गौतमी ने कहा, इसके पहले कि गौतमी आगे कुछ कहती, आलोक ने गाड़ी शुरू कर दी। ठाणे के इस हाईवे पर आते ही गाड़ी की गति अचानक बढ़ गयी। लम्बी, साफ और सपाट सड़क गति को आमन्त्रित करती रही। सिग्नल की झंझट भी नहीं थी। कई उड़नपुल थे।

"कहीं कॉफी चलेगी?"

"बिल्कुल"

"समय हो तो आगे निकल जाएँ। कुछ शान्त जगह?"

"आप जहाँ चाहें...।"

"क्यों, घर जाने में देर नहीं होगी।"

"घर पर एक फोन कर दूँगी..।"

"घर पर कौन-कौन है...।"

"महेन्द्र और मैं...बस हम दोनों।"

"बच्चे?"

"नहीं, लम्बी कहानी है...।"

"सॉरी...फिर सही...।"

"महेन्द्र जी को फोन कर लो...।" आलोक।

'अभिरुचि' मुम्बई और ठाणे की भीड़ भरी दुनिया से दूर पोखरन रोड पर एक सुनसान इलाके में बनाया गया शानदार होटल। आलोक ने जिस तरह कार पार्क की, जिस तरह उसने बेहिचक प्रवेश किया, उससे गौतमी यह जान गयी कि आलोक के लिए यह जानी-पहचानी जगह है। आलोक के अचानक ध्यान में आया कि गौतमी भी साथ है। बिना किसी उद्देश्य के होटल में प्रवेश कई बातें दिमाग में छिटक देता है। कुछ इसी तरह की बात आलोक के मन में भी थी। उसने यूँ ही मोबाइल निकाला और वापस जेब में रख दिया–

"अच्छा गौतमी, तुम कहाँ बैठना पसन्द करोगी? मेरा मतलब है, एसी में या बाहर खुले में?"

"कहीं भी जहाँ आप ठीक समझें...।"

"इस तरह नहीं, यह आप-आप छोड़ो, तुम्हें ऐतराज न हो तो बाहर बैठें... बिल्कुल खुले में...।"

"ठीक है।" गौतमी को अच्छा लगा कि आलोक पहले की तरह ही निर्णायक स्थिति में है। पहल करता है। स्पष्ट है। असमंजस नहीं है उसके मन में।

दोनों कुछ सोच रहे थे। शायद क्या पूछा जाए। कहाँ से शुरू करें, यही कुछ रहा होगा मन में, दोनों के। पर होटल की एक-एक चीज को निहार रही थी—गौतमी। कितने सलीके से होटल के इस हिस्से में पूरा राजस्थान साकार किया है। गौतमी को राजस्थानी हर चीज अच्छी लगती है। शायद आलोक को यह मालूम था। शायद नहीं—निश्चित रूप से मालूम था। बस इसी का धन्यवाद देने के लिए उसने आलोक की ओर देखा और उसी पल आलोक की निगाह भी गौतमी से कुछ पूछने के लिए बढ़ी ही थी। बड़ा फिल्मी संयोग लगा दोनों को....

"यस प्लीज...." आलोक ने कहा।

"नहीं, आप बताइए...क्या कहने जा रहे थे?" गौतमी कुछ छुईमुईपन से उबरती बोली।

"फिर आप....? यह 'आप' बड़ा विचित्र शब्द है। आदर तो है पर मैं इसके साथ अधिक देर तक इन्फारमल नहीं रह सकता....।"

"अच्छा, तुम क्या सोच रहे थे। इतने सालों बाद। इतनी दूर...."

"अच्छा, तुम्हारी पोस्टिंग कहाँ है?"

"बान्द्रा ब्रांच में...तुम कहाँ हो?"

"पिछले आठ साल से यहाँ हूँ। अभी पिछले साल से ही बागले इस्टेट, ठाणे के रीजनल ऑफिस में हूँ....।"

"मैं अभी आयी हूँ, कोई सात महीने पहले। बान्द्रा साइट में क्वार्टर नहीं मिला। बस वृन्दावन में हूँ। जाने-आने की झंझट है, पर ठीक है। समय निकल जाता है....।"

इसी बीच बेयरा आ गया। पूरी राजस्थानी पोशाक में—ज्यों हल्दीघाटी से सीधे यहीं आया हो। गौतमी उसे निहार रही थी, तभी आलोक बोला, "क्या लोगी... यहाँ हर चीज गरम मिलती है। तुम चाहो तो पीछे फार्म में जाकर फ्रेश सब्जी खुद तोड़कर ला सकती हो।...फिलहाल ये बताओ...तुरई केक पकोड़े चलेंगे.... ।" गौतमी ने आलोक को देखा। तुरई के पकोड़े की उसकी पसन्द को कितने सलीके से ऑर्डर में तब्दील कर रहा था—आलोक। उसने बहुत आत्मीयता से हामी भरी। बेयरा चला गया अपना आर्डर लेकर।

"अच्छा आलोक, सुनाओ, तुम कैसे हो। स्टेशन के पास क्या कर रहे थे। तुम कहाँ रहते हो?"

"मैं मुलुंड रहता हूँ। शुरू से। पहले दादर की एक ब्रांच में, अब ठाणे आ गया हूँ। अपने घर के और पास। मैं कभी स्टेशन की तरफ जाता नहीं। बस हाइवे से निकल लेता हूँ। आज शायद तुमसे मिलना तय रहा हो....।"

"बस-बस, तुम बदले बिल्कुल नहीं। हर बात की जड़ और जमीन जोड़ना कोई

तुमसे सीखे। अच्छा बताओ तुम्हारे घर में कौन-कौन हैं। मिसेज नौकरी करती हैं।

"नहीं"

"बच्चे?"

"दो बेटियाँ हैं... पढ़ रही हैं।"

"बहुत अच्छा..." कहकर गौतमी कही खो गयी।

"महेन्द्रजी के क्या हाल हैं।" आलोक ताड़ गया कि गौतमी पारिवारिक रूप से विचलित है। विषय परिवार का है, इसलिए अचानक काट देना भी ठीक नहीं होगा। सोचा धीरे-धीरे बात को सामान्य विषय की ओर मोड़ देंगे। "परिवार से तो मैं उखड़ गयी हूँ..." आँखें भर आयीं, कंठ कुछ रुआँसा हो गया...पेपर नेपकिन एक गीले गोले में बदलता गया। आलोक को लगा कोई गलत, खुला बिजली का तार गलती से छू गया वह। अब कैसे समेटे।

"सॉरी" गौतमी ने कहा।

गौतमी को अभी देखकर उसे लगा ग्यारह वर्ष का अन्तराल घुल गया हो। उसका डबडबा आना समय के छोर को काटकर पीछे ले गया। गौतमी बिना किसी प्रश्न के कहने लगी..."दरअसल आलोक, महेन्द्र शुरू में बहुत कॅरियरिस्ट रहा। कई नौकरियाँ बदलीं उसने। शादी के बाद उसका पहला संवाद यही था कि हम बच्चे के लिए जल्दी नहीं करेंगे...सारी उम्र पड़ी है। अभी तो बस...और कॅरियर। महेन्द्र इंजीनियर है। उसके मन में उड़ान थी। मैंने शुरू में कुछ कहना ठीक नहीं समझा। तुम्हारे बैंक से इस्तीफा देकर मैं इस बैंक में आ गयी। उस समय मुझे लगभग छह हजार प्रति माह का लाभ हुआ। लगा जिन्दगी अच्छी उड़ान भरेगी। दिल्ली में भी एक फ्लैट है। पर महेन्द्र को एक जगह चैन ही नहीं पड़ती। वह मुम्बई आ गया एक मल्टीनेशनल में ज्वाइन कर लिया उसने। पर यहाँ किसी से बनी नहीं। वह है तो जीनियस, पर कहीं एडजेस्ट नहीं कर पाता। बस वी आर एस की स्कीम आयी और रिटायरमेंट ले लिया उसने। बोलता था अब नौकरी नहीं करूँगा। केवल कन्सलटेंसी..."

गौतमी के सामने पकौड़े पड़े थे। वह अनजाने ही पकौड़े पर कांटा चुभोती और बोलती जा रही थी। लगातार अपनी जिन्दगी के बारे में। लगता था कि उसके भीतर का गुबार आज उबर पायेगा। बाहरी भद्रता भीतर की इच्छाओं को किस कदर दबा देती है। उसने आँखें उठायीं। आलोक ने देखा और पकौड़ों की ओर इशारा किया। गौतमी के मुँह 'अच्छा एक मिनट...' केवल एक मिनट...और कुछ आर्डर दूँ?

"नहीं।"

"फिर चाय या कॉफी?"

"कॉफी...।" बहुत भीतर से आवाज आयी। आँखों में लाली फैल चुकी थी। आलोक उसे निरन्तर निहार रहा था। गौतमी को देखकर लगता उसका ध्यान प्लेट में है...पर नहीं...आलोक को लगा इतनी अचानक मुलाकात, औपचारिक मुलाकात...पर गौतमी के भीतर कितना कुछ है। क्या है, जो गौतमी को अपना मन हल्का करने

के लिए रास्ता दे रहा है। बस एक साथ, एक बैंक में भर्ती हुए...इंटरव्यू के समय एक-दूसरे को शुभकामनाएँ दीं—वहीं तो मुलाकात हुई थी। बैंकिंग सेवा भर्ती बोर्ड का कमाल...दोनों को एक ही बैंक अलाट हुआ...यहाँ दोनों का परिचय हुआ। सब कुछ औपचारिक...आलोक को गौतमी का देखने का अन्दाज बहुत भा गया...लगता उससे बातें करते रहें। पर एक हफ्ते में पोस्टिंग आ गयी। आलोक रीजनल ऑफिस, दिल्ली में और गौतमी संसद मार्ग की एक शाखा में पोस्ट हुई।

आलोक और गौतमी की मुलाकातें न हो पातीं। पर जब फोन आते-जाते तब दफ्तर के कामों की बातों में आत्मीयता का पुट होता...बस इतना ही। स्पोर्ट्स वीक में दोनों इकट्ठा हुए। फिर आलोक उसके देखने के अन्दाज का कायल होता। खासकर टेबल टेनिस खेलते समय देखने-निहारने के इस चक्कर में आलोक अक्सर गौतमी से हार जाता। आलोक के हारने का कारण आलोक से न छिप पाता। फिर आलोक का तबादला लखनऊ हो गया। पहले गौतमी के विवाह का कार्ड आया, फिर आलोक की शादी भी एक साल बाद हो गयी। दोनों एक-दूसरे के शादी में नहीं जा पाये। कालचक्र चलता रहा। दोनों के बीच ग्यारह साल का केवल अन्तराल ही नहीं, बल्कि अपनी-अपनी जिन्दगियों के पुलिन्दे भी थे। उस समय उनके मन में एक-दूसरे के लिए सम्मान था। बस। इतने वर्षों बाद भी गौतमी के देखने के अन्दाज में आलोक अपने को नहीं बचा सका।

“आलोक, मैंने आज पता नहीं क्या कुछ कहा डाला...कभी इस बारे में किसी से चर्चा नहीं की। माँ-बाप ने रिश्ता तय किया, मुझे भी ठीक लगा...अधिक सोचना ही क्या था। महेन्द्र दिखने में अच्छा है, पढ़ा-लिखा है, इंजीनियर है...पर बाद में उसके कॅरियर की आकांक्षा ने मेरी कोख के साथ खिलवाड़ किया। पहला बच्चा जब होने की जानकारी मिली तो वह एबॉर्शन पर अड़ गया...अभी जिम्मेदारी नहीं—यह टेक ऑफ का समय है, इतनी जल्दी भी क्या है। इन्जॉय करेंगे जिन्दगी...बच्चे तो फिर भी हो जाएँगे। तुमको भी बैंक में आगे जाना चाहिए। तुमको मैं आला अफसर के रूप में देखना चाहता हूँ। ...बस एबॉर्शन हो गया। पर क्या कमी रह गयी पता नहीं...अब मैं माँ नहीं बन सकती।” गौतमी फफक पड़ी।

“यह तो बहुत बुरा हुआ...।” क्या कहे आलोक कुछ नहीं सूझा उसे।

तत्काल गौतमी ने अपने आपको समेटा,

“एक्सक्यूज मी...।” कहकर उठी। साथ में ढेर सारे टिश्यू पेपर लेकर गयी।

आलोक सोचता रहा—क्या करे?

गौतमी लौट आयी। अब चेहरा बिल्कुल सामान्य। आवाज पूर्ववत्! आँखों में लौट आयी वह चमक। पर आलोक को अब गौतमी को देखने का वह अन्दाज कहीं भटका-भटका लग रहा था।

“तुम अपनी सुनाओ आलोक...क्या किया इन वर्षों में...?”

“कुछ नहीं...नौकरी। टेबल टेनिस खेलने का शौक भी जाता रहा। ट्रान्सफर

...नये लोग...एक-दो प्रमोशन और दो बच्चियाँ...बस इसी में निकल गया आज तक का समय... ।"

"कितना अच्छा समय है, तुम्हारा...दरअसल मैं भी ऐसी जिन्दगी चाह रही थी। कॅरियर-वरियर से मेरा दूर-दूर तक कोई लगाव नहीं...पर...पर।" वह रुक गयी। क्या कह गयी वह। कहा तो कुछ नहीं ऐसा-वैसा। पर अर्थ तो गलत नहीं निकलेगा न...वह फिर कहीं खो गयी। घड़ी देखी। आठ बज रहे थे। बाहर अँधेरा उतर आया था। गौतमी ने झिझकते हुए एक प्रस्ताव रखा–

"क्यों न हम खाना यहीं खा लें...?" आगे कुछ नहीं बोली। "श्योर" आलोक ने मोबाइल निकाला। घर पर फोन कर दिया। मोबाइल गौतमी की ओर बढ़ा दिया–

"तुम भी घर फोन कर दो, महेन्द्र राह देख रहे होंगे, कभी मिलवाओ उनसे..."

"मुझे फोन नहीं करना है। वे घर पर नहीं होंगे। रोज क्लब में जाते हैं। ड्रिंक्स और ड्रिंक्स...फिर ताश खेलते हैं। किसी चीज की सुध नहीं रहती। शाम का खाना कभी घर पर नहीं...मैं अकेली होती हूँ। देर रात आते हैं। कभी-कभी तो कार भी नहीं चला पाते। क्लब का ही कोई छोड़ जाता है... ।" आलोक को लगा बेकार ही कहा-घर फोन के लिए। पह वह परेशान भी हो गया गौतमी की जिन्दगी को लेकर। पता नहीं क्या खाना मँगवाया उन्होंने, क्या खाया। पर गौतमी हल्की होती गयी... ।

'वृन्दावन' लो तुम्हारा घर आ गया। 'घर' शब्द सुनते ही गौतमी के चेहरे पर फीकी हँसी उभरी। आँखों की कोरों में एक शाम के उपहार के लिए आलोक के प्रति आभार के भाव थे। आलोक गौतमी के देखने के अन्दाज की तलाश में था। पर कार के बाहर के अँधेरे में कुछ दिखा नहीं। अचानक गौतमी का हाथ आगे बढ़ आया। पल भर आलोक अचकचाया फिर गौतमी से हाथ मिलाया, "बाय... ।"

रास्ते भर वह गौतमी के बारे में सोचता रहा। उसकी दुनिया...महेन्द्र...हथेलियों की छुअन...आँखों की कोर... ।

उसका घर आ चुका था...उसने गाड़ी पार्क की...बेल बजायी। दोनों बेटियों ने एक साथ दरवाजा खोला और पापा से लिपट गयीं। पत्नी ने ब्रीफकेस हाथ से लेते हुए पूछा, "काफी देर कर दी...खाना हो गया या परोसूँ?"

"खाना हो गया।"

"फिर थोड़ा दूध ले लीजिएगा।" पत्नी के सुझाव में आग्रह था। थोड़ी देर बाद बच्चियाँ और पत्नी सो गये। पत्नी दूध पिलाकर ही मानी।

"रात के साढ़े बारह बज गये थे। आलोक को गौतमी की जिन्दगी कचोट रही थी। उसने मोबाइल उठाया। गौतमी का नम्बर डायल करने पर घड़ी देखी...रिंग जाते ही पत्नी ने करवट बदली...रिंग जाती रही...लगा सो गये होंगे दोनों महेन्द्र और गौतमी। अचानक आवाज आयी "हैलो... ।" गौतमी थी। "हैलो...हैलो... ।" आलोक ने फोन रख दिया।

चेहरा-दर-चेहरा

भीड़ से जब वह रास्ता बनाता हुआ चलता तो उसे लगता कि वह किसी वीरान जंगल से गुजर रहा है। चेहरे तो इतने सारे, पर पहचान किसी से नहीं। ज्यों चींटियों के बिल से लोग निकल रहे हों। सब अपने-अपने काम पर जा रहे होंगे, पर उसे लगता इतनी भीड़ क्यों है। इतने लोग कहाँ से आ जाते हैं। वह कहाँ से आया?

वह तबादले पर आया है। तबादला यानी नौकरी। नौकरी यानी रोटी-पानी। ऐसे ही इस शहर में सारे लोग रोटी-पानी के लिए आये हैं, वह यह जानने की आवश्यकता तक महसूस न करता। उसे बस अपने रहने की और बच्चे के दाखिले की चिन्ता थी। अब तक तो ठीक था। उसे सिर्फ रहने की यानी मकान की चिन्ता होती थी। अब बच्चे के दाखिले की भी चिन्ता है। भीड़ में उसे एक भी चेहरा ऐसा न लगता जो उसकी तकलीफ समझता हो। उसे सिर्फ यह लगता रहता, ये निर्विकार चेहरों वाले लोग अपनी जान कहीं गिरवी रख आये हैं और उनका जिस्म बेवजह ढोया जा रहा है।

तभी इतनी भीड़ में उसे इकतारा नजर आया। नजर तो बाद में आया। पहले अपनी धुन में चलते रहने के बावजूद उसके कानों में एक झंकार गूँज उठी। इकतारे की थी वह। और वह दृष्टिहीन बूढ़ा लगातार गाए जा रहा था, 'नैया बीच नदिया डूबी जाए...' उसे इस बात की तनिक भी खबर नहीं थी कि मुम्बई, भीड़ के समुद्र में डूबी जा रही है। इसे लगा काश, इस बूढ़े की दृष्टि होती, वह देख पाता कि कितने लोग हैं। लोग ही लोग। पर वह दृष्टिहीन था। वह एक क्षण उस बूढ़े के सामने ठिठका। उसे लगा, इस बूढ़े की दृष्टि ने उसकी तकलीफ ताड़ ली। उस बूढ़े के चेहरे पर उसे सन्तोष दिखाई दिया। प्रसन्नता दिखाई दी। चिन्ता-रहित चेहरा लगा उसका। 'नैया बिच नदिया डूबी जाए...'

पता नहीं कब वह उस बूढ़े के इकतारा की झंकारों से दूर छिटक लोकल में ठुँस गया। वहाँ लोग मँजीरे पर एक फिल्मी भजन गा रहे थे। गा क्या रहे थे, चीख रहे थे। रेल के डिब्बे को उन्होंने नगाड़ा बना रखा था। उसे लगा, खड़े रहने को जगह नहीं और ये हरामखोर उसका मखौल उठे रहे हैं। पता नहीं इन्हें कि उसे रहने को मकान नहीं। उसके बेटे को दाखिला नहीं और इस सीमेंट के जंगल में वह

बिल्कुल अनजान और अकेला है। पता नहीं कब से वह उस मँजीरेवाले को देख रहा था। देख क्या रहा था, मँजीरेवाले को देखने का आभास भर था। पर मजाक में मँजीरेवाला कब से आँखें मटका-मटकाकर उसके ताल में फिल्मी भजन की नयी धुन पर बेबस हुआ जा रहा था। इसने बेचारगी में मुँह बिचकाया और समर्थन के लिए एकबारगी तीन-चार चेहरे टटोले, पर उसे खाली हाथ अपनी आँखों में लौट आना पड़ा। फिर यूँ ही मँजीरेवाले को देखा तो वह उसी धुन में आँखें मटका रहा था। उसे लगा कि वह कसकर एक तमाचा जड़ दे। पर उसके हाथ भीड़ में खो गये थे। हालत यह थी कि उसकी आँखों के सामने यदि उसकी जेब में कोई हाथ डाल दे तो वह कुछ न कर पाये।

जेब का ध्यान आते ही उसकी सारी काया जेब में सिमटकर रह गयी। बार-बार उसे लगता कि उसकी जेब में कोई हाथ डाल रहा हो। और हर हाथ छिपकली-सी घिन उसके भीतर छिटक देता। वह अनजाने ही चौंक जाता...लोग झल्लाते–ठीक से खड़े नहीं रह सकते...। आदमी है या भूसा...पर वह अपनी जेबों पर छिपकलियाँ रेंगता महसूस करता रहता। सिर्फ एक चौकस अहसास, एक चौकन्नी नजर लिए वह चारों तरफ से कसकर घिरा था। तभी एक जबरदस्त रेला और वह मँजीरेवाले के सामने था। जेब सलामत थी। उसने राहत की साँस ली तभी भजन से अचानक डिस्को धुन फड़कने लगी और उसने अपने कानों को भीतर से बन्द कर लिया। वैसे सुन्न ही पड़ गये थे।

ऑफिस पहुँचा तो देखा किसी का ध्यान उसकी ओर नहीं है। अरे इतनी परेशानी, इतनी झंझट, इतनी बेबसी और किसी का ध्यान नहीं। सब अपने-अपने काम में मग्न। अर्थात् सब मस्त हैं–अपने आप में। अकेला वही है, जिसे सबसे ज्यादा चिन्ता, परेशानी और मनभर बोझ उठा कर चलना है। अपनी कुर्सी के पास आया ही था कि बगल वाले ने एक बेगानी नजर उस पर डाली और दूसरी आँख से घड़ी के काँटे नाप डाले। उसे लगा, इसने जानबूझकर चिढ़ाने की नीयत से यह सब किया। क्यों डसते हैं? लोग इस तरह।

फाइलें खोलीं पर अक्षर ज्यों पिघलकर उसकी आँखों में छितरा जाते। याद आता, आज किसने-किसने मकान के लिए कहाँ-कहाँ बुलाया है। दफ्तर में भी कोई न कोई मिल ही जाता खाली मकान का पता बताने वाला। उसकी मुहिम तेज हो गयी थी और वह आशान्वित हो जाता। तभी बॉस का बुलावा आता और उसके सोचने का चैनल ही अचानक बदल जाता।

लंच के समय आसपास के लोगों का उत्साह देखते ही बनता था। ज्यों कब से इस समय का उन सबको इन्तजार था। झुंड में लोग जाते कैंटीन में। दुनिया भर की बातें। दो-एक लोगों से परिचय हो रहा था। पर, वह पता नहीं क्यों झुंड में गुम हो

जाता है, उसकी जुबान सुन्न हो जाती है। वह एक झुंड के साथ कैंटीन की ओर बढ़ रहा था। पर उसे लगा कि सब उड़ रहे हैं और वह घिसट रहा है। ठीक उसी तरह जैसे गौरैया के घोंसले से कोई नन्हा-पंखहीन गौरैया कौवे की चोंच से बचते-बचते नीचे आ गिरा हो। कौवे के छूने से वह अपनी बिरादरी से अलग हो गया हो और अछूत घोषित कर दिया गया हो। फिर भी उसे लगता रहता कि कोई तो उसकी समस्या को समझेगा, पूछेगा। तभी एक ने कौवे की तरह सख्त चोंच में पूछा—

अरे हाँ, तुम्हारा क्या हुआ भई, मकान मिला या नहीं।

अरे मकान को मारो गोली, अब पहले पूछो एडमिशन हुआ या नहीं।

एडमिशन का आजकल बुरा हाल है। बिना डोनेशन किसी क्लास में एडमिशन नहीं मिलता। पहली में भी नहीं।

फिर सब लोग उसी तरह झुंड में अपने-अपने टेबल की ओर बढ़ रहे थे। उसे लगा आज का दिन भी गया। कोई ऐसा नहीं निकला जो हाथ बढ़ाये। फिर उसे याद आया कि उनमें एक आदमी ऐसा है, जो उसी की तरह है यानी गुमसुम बहुत कम बातें करने वाला। इस आदमी का चुनाव उसने क्यों किया पता नहीं। पर वह उसके पास गया। वे दोनों चाय पीने बाहर गये और जब लौट कर आये तब उसने कुछ ताजगी महसूस की। उसे लगा सब एक जैसे नहीं हैं। उसके भीतर एक कंकड़ भी पड़ता तो उसके विचार छितरा जाते और उसका निष्कर्ष बदल जाता। क्योंकि उसने उसके बच्चे के दाखिले के लिए कोशिश का वादा किया था। आशा पूरी बँधायी थी।

आज वापसी में वह लोकल में जब फिर ठूँसा गया तो उसे सुबह की तरह जबरदस्ती महसूस नहीं हुई बल्कि उस विशाल लहर का वह भी एक हिस्सा रहा। हालाँकि उसे बैठने के लिए जगह नहीं मिली फिर भी वह खड़े-खड़े उस आदमी के बारे में सोचता रहा जिसने उसे दाखिला दिलवाने में मदद का वादा किया था। अब उसे ठसाठस भरी लोकल में वही-वह दिखाई देता। सबकी आँखों में उसे राहत मिलती। खुद ही आगे सरक कर वह पीछे वाले के लिए जगह बनाता। पता नहीं वह ऐसा क्यों कर रहा था। दूर कहीं एक आदमी उसे देख रहा था। उसे लगा वह ऑफिसवाला आदमी ही है। शायद उसके बेटे को दाखिला मिल गया या मकान की गुंजाइश ही बन गयी। वह दूर वहीं से मुस्करा रहा है। धत् तेरे की। वह यहाँ कैसे आयेगा। वह तो दूसरी गाड़ी से गया है। फिर वह क्यों मुस्करा रहा है? उसे पहचानता है। उसने उससे आँखें मिलायी हैं। परिचय की पुतलियाँ हिलायीं पर वह गुमसुम मुस्कराये जा रहा था। इसने सिर-आँखें इधर-उधर कर उसे अपनी दृष्टि के घेरे में समेटा। पर वह तो शून्य में था और उसकी हँसी भी उसकी अपनी व्यक्तिगत ही थी।

वह उस आदमी के बारे में अनायास ही सोचने लगा। सोचते-सोचते उसे लगा

कि कहीं वह अपने बारे में ही तो नहीं सोच रहा है। तभी पीछे से किसी ने थपकी दी। चौंककर देखा तो पीछे वाला आदमी बैठने को कह रहा था। बिना क्षण गँवाये वह बैठ गया। बैठने के बाद सोचने लगा, इतनी भीड़ में भी उसे बैठने के लिए कहने वाले लोग हैं। वह भीड़ के उस अपरिचित चेहरे-सा मुस्करा दिया। और बेबस आसपास देखने लगा कि उसे किसी ने यूँ ही मुस्कराते हुए पकड़ा तो नहीं...अपने से हटते ही वह फिर ऑफिसवाले आदमी के चेहरे और उसके कोशिश की सम्भावनाओं में खो गया...जब आँख खुली तो देखा, सभी लोग उतर रहे हैं...वह भी हड़बड़ी में गाड़ी से नीचे था।

अभी उसे घर जाते हुए लोग थके-थके लगते। वह भी थका था। उसी की तरह लोग भी थके लगते। उसी मोड़ पर फिर वही इकतारा उसके कानों में झंकृत हुआ। वही आवाज–'नैया बीच नदिया डूबी जाए...।' उसे लगा शाम से यह बूढ़ा कितनी लाचारी ढो रहा है। वह वहाँ रुका। बूढ़े की आवाज थम गयी। इकतारा चुप था। बूढ़े को लगा कि कोई उसके सामने खड़ा है। देख तो सकता नहीं था। कानों को सतर्क कर वह पूरे चेहरे से देख रहा था कि कोई उसके सामने खड़ा है। बूढ़े ने अपने सामने बिछाई धोती पर हाथ फेरा और जो भी चिंल्हर मिली, समेटकर जेब में रख दी। फिर भी उसे लग रहा था कि कोई उसके सामने खड़ा है। बूढ़ा काँप गया। पता नहीं कौन हो। रात का वक्त है। वसूलने वाले दादा ही न हों। आतंक, बेबसी और लाचारी में उसके मुँह से निकला, 'जो दे उसका भी भला, जो न दे उसका भी भला...।'

उसने अपनी जेब में हाथ डाला। एक रुपये का सिक्का उसकी ओर उछाला और कश लगाते हुए आगे बढ़ गया।

पीछे से इकतारा फिर मुखर हो गया था, 'नैया बीच नदिया डूबी जाए...'

सुबह तो हुई!

टैक्सी में हम तीन ही थीं। सबको मालूम हो चुका था कि अब किसी भी स्थिति में ट्रैफिक जाम से बाहर निकलना बहुत मुश्किल काम है। वैसे तो दोपहर बारह बजे से ही चारों ओर भगदड़ मची हुई थी और ऑफिस से लोगों का घर भागना शुरू हो गया था। हमने भी सोचा था, पर ऐसा लगा नहीं था कि पानी अजगर की तरह सड़कों को लील जाएगा। ऐसा अजगर जिसका पूरा शरीर ही विकराल मुँह हो और हर चीज उसका निवाला।

ट्रेनें कब की बन्द हो चुकी थीं। मुम्बई की खासियत है कि हर बरसात में वह एक-दो दिन के लिए ट्रेनों को आराम देती हैं। लोग भी ऐसी अनचाही छुट्टी को खूब मनाते हैं। पर यह दौर तो अभी-अभी गुजर चुका था...फिर भी चारों ओर पानी ही पानी... बारिश है कि...रुकने का नाम ही नहीं लेती। एक मटमैला सागर शहर में पसर रहा था।

हमारा टैक्सीवाला भी बहुत परेशान था, टैक्सी के आधे पहिये डूब चुके थे। पर पानी तो चारों ओर था। ऊपर से मूसलाधार बारिश। चारों तरफ अफरा-तफरी। जो भी दिखता दहशत में सिर पर पैर रखकर भागता होता, अफवाहों का गोला उछल जाता...अरे आगे तो बाढ़-सी हालत है। तीन लोग बह गये...टैक्सी बहुत मुश्किल से मिलती। खतरा जो था, बह जाने का। पर इस टैक्सीवाले के अपने घर की तरफ जानेवाली लम्बी सवारी थे हम अँधेरी के लिए। हमें उसने बिठा लिया। फोर्ट से किसी तरह धीरे-धीरे हम आगे बढ़ते गये। कई बार टैक्सी के पहिये पानी में पूरी तरह डूब जाते। मेरा दिल डूबता जाता। मन ही मन देवी माँ को याद करती। मालूम था अब आदमी के हाथ में कुछ भी नहीं है। हम लगभग चार बजे दोपहर चले थे। पाँच घंटे हो गये दादर भी नहीं पहुँचे थे। आधे घंटे का रास्ता है—पाँच घंटे लग गये!

सहारा एक ही था—मोबाइल...बस घर फोन कर लेती। मोबाइल का इतना उपयोग कभी नहीं था। पर अभी तक घर कोई नहीं पहुँचा। सम्यक अभी तक नहीं पहुँचे। उन्होंने भी तो कहा था कि वे पाँच बजे ऑफिस से निकल चुके हैं। सम्यक को कितनी बार कहा कि अब मोबाइल ले ही लेना चाहिए। पर उनका कहना था कि पहले साम्या के लिए लेंगे। वह कॉलेज में पढ़ती है। आजकल कॉलेज की सभी

लड़कियों के पास मोबाइल होता है...इसलिए भी जरूरी है कि हमारी चिन्ताएँ कम रहेंगी और साम्या को सुरक्षा का अहसास रहेगा–

"मम्मा...कहाँ हैं आप?"

"बेटे, तू ठीक तो है न...घर पहुँच गयी?"

"मैं घर के पास हूँ...सेफ हूँ...डोन्ट बरी...आप कहाँ हैं?"

"मैंने अभी दादर पार किया है...पापा से कॉन्टेक्ट हुआ?"

"नहीं, घर का फोन खराब हो चुका है। मेरी दूसरी सहेलियों के घर भी फोन नहीं लग रहा है। वे दोनों मेरे साथ ही हैं। उन्हें बोरिवली जाना है। मैंने उनसे हमारे घर ही चलने के लिए कहा है।"

"तू अपना खयाल रख, बच्चे और तुम तीनों घर जाना सीधे। सँभलकर रहना, मेरी चिन्ता मत करो। मेरे साथ सुचेता और शुभ्रा आंटी हैं। हम किसी तरह..." ये क्या हुआ फोन कट गया। मोबाइल आउट ऑफ रेंज..."हे भगवान...बच्ची की रक्षा करना...अब क्या होगा?"

"सुचेता तुम्हारा मोबाइल चल रहा है?"

"एक मिनट...है तो..."

"जरा जल्दी से अपना नम्बर साम्या को दे दो...कोई इमर्जेंसी रहे तो सम्पर्क रहेगा...बच्ची भी आश्वस्त रहेगी..."

सुचेता ने अपना मोबाइल मुझे दे दिया। मैंने साम्या का मोबाइल मिलाया और बताया कि वह सुचेता आंटी का है। हम साथ-साथ हैं। इस नम्बर पर कर लेना। साम्या ने भी राहत की साँस ली।

तभी टैक्सी लम्बे ट्रैफिक जाम में फँस गयी। मूसलाधार बारिश। हाथ को हाथ न सूझता। टैक्सी के काँच दुधिया हो गये। केवल टैक्सियों की धूमिल-सी बत्तियाँ दिखायी देतीं। वाइपर घूमता तो था पर कोई फायदा नहीं। टैक्सीवाला भी बेचैन, बेहाल। शायद पेट्रोल भी कम था।

"मैडम, आप लोग उतर जाइए। मैं टैक्सी अगले ग्राउंड पर पार्क कर दूँगा, अगर आगे जा सके तो आप दूसरी टैक्सी ले लीजिए..."

"दूसरी टैक्सी?" तीनों के मुँह से अचानक एक साथ निकला। "ऐसा क्या कहते हैं...आप देख रहे हैं, सभी मुसीबत में हैं और आप दूसरी टैक्सी की बात करते हैं..." ऐसा लग रहा था, हम तीनों एक साथ बोल रही हों। हमने एक-दूसरे को देखा तो ऐसा ही कुछ लगा। फिर टैक्सीवाले की आवाज पर ध्यान गया...

"टैक्सी के इंजिन में पानी चला गया तो सब ठप्प हो जाएगा...मेरा बहुत नुकसान होगा। फिर पेट्रोल भी कम है।" सुचेता और शुभ्रा एक-दूसरे को देखकर रुआँसी हो गयीं। मुझे बहुत गुस्सा आया। मुट्ठियाँ भिंच गयीं, दाँत आपस में टकराये। पर यह समय गुस्सा दिखाने का नहीं था। दिमाग से काम लेना था। मैंने कहा, "भाई साहब,

आपके घर की बहन-बेटी ऐसे फँसी होतीं तो क्या आप यह सब इस तरह सोचते? आपको मालूम है, दूसरी टैक्सी अभी नहीं मिलेगी। किसी तरह हममें से किसी एक के घर आप छोड़ दीजिए...प्लीज...भगवान आपका भला करेगा..."

"पर मेरा नुकसान कौन देगा?"

"नुकसान की क्या सोच रहे हैं। कहीं खड़ी करेंगे, वहाँ से बह गयी तो? यहाँ जान की पड़ी है आप नुकसान की कह रहे हैं..." बोल तो गयी मैं, पर लगा कुछ ज्यादा कड़ा हो गया। कहीं उसने ठान लिया और जबरन उतार दिया तो बहुत मुश्किल हो जाएगी। यह सोचकर मैंने उसकी तरफ देखा। वह कुछ बुदबुदाना चाह रहा था। मैंने तुरन्त कह दिया, "भइया, हम आपका नुकसान भर देंगे, बस्स..." उसने पीछे देखा और आगे बढ़ने के लिए टैक्सी शुरू की। हम अंग्रेजी में बातें कर रही थीं। मोबाइल आते। शायद उसे लगा होगा कि इनसे ज्यादा उलझना ठीक नहीं। काफी देर तक चुप्पी छायी रही। हम अपने-अपने परिवार के सदस्यों की चिन्ता को लेकर खोये रहते। तभी उसने कुछ नरम आवाज में कहा, "बहन जी, हमारा बहुत नुकसान होगा।"

"पर आप जा भी कहाँ सकते हैं। हम सबका रास्ता एक—अँधेरी। कुछ मत सोचो। कुछ नुकसान होगा तो हम देखेंगे..." मेरी आवाज में पता नहीं कहाँ से जोश आया। सुचेता और शुभ्रा की आँखों में मेरे लिए समर्थन था।

बिजली गुल हो गयी। पूरे सिस्टम में ही कोई खराबी थी। हम एक-दूसरे का चेहरा देख पा रही थीं मुश्किल से, क्योंकि टैक्सियों की टेल लाइट और हेड लाइट चल रहे थे। वैसे चारों ओर अँधेरा था। टैक्सी के दरवाजे का लॉक हमने दोनों ओर से सुनिश्चित किया। टैक्सीवाला शरीफ था। उसकी बातों से यह लग रहा था। पर डर भीतर गाढ़ा होता जा रहा था। तीनों चुप थीं। टैक्सीवाला भी। अब तो दस भी बज गये। जिन्हें-जिन्हें कोसना था, सब हो गये। महानगरपालिका के ड्रेनेज, सरकार की लापरवाही, रेलसेवा की असलियत...फिर घर का खयाल आया...साम्या पहुँची कि नहीं। सुचेता के मोबाइल से फोन करने ही वाली थी कि सुचेता का मोबाइल बजा। मैंने मोबाइल सुचेता को दे दिया। सुचेता के हलो कहते ही साम्या की आवाज ने मुझे चौंका दिया। सुचेता से लगभग मोबाइल छीनते हुए मैंने अपने कान में लगा लिया, "बच्चा, ठीक तो है न तू...कहाँ है? घर पहुँची...पापा आये...फोन ठीक है...?"

"हाँ मम्मा...मैं ठीक हूँ। दोनों सहेलियाँ भी यहीं हैं। पर मम्मा आप कहाँ हो? ठीक तो हो? अपना खयाल रखना। पापा घर आ गये हैं, लो बात करो..."

सम्यक ने कितनी आतुरता से मोबाइल लिया। कितने सवाल पूछे। मेरे पास उनके न पहुँच पाने की मजबूरी उन्हें ग्लानि में धकेल देती। मैं ही उन्हें आश्वस्त कराती रही। हम तीनों हैं। टैक्सीवाला भइया बहुत अच्छा है। आप चिन्ता मत करो। हम जैसे ही सुविधा होगी जल्दी पहुँच जाएँगे।

"पर मैंने सुना कि बान्द्रा के पास बाढ़ जैसी हालत है। एक कार और कई लोग बह गये..."

"सम्यक अब ऐसा कुछ मत सोचो। मुझे कुछ नहीं होगा। भगवान पर भरोसा रखो। जैसे भी सम्भव है हम पहुँच जाएँगे। देखो, तुम इधर निकल जाने की बिल्कुल कोशिश मत करना। कोई फायदा नहीं...चिन्ता और बढ़ जाएगी।" मेरी बात चल ही रही थी कि सुचेता का मोबाइल भी ऑफ हो गया।

शुभ्रा, टैक्सी ड्राइवर के ठीक पीछे खिड़की के पास बैठी थी। वह बहुत देर से बेचैन थी। सभी बेचैन थे। पर वह कुछ दूसरी तरह ही बेचैन थी। सुचेता से धीरे से उसने कहा, "पास की दूसरी टैक्सी में बैठा वह आदमी मुझे काफी समय से घूर रहा है...मुझे तो डर लग रहा है..."

तभी टैक्सी ड्राइवर की आवाज सबने सुनी और हम तीनों दंग रह गयीं, "बहन जी, घबराने की कोई बात नहीं। मैं हूँ न! आप लोग बिल्कुल चिन्ता न करें।"

हमें ड्राइवर की इस आवाज पर पहले भरोसा ही नहीं हुआ। पर यह उसी की आवाज थी। उसकी आवाज से नफा-नुकसान का हिसाब गायब हो गया था और उसके भीतर का आदमी हम तीनों के साथ था। उसके साथ हमने जो शान्त व्यवहार किया था, उसने उसके भीतर के नुकसान और उसकी अपनी तकलीफों को हमारे साथ जोड़ दिया। शुभ्रा ने अब पास वाली टैक्सी की तरफ पीठ कर ली थी। आँचल सिर के ऊपर ढँक लिया था। मैंने उसे आश्वस्त किया, "कम ऑन शुभ्रा...कुछ नहीं होगा। इतनी टैक्सियाँ-गाड़ियाँ हैं, इतने लोग हैं...और तुम..."

"अक्षता, वह देर से हमारी ओर ताक रहा है। उसकी नजर सही नहीं है..." शुभ्रा टैक्सी के दरवाजे के लॉक को टटोल लेती।

"क्या करेगा...हंऽ...यहाँ जान की पड़ी है..." मुझे लगा कि इतनी आधी रात तक शुभ्रा को इस तरह अकेले में अटक जाने का खौफ तो है ही, ऊपर से उसकी स्त्री की बेचैनी...मुझे पता नहीं कहाँ से हिम्मत आती रही है...मैं ही बोलती रही इस टैक्सीवाले से और इस अँधेरे से, इस बारिश से...शायद अकेले बाहर टूर पर जाने के मेरे अनुभवों ने कुछ साहस दिया हो...पर वह लखनऊ एयरपोर्ट की रात...बाहर टैक्सीवाले ने अकेली देखकर किस तरह घेर लिया था...मेरी तो बोलती बन्द हो गयी थी। ऐसा कभी नहीं हुआ था। तभी क्षितिज पास आये और अपनी टैक्सी में चलने के लिए ऑफर दिया। क्षितिज, मुम्बई की ही एक कम्पनी में काम करते हैं। बिजनेस के सिलसिले में उनसे मुलाकात कभी-कभार हो जाती थी। पर ऐसा कोई खास परिचय उनसे नहीं था। जिस स्थिति में वे मिले वह मेरे लिए बहुत बड़ा सहारा थे। मैंने अपनी किस्मत को धन्यवाद दिया। ईश्वर को लाख-लाख धन्यवाद दिये। एक पल की भी देर नहीं की और उनके साथ हो ली। टैक्सी शुरू होने के बाद काफी देर तक मेरे मुँह से एक भी शब्द नहीं निकला...उन्होंने ही पूछा...

"सब ठीक तो है...नयी जगह में ऐसी दिक्कतें आती ही हैं...?"

मैंने बहुत साहस कर उनकी ओर देखा तो लगा आँखों की घनी बारिश में कुछ भी दिखायी नहीं दे रहा है, ज्यों किसी कार का वाइपर ऐसी बारिश में टूट गया हो। मेरे मुँह से केवल निकला "सॉरी..." और लगभग फफक पड़ने को हुई। तभी क्षितिज की गहरी आवाज ने थाम लिया...

"कम ऑन, होता है, कभी-कभी...."

लखनऊ में अपना पहला प्रवेश मैं कभी नहीं भुला पायी। होटल के रिसेप्शन पर उन्होंने मुझे छोड़ा और बोले, "कब तक हैं यहाँ...?"

"परसों निकलना है..."

"अच्छा, मुझे तो कल शाम को ही दिल्ली जाना है।"

जब तक और बात हो होटल के रूम बॉय ने मेरा लगेज उठा लिया था और मैं इतना ही कह पायी...

"क्षितिज जी, थैंक्स फॉर एवरीथिंग..." मेरी आँखें कृतज्ञता से भर आयी थीं...

क्षितिज...अन्धे आकाश में अनायास एक आभास...एक हल्की-सी मुस्कान चेहरे पर छिटक गयी। शुभ्रा मेरी हिम्मत से आश्वस्त होकर मुझे कब से निहार रही थी...मैंने अपनी अधूरी मुस्कान में शुभ्रा को आश्वस्त पाया। तभी टैक्सीवाले की आवाज ने फिर हम तीनों को एक-दूसरी की निगाहों के सामने ला दिया, "बहन जी, आप लोग बिल्कुल चिन्ता न करें, जब तक मैं जिन्दा हूँ, आप लोगों को कुछ नहीं होगा...निश्चिन्त रहें...."

हम तीनों चुप...एक-दूसरे को देखती रहीं...तभी मूसलाधार बारिश की घनी बौछारों ने बाहर की दुनिया से हमें अलग-थलग कर दिया। घूरनेवाला आदमी तो दूर, उसकी टैक्सी भी दिखायी नहीं दे रही थी...

रात के दो बज रहे थे। बारिश कुछ कम हुई थी। सभी सम्पर्क कट चुके थे। केवल हम तीनों एक-दूसरे को दिलासा दे रही थीं। हाँ, अब टैक्सीवाला भी हमारी चिन्ताओं का भागीदार बन गया था। घुप्प अँधेरा चारों ओर...कभी टैक्सी चलती, कभी रुक जाती...पता ही न चलता कि हम कहाँ हैं। बाहर कुछ भी दिखाई न देता।

शुभ्रा ने सिर पर आँचल ओढ़ लिया था। उनींदे तो सभी थे, पर उसे थोड़ी झपकी लग जाती। मैं जब भी आँखें बन्द करती, मुझे सुचेता का खयाल आता। वह हम तीनों के बीच में बैठी थी। डर उसके भीतर अधिक था। मेरी झपकी से वह बेचैन हो जाती। मैं आँखें खोलती तो लगता वह कब से मेरी खुली आँखों का इन्तजार कर रही है। वैसे झपकी मुझे भी कहाँ थी। हम मौन बातें करते। तभी टैक्सीवाले की आवाज काफी देर बाद सुनाई दी, "अब हम बान्द्रा फ्लाई ओवर पर हैं। अब कम से कम बहने का खतरा नहीं है और न ही डूबने का..."

उसकी आवाज में जान की सलामती की खुशी तो थी ही, साथ ही, अब उसकी

टैक्सी भी सुरक्षित रह सकेगी। लम्बा फ्लाई ओवर था। पक्का ट्रैफिक जाम...

सुचेता की हलचल ने मेरी भारी आँखों को जबरन खोला। घड़ी देखी, सुबह के छह बज रहे थे। शुभ्रा की आँख लग गयी थी।

सारी टैक्सियाँ, गाड़ियाँ चींटी की कतार में, न कोई ओवर टेक, न कोई स्पीड....

सुचेता की थकान से एक आश्वस्ति झाँक रही थी, "चलो, आखिर सुबह तो हुई..." उसकी उतनी-सी आवाज से शुभ्रा हड़बड़ाकर जाग गयी। सबसे पहले उसने टैक्सी का लॉक टटोला...बन्द था। फिर हम दोनों को देखकर एक निःश्वास छोड़ा और बगल में झाँका तो एक टैक्सी हमारी टैक्सी के बिल्कुल पास...वह चीखी, जोर से। ...वही घूरने वाला आदमी इतने करीब आ गया था। वह सुचेता से बुरी तरह लिपट गयी। सुचेता भी अपनी सिहरन नहीं बचा पायी। उसने भी शुभ्रा को भींच लिया। मैंने गौर से देखा, बगलवाली टैक्सी की पिछली सीट पर बैठा आदमी एकटक देख रहा था। काँच पर उसका सिर टिका हुआ था। आँखें खुली थीं। मैंने इधर-उधर हिल-डुलकर उसे गौर से देखना चाहा। पर वह निर्विकार...इधर बड़ी मुश्किल से शुभ्रा ने फिर अपना मुँह हमारी ओर कर लिया और सँवरने की कोशिश करने लगी। अब सुबह भी हो चली थी। रात का आतंक कम हो गया था। हालाँकि बारिश जारी थी। पर हम फ्लाईओवर पर थे। हमारा टैक्सीवाला नीचे उतरा—कुछ तमतमाया हुआ। उसकी सवारियाँ आहत थीं। कोई शरारत कर रहा था। भला इस तरह कोई किसी को घूरता है। शुभ्रा के साथ वह भी आहत था। वह तैयारी से नीचे उतरा था। उस आदमी के सामने वह खड़ा था। कोई अनहोनी मुझे कचोटने लगी थी। पर ऐसा भी क्या घूरना कि कोई बेचैन ही हो जाए।

हमारे टैक्सीवाले ने घूरने वाले आदमी के पास जाकर टैक्सी का शीशा थपथपाया...पर घूरने वाले की आँखें निर्विकार...पथरीली...सफेद फक्क...हमारे टैक्सी ड्राइवर को कुछ अनहोनी लगी...काँपते हाथों और थर्रायी आवाज में वह शब्दहीन अजीब-सा चीखा और लगभग शीशे को झिंझोड़ते हुए चिल्लाया, "अरे देखो, इसे क्या हो गया?" उस आदमी के पास बैठे आदमी ने हड़बड़ाकर उसे देखा और चीखते हुए दूसरे आदमी के साथ टैक्सी से बाहर हुआ। वे दोनों और उसके टैक्सी ड्राइवर की हड़बड़ी और बेचैनी से लग रहा था कि वे किसी भयानक दुःस्वप्न से जागे थे...ज्यों कोई बर्फीला अजगर उनकी टैक्सी में घुस आया हो। वे चारों आपस में परिचित नहीं थे। केवल मुम्बई की बस जानलेवा बारिश ने उन्हें जोड़ा था।

उसकी बगल में बैठे आदमी ने कहा, "यह आदमी रात भर जाग रहा था। रह-रहकर उसके बदन में थरथराहट होती...कुछ उल्टी जैसा उसे लगता और वह चेहरा शीशे की ओर कर लेता...मुझे थोड़ी-सी झपकी लगी और मैंने उसकी थरथराहट महसूस की थी...पर लगा इसे या तो फिट आने की बीमारी होगी या तो इसे

बहुत ज्यादा ठंड लग रही होगी...मैं चाहकर भी आँखें नहीं खोल पाया...अधजगी नींद में मुझे लगा कोई विशाल अजगर मेरे बेडरूम में घुस आया है...मेरी आँखों के सामने लाल रंग-सा उभरा और सारा बदन ज्यों बर्फ से ढँक गया हो...मैं चीख रहा था नींद में...पर आँख नहीं खुल रही थी...फिर आँख लग गयी...!"

सब उसकी बात सुन रहे थे। पता नहीं मुझे क्यों—क्या लगा...मैं टैक्सी से बाहर आयी और बोली, "जरा देखिए, क्या हो गया!" टैक्सी का दरवाजा भीतर से लॉक था। ड्राइवर ने लॉक खोला। टैक्सी का दरवाजा जैसे ही खुला, वह आदमी लुढ़ककर नीचे गिरा। बाहर बारिश थी, मूसलाधार। सब कुछ खत्म हो चुका था। लोग भीगते हुए उस अनजान आदमी को घेरे खड़े थे—जो अब केवल 'बॉडी' रह गया था। सब हक्के-बक्के। किंकर्तव्यविमूढ़।

शुभ्रा ने आँचल अपनी नाक में लगा रखा था और अब अधिक भयभीत नजर से उस आदमी को देख रही थी। बाहर मूसलाधार बारिश, भीगते हुए हम सब, शुभ्रा की डबडबाई आँखें...और सवाल सिर पर...अब आगे क्या? सुबह का बेसब्री से इन्तजार था। सुबह तो हो गयी थी। पर सवालों का अँधेरा अधिक गहरा गया था। भीगते हुए लोगों की भीड़ बढ़ रही थी...बारिश है कि थमने का नाम ही नहीं ले रही थी!

फिरौती

फोन का रिसीवर रखते ही निशिकान्त बेचैन हो उठा। पास ही बैठे उसके छोटे भाई श्रीकान्त ने महसूस किया ज्यों किसी ने उसके भैया के कलेजे में धारदार चीज चुभो दी हो। भैया की आँखें गुस्से से लाल हो आयीं या डर से, वह तय नहीं कर पा रहा था। पर इतना तो तय था, यह फोन एक दहशत एक आतंक बो गया उसके भैया के दिमाग में। पास आते ही वह एक बार फिर पूछ बैठा "भैया बताइए न, किसका फोन था...क्या परेशानी है। सारी व्यवस्था हो जाएगी...आप निश्चिन्त रहें...जब तक आप बताएँगे नहीं, इन्तजाम कैसे होगा, भैया आपको मेरी कसम...प्लीज।"

निशिकान्त ने अपने छोटे भाई की ओर देखा। उसे कुछ सहारा तो मिला था। पर वह डर रहा था कि श्रीकान्त तैश में आकर कुछ ऐसा वैसा न कर बैठे। निशिकान्त केवल कह पाया, "श्रीकान्त, सब ठीक हो जाएगा...चिन्ता करने से क्या होगा...तुम तो शादी की तैयारियों में लगे रहो...मैं सब सँभाल लूँगा।"

"भैया, कुछ और पैसे चाहिए तो निःसंकोच कहें। व्यवस्था हो जाएगी।" श्रीकान्त स्थिति का अन्दाज लेते बोला।

निशिकान्त को मालूम है कि श्रीकान्त बचपन से उस पर जान छिड़कता है। लाडला भी तो रहा है उसका। अपने भैया पर बड़ा गर्व था उसे। अपने भैया के लिए वह कुछ भी कर सकता है। सेंट्रल एक्साइज में अच्छे ओहदे पर है इसलिए ऊपर के अफसरों से उसकी अच्छी जान-पहचान है।

भैया की बेटी की शादी किसी उत्सव से कम नहीं थी, उसके लिए। इसलिए संयुक्ता की शादी में वह दस दिन पहले ही आ गया छुट्टियाँ लेकर। संयुक्ता का नामकरण उसी ने किया था। इस रिश्ते के लिए भी उसी ने अपने शहर के लड़के से बात चलायी। लेन-देन में भी वह जुड़ा रहा। इसलिए उसे चिन्ता अधिक हो रही थी, कहीं लड़के वालों ने कोई नयी फरमाइश तो नहीं कर दी।

निशिकान्त फोन की वारदात उसे सुनाकर चिन्तित नहीं करना चाहता था। किसी तरह संयुक्ता का विवाह समारोह ठीक से पूरा हो जाए। शान्ति से सब कुछ पूरा हो, बारात खुशी-खुशी विदा हो...बस यही चिन्ता थी। पैसों की, सुविधाओं की सारी व्यवस्था निशिकान्त ने कर ली थी।

लेकिन श्रीकान्त निर्द्वन्द्व नहीं हो सका। दूसरे दिन भी भैया के चेहरे पर, भाभी के व्यवहार में और संयुक्ता की आँखों से वह एक भरपूर आतंक के साम्राज्य को अनदेखा नहीं कर पाया। शादी से सम्बन्धित किसी तैयारी के सिलसिले में वह निशिकान्त से बात कर रहा था, तभी फोन घनघना उठा। श्रीकान्त आगे बढ़ा। निशिकान्त ने उसे रोक दिया। बोला, "रुको, मेरा होगा।"

रिसीवर कान तक पहुँचाते ही निशिकान्त की आँखों में वही खून उतर आया। जोर से चिल्लाया वह, "शट अप...बार-बार फोन क्या करता है...तेरे से जो बनता है कर ले...धमकी किसे दे रहा है...।" धड़ाम् से रिसीवर रख तो दिया उसने, पर उसका समूचा शरीर काँप रहा था। श्रीकान्त यह समझ नहीं पा रहा था कि निशिकान्त गुस्से से काँप रहा है या सचमुच आतंक ने भैया को हिला दिया है।

निशिकान्त को सोफे पर बिठाया। तब तक संयुक्ता आ गयी और उसकी माँ भी। संयुक्ता को कुछ नहीं सूझ रहा था पर उसकी माँ विमला के मुँह से निकल ही पड़ा, "श्रीकान्त भैया, मैं इनसे कह रही थी शादी नागपुर से ही करेंगे। इस छोटे शहर में हमारी बरकत कई लोगों से सही नहीं जा रही है। मेहनत तो लोगों को दिखाई नहीं देती, बढ़ते धन्धे से जलन होती रहती है...।" विमला रुआँसी हो गयी। संयुक्ता को इशारे से भीतर जाने को कहा। आँचल खींच लिया चेहरे पर और किचन में चली गयी विमला।

जब विषय खुल ही गया है तो निशिकान्त भी श्रीकान्त के साथ सोफे पर आ गया। श्रीकान्त की आँखों में झाँकता बोला, 'सारी बातों की जड़ श्यामलाल है।"

"श्यामलाल अंकल?"

"हाँ, श्यामलाल...तुमको नहीं मालूम रिटायर हो गया है और उल्टे सीधे काम करता रहता है।"

"वे तो पुलिस अफसर थे कहीं...?"

"हाँ, वही...सब इंस्पेक्टर था। पता नहीं कहाँ-कहाँ से बटोर लिया है। नयी कालोनी में मकान बनवा लिया है। इस कस्बे में वह वर्दी में ही मोटर साइकिल पर घूमता, जबकि यह उसका इलाका नहीं था...किसी से सीधे मुँह बात न करता। तुम काफी दिनों से बाहर हो इसलिए बीच के हादसे तुम्हें मालूम नहीं...मैं बताना भी नहीं चाहता था...पर अब विषय निकल ही गया है तो..." कहते हुए निशिकान्त किचन की ओर देखने लगा। विमला चाय लेकर आ रही थी। विमला ने ही कहा, "ये आपको सारी बात साफ-साफ नहीं बताएँगे। मैं बताती हूँ।" श्रीकान्त को चाय थमाते उसने कहा, "उसका बड़ा बेटा एकदम निकम्मा और आवारा है। पढ़ाई-लिखाई तो कुछ की नहीं...तुमको मालूम नहीं होगा। यह भी वैसा ही था। इसलिए बिरादरी में अच्छी जगह शादी तो उसकी हो नहीं पायी। इंस्पेक्टर बनने के बाद रौब झाड़ता है...।" विमला भी मुख्य बात को छिपा गयी। "...पर इस फोन का कारण...? यदि उसने कोई बदतमीजी

की है तो उसे चखाएँगे...आप लोगों के डर का कोई खास कारण?"

"सच बताऊँ श्रीकान्त...उसकी नजर हमारे कारोबार पर है। फिलहाल इस शहर और जिले की सबसे बड़ी कपड़े की दुकान हमारी है। चारों तरफ हमारे बारे में ग्राहकों का विश्वास है...उसने अपने बेटे के लिए कुछ धन्धा शुरू करने की कोशिश की। पर फटे मुँह क्या कोई धन्धा कर सकता है। व्यापारी को तो नरमाई सीखनी चाहिए...यह तो उनके खानदान में नहीं है..." "तो..?" श्रीकान्त को अब भी मुख्य बात चूकती लगी।

"उसकी हिम्मत तो देखो...एक दिन वह अपने बड़े बेटे के लिए संयुक्ता का हाथ माँगने आ गया...वर्दी में। रिटायर होने में एक साल बचा था और बेटा कोई काम धन्धा तो करता नहीं था...वैसे भी उसके घर और संयुक्ता...मैं सोच भी नहीं सकता..."

बीच में ही विमला बोल पड़ी, "उसकी नजर जायदाद और दुकान पर थी। पर फूल-सी इकलौती बेटी क्या कोई इस...।" श्रीकान्त को अब कुछ-कुछ समझ में आ रहा था। लेकिन मना कर देने पर यह नया बखेड़ा क्या है, समझ नहीं पाया वह..."पर अब तो सब कुछ तय हो गया...फोन का मतलब?"

"तिलमिला गया वह मना करने पर...बाप-बेटे ने मिलकर जितनी कोशिश करनी थी कर ली...अरे ये संयुक्ता कालेज के आखिरी साल में थी, तब उसका बेटा उसे कालेज के रास्ते रोकता, बदनाम करने की भी कोशिश की, रिश्तेदारी में भी कोई कसर नहीं रख छोड़ी, पर बिरादरी के लोग उसे भी जानते हैं, हमें भी...।"

"अब क्या चाहता है वह...।" श्रीकान्त की आँखें तन गयी थीं।

"विघ्न..."

"क्या मतलब?"

"किसी तरह हमारी फजीहत हो...और वह तमाशा देखे..."

"ऐसा कभी नहीं होगा...।" श्रीकान्त फोन के पास आ गया।

निशिकान्त को लगा कि वह किसी पुलिस या अपने मित्र को नागपुर फोन करेगा। पर इससे कुछ खास नहीं होगा।

"श्रीकान्त, ठीक हो जाएगा। तू परेशान न हो...ये तो बिल्कुल नीच आदमी है...इसका कुछ नहीं बिगड़ना है, एकदम बेशर्म है...नंगे से खुदा डरे...।"

निशिकान्त ने श्रीकान्त के सामने अपना सारा कसैलापन उगल दिया। पर श्रीकान्त के लिए अब भी फोन वाली बात स्पष्ट नहीं हुई थी। "पर भैया यह फोन...किसका है? क्या चाहता है? क्या श्यामलाल फोन करता है?"

"नहीं...।"

"तब?...उसका बेटा?"

"नहीं"

"तो?"

"ये भगत है, जिले का गुंडा...। श्यामलाल के इशारे पर। श्यामलाल आजकल उसे सारा कानूनी मशविरा देता है और अपने काम करवाता है। उसने यह काम भगत को दे रखा है। भगत को पैसे चाहिए नहीं तो वह शादी रुकवा देगा किसी तरह। ...तुम अपना काम करते रहो श्रीकान्त। मैं इसीलिए तुम्हें नहीं बताना चाहता था। तू भी मेरी तरह इसी में उलझ गया न। खैर, तू इधर की चिन्ता छोड़ दे।"

श्रीकान्त दूर तक सोच में पड़ गया। यहाँ का झमेला तो किसी तरह समेटा जा सकेगा। पर संयुक्ता के ससुराल वालों में किसी ने जहर के बीज बो दिये और वे लग गये तो...शादी तक तो बड़ी सतर्कता से काम लेना होगा, बाद में ठीक से स्थितियाँ समझायी जा सकेंगी। ...अब उसे भैया, भाभी और संयुक्ता की आँखों में समाया आतंक समझ में आया और शादी के दिन का समारोह, उसके अपशकुन, विघ्न, फिल्म की रील की तरह उसकी आँखों के सामने घूमने लगे। क्या-क्या नहीं होता। ऐसा हुआ तो? वैसा हुआ तो??

दो दिन उसके इसी चिन्ता में बीत गये। इस बीच सब काम श्रीकान्त को समझाकर निशिकान्त मुम्बई चला गया किसी और काम से। लौटकर आया तो उत्साहित था। गहने-कपड़े तैयार थे। बीच-बीच में फोन भी आते रहे। निशिकान्त उतना निश्चिन्त नहीं लगा। श्रीकान्त अपने कामों में उलझा रहा। संयुक्ता जरूर चिन्तित रहती, किसी अदृश्य अनहोनी से वह मुक्त कतई नहीं थी। हालाँकि निशिकान्त उसे आश्वस्त करने के लिए क्या कुछ न कहता।

दूसरे दिन भगत गिरफ्तार हो गया। किसी और जुर्म में। निशिकान्त की चिन्ता कम हुई। पर खुद श्यामलाल का ही फोन आ गया, "तुमने यह ठीक नहीं किया... तुम्हें मालूम है मैं पुलिस डिपार्टमेंट का आदमी हूँ। तुम्हारी यह हिम्मत...भगत कल जमानत पर छूट जाएगा...फिर वह शादी के दिन का भी इन्तजार नहीं करेगा...तुमने साँप के बिल में हाथ डाला है—निशिकान्त।"

निशिकान्त ने एक शब्द नहीं कहा। धड़ाम् से फोन रख दिया। आसपास कोई नहीं था। वह दुर्घटनाओं के बारे में सोचता रहा। पर मुम्बई से लौटने के बाद कुछ सन्तुलित ही था।

फोन फिर आया। घंटी बजी। रिसीवर उठाया और रख दिया। काट दिया। पर कुछ जरूरी किसी और का होगा तो? श्रीकान्त की बात पर वह फीकी मुस्कान में गुम हो गया। दूसरे दिन और भी कुछ गुंडे गिरफ्तार हो गये।

शादी के दिन पहले निशिकान्त के घर और शमियाने के चारों तरफ से पुलिस ने घेर लिया था। बारात जहाँ से आनी थी उस सारे रास्ते पर पुलिस की गश्त लग गयी थी। पूरा इलाका छावनी में बदल गया।

तमाम कयासों के बावजूद श्रीकान्त कुछ नहीं समझ पा रहा था। बहुत पूछने

पर निशिकान्त ने उसे बताया, "शादी में मन्त्री जी आ रहे हैं। उनके लिए यह बन्दोबस्त है।"

श्रीकान्त कुछ आश्वस्त हुआ। चलो कुछ राहत मिली, सुरक्षा भी। बिरादरी में मान मर्यादा बढ़ गयी। सारा कुछ आयोजन मन्त्री स्तर का होता गया। नगर के प्रतिष्ठित लोग भी आने लगे। भोजन, आवभगत उसी स्तर का हो गया। दूल्हेवाले अपनी रिश्तेदारी में इतराने लगे। शादी में मन्त्रीजी आनेवाले हैं..."

जिले के बड़े-बड़े अधिकारी, डीएसपी, कलेक्टर निशिकान्त के घर आकर पूछते, "सब ठीक तो है?"

शादी के दिन स्थानीय अखबार में मन्त्रीजी का इंटरव्यू छपा था, जिसमें उन्होंने राज्य के कानून और व्यवस्था के गुण गाये थे।

मन्त्री क्या आये, सारे विवाह समारोह का केन्द्र बिन्दु ही बदल गया। दूल्हा-दुल्हन हाशिए पर चले गये और मन्त्री ही केन्द्र में आ गये। लगा यह विवाह समारोह न होकर सत्कार समारोह है। मन्त्रीजी ने मुस्कराकर सबका अभिवादन स्वीकार किया। दूल्हा-दुल्हन के साथ फोटो खिंचवाये। कई-कई लोग उनकी बगल में पलभर दिखने के लिए लालायित हो गये थे। पूरा विवाह मंडप गहमागहमी में लीन था। निशिकान्त शान्त भाव से सबसे मिल रहे थे। श्रीकान्त भी मुक्तभाव से सबकी खातीरदारी में व्यस्त थे।

चारों ओर पुलिस। भीतर सादे कपड़ों में भी पुलिस। पता ही नहीं चल रहा था कि बाराती कौन और पुलिस कौन। लेकिन एक-एक आदमी को मेटल डिटेक्टर से गुजरना होता। यह मेटल डिटेक्टर भी आजकल भव्य स्वागत द्वार का एक प्रतीक लगता है। ऐसे में जब तक दो-चार लोग मोबाइल फोन लेकर न घूमें तब तक ऐसे वैसे की शादी लगती है। इस शादी की बात ही निराली थी। जगह-जगह पुलिस के वायरलेस लगे थे।

अखबारों में मन्त्री के साथ निशिकान्त का नाम भी विशेष रूप से जुड़ा होता। वैसे निशिकान्त की 'परिधान' दुकान का विज्ञापन अखबारों में अवश्य होता। निशिकान्त के घर परिवार के सारे लोग मन्त्री और उनके दल-बल को सँभालने में लगे थे। दूल्हे की कोई चिन्ता ही नहीं थी। मन्त्री जी अपना काम आशीर्वाद निपटाकर निकलने लगे। निशिकान्त से अलग से मिले। निशिकान्त गद्गद हुए। अकेले में पता नहीं कितनी जरूरी बात चल रही थी, पर निशिकान्त का ध्यान केवल इस बात पर था कि उसे मन्त्री से बात करते हुए कितने लोग देख रहे हैं। देखते-देखते निशिकान्त का रुतबा डालर की तरह बढ़ता रहा...।

बारात विदा हो जाने के बाद धीरे-धीरे रिश्तेदार भी एक-एक कर विदा होने लगे। पुलिसवाले, अधिकारी और तथाकथित कार्यकर्ता भी गायब हो गये। एक दुःस्वप्न केवल सपने का आभास रह गया। श्यामलाल की धमकी पर यह मन्त्री आगमन

भारी पड़ा। रात में अधिकांश मेहमान रवाना होने पर श्रीकान्त ने अपने भैया से अत्यन्त कौतुक से पूछा, "भैया, पर मन्त्री वाला सिलसिला तो आपने जोरदार ढंग से फिट कर लिया। पर यह हुआ कैसे? क्या मन्त्री जी हमारे सचमुच इतने परिचित हैं कि शादी में आ गये..."

"अरे श्रीकान्त, मन्त्री भी किसी के हुए हैं...।" फिर अपनी चतुराई, शेखी और कुछ गर्व से निशिकान्त ने कहा, "यह तो श्यामलाल का काट था...पर कुछ महँगा पड़ गया...इज्जत रह गयी, साख बढ़ गयी...बस पूँजी समझो इसे...विज्ञापन भी खूब हो गया...वसूल हो जाएगा इस दीवाली पर।"

"महँगा पड़ गया...वसूल हो जाएगा...।" श्रीकान्त के कुछ समझ में नहीं आ रहा था।

"ऐसा है श्रीकान्त, आजकल सरकारी पैसे हड़पना कोई आसान बात नहीं रही। घोटालों ने सब घोटाला कर दिया। अखबार भी चैन नहीं लेने देते। आयोग बड़े सनकी हैं और न्यायालयों को पता नहीं क्या हो गया है...।" श्रीकान्त मुँह फाड़कर एकटक अपने भैया को सुन रहा था। कई बातें समझ से बाहर थीं, पूछ बैठा, "भैया इन पुलिसवालों पर किता खर्च किया?"

"कुछ नहीं..."

"फिर, यह सब मुफ्त में कैसे हुआ? कोई बड़ा आदमी पहचान का है?"

"नहीं"

"तो?"

"अरे मन्त्री को कुछ देना पड़ा। आजकल इस तरह पैसे लेना उनके लिए सहज है। एक शादी के एक लाख लेते हैं। उनका जनसम्पर्क बढ़ता है और जिसके घर जाते हैं, उसका सम्मान बढ़ता है...हमारी तो सुरक्षा भी हो गयी। श्यामलाल देखता रह गया। अब कभी नहीं टकराएगा। अच्छा सबक मिला उसे...।"

"पर वे गुंडे...भगत?"

"अरे वे सब दो कौड़ी के हैं। मन्त्री के सामने क्या हैं?"

"पर भैया एक लाख..."

"अरे समझो दहेज ज्यादा दे दिया। पर कितना बड़ा आतंक था। धन्धे में क्या है, दूसरी तरह वसूल हो जाएगा।" विमला को देखते ही निशिकान्त को कोई बात याद आ गयी।

श्रीकान्त सोचने लगा पूरा चम्बल उसके आसपास है। सरगना फिरौती लेकर किसी अखबार के लिए इंटरव्यू दे रहा होगा। ये श्यामलाल, ये गुंडे, ये भगत, फोन की धमकी मन्त्री के ही अलग-अलग चेहरे तो नहीं?

जन्मान्तर गाथा

रात किसी तरह कट चुकी थी, लेकिन विवशता की सूजन दिग्विजय की आँखों में उभर आयी थी। वे सुबह का बेसब्री से इन्तजार कर रहे थे। आज जवाहर आने वाला है। आज लगभग चार वर्ष बाद जवाहर से मुलाकात होगी। रिटायर होने के बाद भी जवाहर से मिलने की उनकी चाह में वही पुरानी ताजगी थी। छत पर लगे लकड़ी के झूले पर वे अकेले ही बैठे-बैठे वर्तमान और भूतकाल के बीच झूल रहे थे।

क्षितिजा चाय लेकर आयी। झूले पर बैठे-बैठे वे लगातार गेट पर टकटकी लगाये थे। क्षितिजा ने चाय टेबल पर रखी। उसने एक नजर अपने पापा पर दौड़ायी। उनका ध्यान अपनी ओर न पाकर उसे कुछ खीझ हुई। भीतर ही भीतर कोफ्त भी हुई। पर अब तक वह इतनी बड़ी और निडर नहीं हुई थी कि अपने पापा पर ऐसी खीझ व्यक्त कर सके। वह चाय बनाने झुकी तभी क्षितिजा का हार, आहाते के गेट और चाय की प्याली के बीच झूल गया। दिग्विजय शून्य में निहारते-निहारते उस हार में झूल गये। अचानक बिफर पड़े, "क्षिति, रहने दे, मैं अपनी चाय आप बना लूँगा..."

क्षितिजा ने एक सवालिया नजर अपने पापा पर डाली और चुपचाप नीचे आ गयी। पर उसके मन में एक बात खटकती रही कि उसके पापा उस पर नाराज हैं। पर क्यों? वह तो कल ही यहाँ आयी है, हेमन्त के साथ। पापा ने तो हेमन्त से ढंग से बात भी नहीं की और न ही मुझसे! ऐसी क्या बात हुई। माँ ने कुछ कहा तो नहीं? हेमन्त ने तो अभी कोई बात भी नहीं छेड़ी है। आखिर पापा नाराज क्यों हैं?

उधर दिग्विजय अपने हाथ में चाय की प्याली लेकर दूर क्षितिज में अपने भूतकाल की यादें बटोर रहे थे, जवाहर के साथ। इधर पुणे में वे खूबसूरत-से इलाके में रहते हैं। बरसात के दिन हैं। टीले के तराई पर उनका पुश्तैनी मकान है। मकान भी क्या स्वप्निल खयालों वाला है। बादल, मकान को सहलाते हुए आगे बढ़ते हैं। बादलों के साथ दिग्विजय अपने अतीत की ओर बढ़ जाते हैं। पर क्षितिजा के हार की याद से उनका वर्तमान झनझना उठता है।

वह क्षितिजा के गले का सिर्फ हार ही नहीं था। दिग्विजय के अटूट विश्वास और विशिष्ट जीवन-शैली का एक दरकता हुआ जीवन्त टुकड़ा था। इसके दरकने

से दिग्विजय जड़ों तक हिल गये थे। पर क्षितिजा दुःखी नहीं लग रही थी। दिग्विजय अपने सिर को एक झटका देते हैं और विषय बदलने की कोशिश में उन्हें लगता है कि दूर पहाड़ी पर बादल, सफेद बादल, कबूतरों के सन्तुष्ट दल की तरह उनका आकाश दुलार रहे हैं। और वे अपने भूतकाल के काले अजगर से छुटकारा पाने के लिए लगातार जंगलों में भाग रहे हैं। फिर अचानक किसी बादल का रेशा उनके हाथ लग जाता और वे अपनी मनचाही यात्रा पर निकल पड़ते हैं...

दिग्विजय सिर्फ रेंजर ही न मानते अपने आप को। उन्हें जंगल से प्यार था। वे केवल नौकरी न करते। साँस लेने-सा सहज और प्रकृति में खो जाने के आनन्द का अनुभव उनके हर दिन का निष्कर्ष होता। जंगल के एक-एक पेड़ और पशु-पक्षी से उन्हें आत्मीयता हो गयी थी। इधर लोनावला के जंगलों में जब वे पहली बार आये तो उन्हें लगा प्रकृति भी अजीब करिश्मा है। यहाँ अपने पुश्तैनी घर-मकान को भूलकर वे इस जंगल में ऐसे खो गये मानो सदियों से निर्भीक खड़े पहाड़ और पेड़ ही उनके पूर्वज हों।

यहाँ जब वे तबादले पर आये तो उन्होंने हमेशा की तरह एक 'कॉटेज' खड़ी की, अपनी मेहनत से। जवाहर भी था उनके साथ। यह कॉटेज आज भी वन-विभाग के लिए कुतूहल और जिज्ञासा का केन्द्र रही है। दिग्विजय इस इलाके के लिए किंवदन्ती बन गये। जवाहर की वे बहुत इज्जत करते थे और जवाहर उन्हें किसी देवता से कम न समझता।

पहले दिग्विजय ने तय कर लिया था कि अपना जीवन कुछ हटकर जिया जाए। वही शादी, बच्चे, इंक्रीमेंट, रिटायरमेंट और पेंशन के चक्रव्यूह से हटकर कुछ किया जाए। वैसे भी यदि इस जंगल की खिलखिलाहट में साथ देना है तो अकेले ही रहना पड़ेगा। कोई भी शरीफ लड़की इस वीराने को जिन्दगी नहीं दे पायेगी। शादी की कल्पना भी बेकार है।

पर कहते हैं न शादी-ब्याह तो स्वर्ग में ही तय होते हैं, आदमी तो धरती पर रस्म अदा करता है। दिग्विजय के साथ भी शायद यही होना था। वे अपने छोटे भाई की शादी में पुणे आये थे। उन्होंने अपनी शादी के लिए मना कर दिया था, इसलिए छोटे भाई की शादी माँ-बाप को करनी पड़ी। मेहमानों की भीड़ में दिग्विजय की परिचय-पताका बिल्कुल भिन्न थी। छरहरा शरीर, ऊँचा कद, चेहरे पर रोबीली दाढ़ी और भीड़ से हटकर आकर्षक व्यक्तित्व। इसी शादी के समय उनकी मुलाकात शकुन्तला से हुई। आँखें जब टकरायीं तो दिग्विजय जीवन में पहली बार विचलित हो गये। पहल शकुन्तला ने ही की थी, यह बताने में शकुन्तला को अब भी मजा आता है। बात बढ़ी। परिचय में दिग्विजय ने महसूस किया कि उनसे भी कहीं अधिक रुचि और जंगलों का, प्रकृति का आकर्षण शकुन्तला को है!

फिर क्या था। सूखी लकड़ियों की उस कॉटेज को प्रकृति का लेप भी मिल

गया। फर्ग्युसन कॉलेज से एम.ए. करने वाली शकुन्तला ने दिग्विजय को ऐसा सँवारा कि दिग्विजय वर्षों तक अपने सौभाग्य के सरूर के धुँधलके में खो गये। पर ऐसे में उन्होंने अपने आपको, अपने और अधिक करीब पाया। पत्नी के इस समर्पण और समान रुचि ने उन्हें और अधिक समर्पित रेंजर और गरिमापूर्ण व्यक्ति बना दिया।

दिग्विजय एक पौराणिक पुरुष की तरह वनों में प्रकृति को जी रहे थे। उन्हें बार-बार लगता कि ऐसे वन में शकुन्तला का चिरन्तन शकुन्तला है, खरगोश और हिरणों के साथ अठखेलियाँ करती सचमुच की शकुन्तला और वे अपने आपको दुष्यन्त समझने में रोमांचित अनुभव करते। कभी-कभी वे सोचते पुणे जैसे शहर में पली-बढ़ी और फर्ग्युसन कॉलेज में पढ़ी शकुन्तला में ये आदिम संवेदनाएँ कैसे सुरक्षित रह सकीं। फर्ग्युसन कॉलेज तो आधुनिकतम विचारों से लदा-फदा कॉलेज है। भौतिकता ही जहाँ आधुनिकता हो, ऐसे संस्कारों में पली-बढ़ी शकुन्तला दुष्यन्त के सपनों का सच कैसे बन गयी। वे कई बार इन बातों को लेकर शकुन्तला को छेड़ते। शकुतला भी भरपूर प्रतिवाद करती। उनका जीवन साँस लेने-सा सहज और झरने-सा प्रवहमान था।

दिग्विजय ने अपने आपको कभी एक जगह से जोड़कर स्थायी हो जाने की कोशिश नहीं की। इस नौकरी में भी तबादलों के कठोर प्रसंग आते। परन्तु उन्होंने कभी दुराग्रह नहीं पाले। जहाँ भी तबादला होता वे खुशी-खुशी चले जाते। वही जंगल होता, वही शकुन्तला, वही काम। सिर्फ उनका एक ही आग्रह होता कि जवाहर भी उनके साथ रहे। जवाहर के लिए भी यह खुशी की बात होती। सिर्फ ठेकेदार बदल जाते। प्रारम्भ में, दूसरे कर्मचारियों की निगाहें विचलित होतीं। अभी तक सब एक अजीब-सी दुनियादारी, फायदे-नुकसान के गणित में धँसे होते, इसलिए दिग्विजय की ईमानदारी उन्हें सालती, चुभती और घूसखोर अफसर, दिग्विजय से कतराते या खार खाते। पर समय के साथ सब कुछ दिग्विजयमय होता जाता।

उनके अधिकांश साथी अफसरों के परिवार शहरों में होते। वे केवल नौकरी के लिए यहाँ होते। दिग्विजय के साथ उनकी निजी जिन्दगी बिल्कुल मेल न खाती। वे ऐशो-आराम को गलत न समझते पर उधार का सुख उन्हें पसन्द नहीं था। जब उन्हें मालूम होता कि अमुक इलाके में किसी अधिकारी ने अपने ऊपरवाले अफसर के लिए खरगोश या हिरण की बलि चढ़ाई है तो वे कसमसा उठते। पर यह संस्कृति तो इस विभाग को विरासत में मिली है। दिग्विजय जैसे अपवाद तो अँगुलियों पर गिने जा सकते हैं। आये दिन ऐसी पार्टियाँ वन-विभाग में होती रहतीं। रात-रात भर शराब और भुना गोश्त। ठहाके और ठहाके! इस शोरगुल से जंगल का गेस्टहाउस सुबह होने के इन्तजार में बेचैन हो जाता। जंगल के जानवरों को ऐसे ठहाकों का बड़ा खौफ होता और उनसे भी कहीं अधिक दिग्विजय को। पर वे अपने आपको समझा-बुझाकर बचा ले जाते। जानवर विवश थे।

जब वे पार्टियाँ शहरों में होतीं तो सम्पन्नता प्रदर्शन की एक और कुरुचि उजागर होती। गनीमत है शकुन्तला को भी इन सारी बातों से चिढ़ है। दिग्विजय क्रान्तिकारी की तरह इस लूटखसोट परम्परा को तोड़ने की पहल नहीं करते और न ही इसमें शामिल होते हैं। वे तटस्थ होकर इस कीचड़ में भी अपना अलग रास्ता चुन लेते हैं। इसलिए कोई उनके आड़े न आता उल्टे कभी-कभी उनसे खौफ अवश्य खाते।

देखते-देखते दिग्विजय और शकुन्तला की बेटी ने सातवीं पास कर ली। तब दिग्विजय को लगा कि उनके जीवन का एक भरपूर कालखंड क्षितिजा के रूप में उनके सामने है। अब उसे पढ़ने के लिए शहर भेजना होगा—निश्चित ही, पुणे। क्योंकि, उसके मामा भी वहीं हैं और यह यहाँ से सबसे पास पड़ता है।

दिग्विजय ने मानो अपने जीवन में सब कुछ तय कर लिया था। यही कि बेटी को भी उसकी पूरी आजादी मिले। पढ़े, नौकरी करे या न करे। अपनी मर्जी से शादी भी करे अन्यथा अपने पिता का कर्तव्य तो वे करेंगे ही। सुविधाएँ उनकी आय में जितनी भी हो सकती थीं, उन्होंने क्षितिजा के लिए मुहैया कर दीं। कभी कोई कमी महसूस नहीं होने दी और अपना कुछ भी थोपने से अपने आपको रोकते रहे। वैसे तो क्षितिजा भी अपने पापा की खूब इज्जत करती थी। पर अपने पापा का अति सादगी से रहना उसे कभी-कभी खलता। खासकर तब जब वह अपने पापा के साथ अफसरों के घर जाती।

क्षितिजा अपनी सहेलियों के साथ पिकनिक के लिए अक्सर जंगलों में जाती। दिग्विजय और शकुन्तला खुश हो जाते। कितनी खुशी छलकती है—क्षितिजा के चेहरे पर, अपनी सहेलियों के साथ। जंगलों में, दिग्विजय की सुरक्षा में ये कुँआरी खिलखिलाहटें सूखे पत्तों में भी खड़खड़ाहट भर देतीं। क्षितिजा जब पुणे लौटने को होती तब शकुन्तला उदास हो जाती। दिग्विजय कहते, "अब तो वैसे भी उसे विदा करने का वक्त आ गया है। तुम उससे इस बारे में कुछ बात करो। वह क्या सोचती है। उसके लिए अब हमें रिश्ता तलाश करना चाहिए। क्षितिजा की पसन्द से बात बने तो क्या कहना..."

शकुन्तला ज्यों चौंक उठीं। उन्होंने क्षितिजा का बढ़ना ही देखा था, उम्र का तो कभी खयाल ही नहीं आया। कितनी समतल यात्रा थी उनकी जिन्दगी की। कहीं कोई खड़खड़ाहट नहीं। सिर्फ पिछली बार भाभी ने कहा था, "क्षितिजा अब बड़ी हो गयी है, इसकी शादी के बारे में कुछ सोचा है..."

"अभी तो खेलने-खाने और पढ़ने के दिन हैं इसके..." शकुन्तला ने विषय काट दिया था। उसे मालूम था, क्षितिजा और आगे पढ़ना चाहती है।

क्षितिजा को होस्टल में ही रखना दिग्विजय ने अधिक पसन्द किया था। एक तो क्षितिजा पढ़ाई में अधिक ध्यान दे सकेगी, दूसरे रिश्तेदारों को वे अपनी बेटी के लिए दुविधा में नहीं डालना चाहते थे। क्षितिजा की सहेलियाँ भी होस्टल में ही

थीं। क्षितिजा भी यही चाहती थी। वैसे शहर में उसके मामा ध्यान देने के लिए तो थे ही।

दिग्विजय अपने जीवन के उतार में भी उसी तन्मयता के साथ जंगलों से जुड़े रहे। कभी-कभी उन्हें लगता कि क्षितिजा कुछ कहना चाहती है। पिछली बार जब वह यहाँ आयी थी तब भी उसकी आँखों में कुछ अजनबीपन था। तब उसने चाहा था कि खाना घर पर नहीं, गेस्टहाउस में रखा जाए।

दिग्विजय ने सोचा कि उसे सहेलियों के साथ गेस्टहाउस में अधिक खुलापन मिलेगा। वे शाम को जल्दी ही गेस्टहाउस आ गये। क्षितिजा अब भी बच्ची-सी चहक उठी, "पापा अपना घर भी ऐसा ही होता तो..." दिग्विजय ने चौंक कर क्षितिजा को बहुत गहरे निहारा तो लगा क्षितिजा की आँखों में कुछ अनजानी सुरंगें उतर आयी हैं। सँभलते हुए दिग्विजय ने कहा, "पुणे में हमारा अपना मकान तो है बेटे...और तुम्हें कौन मेरे घर में सारी जिन्दगी गुजरानी है..." "ओह पापा...मैंने तो यूँ ही कहा था।" क्षितिजा ने कह तो दिया और दिग्विजय ने मान भी लिया। लेकिन शकुन्तला सोचती रही कि दिग्विजय की सादगी के साथ क्षितिजा का लगाव कटता जा रहा है।

बाद में, उसकी सहेलियाँ पहाड़ों, जंगलों और पशु-पक्षियों की बातों में पापा के साथ घुल-मिल गयीं। दिग्विजय जंगलों के विविध पशु-पक्षियों की कथा, आदिवासियों की जिन्दगी उनके रस्मो-रिवाज के बारे में रोचक घटनाएँ सुनाते रहे। शकुन्तला इन घटनाओं को कई बार सुन चुकी है। उसे यह सब दुहराना और दिग्विजय का भोला मन देखते रहना, बहुत सुखद लगता है। तभी शकुन्तला की एक सहेली ने पूछा, "अंकल, यहाँ तो नानवेज भी अलग-अलग और फ्रेश मिलता होगा न..."

क्षितिजा ने उस सहेली की भरपूर चिकोटी काटी। वह लगभग चीख उठी। दिग्विजय हतप्रभ से अपनी क्षिति को देख रहे थे। जिस सहेली ने अचानक पूछ लिया था उसे समझ नहीं पड़ रहा था कि यह खामोशी और अचरज का पहाड़ अचानक क्यों टूट पड़ा।

सब चले गये। दूसरे दिन शकुन्तला क्षितिजा और उसकी सहेलियों के बारे में दिग्विजय को तरह-तरह की बातें बताती रहीं। "यही कि उन्हें आश्चर्य हुआ कि मैं एम.ए. हूँ– वह भी फर्ग्युसन कॉलेज से। आपके साथ बिना फ्रिज और टीवी के रहती हूँ। पर उन्हें क्या पता...' कहते-कहते वे दिग्विजय को खामोश पाकर रुक गयीं।

दिग्विजय कुछ देर तक सुनते रहे। उन्हें कुछ ज्यादा ही गम्भीर देखकर शकुन्तला चिन्तित हो गयीं। "आप तो कुछ ज्यादा ही सीरियस हो गये!"

"कोई खास बात नहीं।"

"कुछ तो आपके दिमाग में ठहर गया है। वरना आप तो छोटी-से-छोटी बात को भी मजे से सुनाते हैं। पर आज नाराज हैं–शायद क्षिति से या उसके चले जाने से!"

"तुम ठीक कह रही हो शकुन्तला...पर सिर्फ उसके लौट जाने पर ही नहीं! मुझे इस बार ऐसा लगा कि क्षिति को हमारा इस तरह रहना अच्छा नहीं लगता। उसने गेस्टहाउस में खाना पसन्द किया। तुम्हें मालूम है और क्या क्षिति को मालूम नहीं मैं गेस्टहाउस जैसी जगहों से कितना कतराता हूँ...और वह नानवेज की बातें...मुझे नानवेज से किसी के भी खाने पर एलर्जी नहीं, यहाँ तक कि यदि क्षिति भी खाती है तो मुझे उतना बुरा न लगता, जितना उसके छिपाने की बातें चुभती चली गयीं। जिस ढंग से उसने अपनी सहेली की बात रोक दी, खटकने वाली बात तो थी ही। तुम्हें सच बताऊँ, मुझे लगा क्षिति मुझसे अपरिचित होती जा रही है। बहुत दूर तो नहीं निकल जाएगी वह। अनजान और अनदेखी राहों पर। मैंने तो उसे कभी नहीं रोका किसी बात के लिए। मुझसे छिपाने का मतलब है..."

"बस...बस...आपकी यही एक अजीब आदत है। आप सोचते-सोचते अकेले ही बहुत दूर निकल जाते हैं। क्षिति बच्ची है..." फिर शकुन्तला को लगा कि दिग्विजय सचमुच दुखी हैं और अनजाने में वह क्षितिजा का पक्ष लेकर दिग्विजय की बात को हल्का नहीं करना चाहती थीं। बस वे तुरन्त बोलीं, "तो क्या आपको जिन्दगी भर शकुन्तलाएँ ही मिलती रहेंगी।"

दिग्विजय मुस्कराये। शकुन्तला दिग्विजय को अच्छी तरह जानती थी। उसकी यह चुटकी बोझिल पलों से बचा निकली। दिग्विजय ने ज्यों लौटते हुए कहा, "शकुन्तला, शायद तुम ठीक कहती हो!"

फिर एक दिन क्षितिजा के मामा का पत्र आया कि उन्होंने क्षितिजा के लिए एक लड़का देखा है। क्षितिजा को भी पसन्द है। पुणे आने का आग्रह था—अन्तिम रूप से सब कुछ तय करने के लिए।

दिग्विजय विचलित हुए—अन्तिम रूप से बात करने को लेकर। शकुन्तला ने भी इसे सहज नहीं लिया। फिर दिग्विजय ही बोले थे, "अच्छा है, तुम्हारे भाई ने सारा कुछ तय जैसा ही कर लिया है, वरना मुझसे भला क्या बन पाता। मैं अपनी दुनिया कहाँ ढंग से बना पाया। बेटी के लिए कहाँ से ढंग की जिन्दगी दिलवा पाता..."

"लगता है, आप सचमुच नाराज हो गये हैं। मैं भैया को पत्र लिखकर सब मना कर दूँगी...मैंने तो आपसे कभी शिकायत नहीं की—गृहस्थी को लेकर...शायद मुझमें ही कुछ कमी रह गयी हो!..." कहते-कहते शकुन्तला भावुक हो चली थीं।

करीब आकर दिग्विजय भारी आवाज में फुसफुसाये थे, नहीं...नहीं शकुन्तला...यह बात नहीं...मैंने तो लगभग तय कर लिया था—अकेले रहना! पर तुमने इतना कुछ दिया मुझे कि शायद हर आदमी से मेरी उम्मीदें बढ़ गयीं!

अगले ही रविवार को वे दोनों पुणे आये। क्षितिजा के मामा के साथ वे हेमन्त के घर गये। एक सजधज भरा भड़कीला ड्राइंग रूम! दिग्विजय ने अपने भीतर कुछ अपनी बातें तय कर ली थीं। जैसे—जिसका ड्राइंग रूम जितना आक्रामक, वह

आदमी उतना ही बनावटी और उथला! ड्राइंग रूम ज्यों चक्रव्यूह हो...हर आगन्तुक को धर दबोचने के लिए...फिर उन्हें लगता कि लकड़ियों का खूबसूरत फर्नीचर उन्हीं के प्रशस्त वृक्षों की लाशें हों...कमाल है, उन्हें यह सब क्यों लगता है। उन्हें अपने आप पर हँसी आ गयी और उन्होंने अपने सिर को एक झटका दिया। शकुन्तला उनकी एक-एक सूक्ष्म हलचल को बखूबी जानती हैं। नजरें मिलने पर दिग्विजय मुस्कुरा दिये! साथ ही, आँखों से कह दिया—कुछ नहीं। इन दोनों के इन संवादों के बीच मामा पता नहीं कब अटक गये। उन्हें लगा कि दिग्विजय को सब कुछ पसन्द आ रहा है!

फिर दिग्विजय का ध्यान कोने में रखी अलमारी पर गया। उसमें कुछ किताबें थीं। पर लगा आज तक किसी ने पलटकर उन्हें नहीं देखा है। वे 'शो केस' के साथ ही इस घर में आयी हैं। वे चुपचाप सब कुछ देखते रहे। हेमन्त उनकी बगल में बैठा था। कुछ अधिक नहीं बोल पा रहा था वह—किसी भी विषय पर। अच्छा कारोबार था उनका—बिल्डर थे वे लोग!

शकुन्तला के भाई की कार से लौटते हुए दिग्विजय ने चुप्पी तोड़ी, "शकुन्तला, चलो अच्छा ही हुआ, तुम्हारी क्षिति को एक अच्छा मकान चाहिए था—ठीक रिश्ता मिल गया है—बिल्डर ही हैं ये लोग!"

"छोड़िए भी मजाक!" शकुन्तला असली बात जानना चाहती थी।

"सिर्फ बिल्डर ही नहीं, और भी कारोबार हैं इनके। और सिर्फ दो ही भाई हैं। सबसे बड़ी बात यह है क्षिति और हेमन्त एक-दूसरे को पसन्द भी करते हैं..." मामा ने ज्यों सारी चौसर ही बिछा दी।

शकुन्तला को लगा कि भाई के गणित से दिग्विजय आहत हुए हैं। एक खामोशी ही रही रास्ते भर...

घर पहुँचने पर क्षितिजा ने ही पापा की कार का दरवाजा खोला। बाहर आते ही दिग्विजय ने क्षितिजा की आँखों में झाँका। क्षितिजा ने पापा की आँखों को पढ़ना चाहा। दिग्विजय ने क्षिति को बाँहों में बटोर लिया, "बेटे, तुझे पसन्द है न!"

क्षितिजा पापा के और करीब आ गयी थी। दिग्विजय ने एक नजर क्षितिजा को देख अपनी आँखें हवा में उछाल दीं।

विवाह में दिग्विजय ने तय कर लिया था कि क्षितिजा की इच्छा का आदर करेंगे। लेकिन क्षितिजा की गहनों की सूची मामा की मार्फत आयी, जो दिग्विजय के पी.एफ. से ही मुक्त हो सकी। दिग्विजय डर रहे थे कि क्षितिजा का मामा जरूरत से ज्यादा खर्च करके उन्हें बटोरने का मौका ढूँढ़ सकते हैं। उन्होंने ऐसा कोई मौका नहीं दिया। हालाँकि उन्होंने कई बातें ऐसी कीं जो दिग्विजय के स्वभाव में नहीं थीं। खैर!

क्षितिजा सुखी लगती है, शायद खुश भी है। दिग्विजय रिटायर हो चुके हैं। अपने

पुश्तैनी मकान में वे खाली हाथ लौट चुके हैं। वे सिर्फ जिये थे। रिटायर होने के बाद वाले गणित से उनका कोई सरोकार न था। पेंशन ही काफी थी। उनका भला खर्च ही क्या था। मकान न भी होता तो उन्हें कोई दुःख न होता। जंगलों में कहीं भी बस जाना दिग्विजय को अच्छा ही लगता। शहर में आकर भी बेवजह वे किसी के घर न जाते-आते। बागवानी उन्हें पसन्द थीं। पुस्तकें अधिक करीब आ गयी थीं। कभी-कभार जंगलों के संस्मरण लिखते...नये माहौल में भी दिग्विजय ने अपने आपको परिचित बना डाला था। पर कल रात शकुन्तला ने जो कुछ कहा, उससे वे घायल शेर की तरह चौतरफा बौखला उठे थे। उन्हें लगा एक भयंकर अन्धड़ उनके भीतर उठा है और सारा जंगल तहस-नहस हो गया। वर्षों से खड़े पेड़ धराशायी हो गये। कारण था—हेमन्त और क्षितिजा उनसे मिलने आये थे। क्या सचमुच उनसे मिलने आये थे। कम से कम क्षितिजा तो उन्हीं से मिलने आयी थी...नहीं क्षितिजा को अपनी माँ से यह नहीं कहना चाहिए था।

क्षितिजा ने रात को अपनी माँ को हेमन्त की योजना बतायी कि इस मकान की जगह एक आलीशान बिल्डिंग बनाना फायदे का होगा। बहुमंजिली इमारत। पैसा ही पैसा। और जितनी जगह अभी पापा के पास है, उतनी तो मिलेगी ही...लाखों रुपये भी ऊपर से! दिग्विजय उलट पड़े थे।

शकुन्तला, तुमने क्यों नहीं कह दिया, कुछ दिन रुक जाएँ, कुछ भी नहीं देना पड़ेगा... सब क्षितिजा का ही तो है। अब हम कितने दिन के मेहमान हैं...

शकुन्तला अवाक् रह गयी। दिग्विजय बोलते गये, "कम से कम क्षितिजा को तो यह सब कहने से पहले मेरे बारे में, मेरी पसन्द के बारे में सोचना था। पर मुझे लगता है शकुन्तला, अपनी क्षितिजा भी अब हमसे मीलों दूर निकल चुकी है। कीमती हारों से घिर चुकी है। हमारी बातें अब उसके लिए सिर्फ पागलपन के अलावा कुछ नहीं। उसकी कोई गलती नहीं, शकुन्तला गलती हमारी है। हम दोनों मिलकर भी उसे अपने जैसा नहीं ढाल पाये। वह वैसी बनी जिससे मुझे चिढ़ रही है।" वे बोलते रहे। शकुन्तला ने नहीं रोका उन्हें। सिफ चट्टान की तरह उनकी बातों के थपेड़े सहती रहीं। फिर दिग्विजय ही रुके। तब शकुन्तला बोली, "मैं क्षितिजा को आपकी भावनाएँ बता दूँगी—सुबह! आप हेमन्त से कुछ न कहिएगा।"

दिग्विजय रात भर नहीं सो पाये। शकुन्तला जैसी पत्नी न मिलती तो...वे रात भर करवटें बदलते रहे। जब भी जागते तो शकुन्तला पूछती, "क्यों नींद नहीं आ रही है?" तब उन्हें लगता कि उन्हें तो नींद नहीं आ रही पर यह शकुन्तला तो उनके कारण सो ही नहीं रही...ज्यों कुछ मरहम मिला। राहत मिली। मौन संवादों के बीच पता नहीं कब नींद उन्हें अलग-अलग थकान ने दी। फिर भी दिग्विजय सुबह छह बजे हमेशा की तरह उठ गये। सात बजे जवाहर आने वाला है।

अचानक इतनी सुबह क्षितिजा को जगा देखकर उन्हें आश्चर्य हुआ। चाय भी

लेकर आयी है। पर पापा से सीधे आँख नहीं मिला पा रही है। पिता का रूखा स्वर भी उसे डराता है, "तुम्हारी माँ जगी नहीं अब तक..." "नहीं...मैं उसके कमरे में गयी थी। जगाने के लिए हाथ हिलाया तो मालूम हुआ कि उसे बुखार है..."

दिग्विजय ने ज्यों बुखार के बारे में कुछ सुना ही नहीं, "और हेमन्त..."

"वे तो आठ से पहले कभी नहीं उठते..." कहते ही क्षितिजा को लगा उसने कोई अप्रिय बात कह दी।

"अच्छा" कहकर वे अपने चाय की चुस्कियों में खो-से गये। चुपचाप।

वहाँ चुपचाप खड़ी रहना क्षितिजा के लिए असहनीय हो गया। वह वहाँ से जाने लगी। दिग्विजय ने रोका भी नहीं। हालाँकि क्षितिजा को एक-एक कदम पर लगता कि पापा उसे रोक लेंगे...पर दिग्विजय सिर्फ गेट की ओर देख रहे थे।

नौ बजे के आसपास क्षितिजा और हेमन्त माँ के पास आये। वहाँ पापा को न पाकर माँ की तबीयत का हाल पूछा। क्षितिजा की हिम्मत नहीं हुई की रात की बात का जवाब माँगे। माँ भी कुछ रूखी लग रही थी। दिग्विजय के बारे में हेमन्त के प्रश्न के उत्तर में शकुन्तला ने निरपेक्ष भाव से कह दिया, 'वे स्टेशन गये हैं...'

"स्टेशन क्यों...?" क्षितिजा का सवाल।

"जवाहर आ रहा है..."

"जवाहर? कौन जवाहर...! वो पापा का चपरासी? पर उसके लिए स्टेशन जाने की क्या जरूरत...!"

"तू नहीं समझेगी बेटी..."

"पर हेमन्त आये हैं...उनसे मिले नहीं और जवाहर जैसे चपरासी को रिसीव करने चले गये...ओह पापा..."

शकुन्तला की आँखें बेटी को नापती रहीं। तभी क्षितिजा फुसफुसायी, "सॉरी!"

"कोई बात नहीं आ जाएँगे। तुम लोग आराम करो। गाड़ी तो चार घंटा लेट है। मैंने तो रोका भी था, पर कहने लगे, 'जवाहर के लिए नयी जगह है। ऊपर से शहर! गाड़ी जल्दी भी तो आ सकती है...!"

हेमन्त और क्षितिजा माँ की इस बात से एक-दूसरे का मुँह ताकते रह गये।

पगडंडियाँ

नगर के मध्य में बसा भीड़-भाड़ भरा इलाका रामनगर आजकल चर्चा का विषय है। रामनगर में एक स्टेडियम है। स्टेडियम के आसपास शाम को बड़ी रौनक होती है। स्टेडियम के पीछे भी बड़ी रौनक होती है, पर बड़ी चुपचाप। कुछ जानकारों का कहना है कि उधर आजकल बड़ा अच्छा 'माल' मिलता है एकदम घरेलू। न इज्जत का डर, न बीमारी का झंझट!

स्टेडियम के भीतर शाम को काफी चहल-पहल। बाहर भी। पता नहीं शाम को लौंडियाँ कहाँ से पैदा हो जाती हैं। पान चबाते हुए सीढ़ियों पर बीड़ी पीती होती हैं। उनके सामने कोई खड़ा होता है। एक पैर ऊपर की सीढ़ी पर रखे हुए। थोड़ी देर में गैलरी के नीचे। बाहर। और नये की तलाश...

इसी जगह से कुछ आगे, एक ब्लॉक है। यहाँ कमली रहती है। अपनी माँ के साथ। माँ सुबह होते ही कागज जमा करने निकल जाती है। कमली उन कागजों को तरतीब से लगाती है। सूखाती है। गट्ठे बनाती है। पहले वह भी अपनी माँ के साथ जाती थी। आजकल नहीं जाती।

स्टेडियम के उस कोने में कुछ लड़के खड़े बातें करते हैं, कमली की। सिगरेट पीते हुए वे उसके उस ब्लॉक से गुजरते हैं। यह ब्लॉक जिसे शटर नहीं लगाया गया है। 17 नम्बर का है। इधर से वे लड़के सिगरेट कुछ अधिक जोर से खींचते और कमली को देखकर बहुत सारा धुआँ बाहर छोड़ते हैं। "चालू है साली नखरे करती है" कोई आगे बढ़ता हुआ कहता। और कमसिन छोकरे उसकी उस टिप्पणी को बड़ी उदारता से झेलते। उसे अपना नेता मानते।

आगे बढ़कर छोकरे देखते—कुछ लड़कियाँ बीड़ी पी रही हैं। उन्हें देखकर इन्हें ऊब होती। चोर-निगाहों से देखते कोई कहता—सालियों को देखकर उल्टी करने की इच्छा होती है। और वे लड़कियाँ इन्हें बड़ी हसरत-भरी निगाहों से देखतीं। काश, कभी सिगरेट वाले भी हमारे पास आते। झगड़ा बीड़ी और सिगरेट का। कमली और मनचले छोकरों का। कमली भी माँ के साथ ही कागज और टूटे काँच बीनने जाती थी। वह तब बारह साल की थी। अब नहीं जाती। बड़ी हो गयी है। उसकी माँ ने ही बताया उसे। एक दिन कागज सुखाते समय जब वह झुकी तो एक जोड़ी आँखें

उसे घूरे जा रही थीं। वे आँखें उसकी छातियों पर थीं। उसने अपने भीतर झाँका। ब्लाउज माँ का था। कठिनाई नहीं हुई। रहस्य खुला, वह बड़ी हो रही है। नहीं, हो गयी है। माँ ठीक ही कहती थी। तब उसे बड़ी हो जाने का अहसास दिलाने वाला पीछे पलट-पलटकर देखता हुआ सामने की झोंपड़ियों में ओझल हो गया। इस घटना के बाद वह जब भी मेनरोड पर शाम को आते-जाते, जोड़ों को हाथ में हाथ डाले, बातें करते देखती, उसे कुछ अलग अहसास होता। इसके पहले भी वह देखती थी, पर अब बात कुछ और थी। कभी-कभी वह अपने आसपास बलराम को पाती। हाँ, वही आकृति जिसने इस सबका अहसास कराया। फिर जब यह मेनरोड से नीचे उतरती, बीड़ी पीती, रोग न लगी छोकरियों को देखकर भी उसे कम उत्सुकता न होती और वे छोकरियाँ इसे अपने जाल में फाँसने के लिए कई पासे डालतीं।

वक्त बीतता गया। और बलराम का चेहरा उसकी स्मृति-पटल पर छा गया। यही बात बलराम के साथ भी थी। पर दोनों एक-दूसरे से अनजान राही। एक ही डगर के...

शायद इस बात का अहसास आसपास के लोगों को भी हो गया था। बलराम की साख अच्छी-खासी थी। था वैसे वह भी मजदूर। पर वह दारू, बीड़ी और बीड़ीवालियों से काफी दूर था...इसलिए आसपास वाले उससे डरते भी थे। कई जेबकतरे, जो वहाँ बीड़ी पीते हैं, उसे देख सकपकाते हैं, क्योंकि उसने कइयों के चाकू छीन लिए थे। उसने अपनी इस शक्ति का, चतुरता का, नेकी का, कभी दुरुपयोग नहीं किया।

यहाँ तक कमली को वह इतना चाहता है, कभी वह उसकी माँ को नहीं बता सका। कमली की माँ को रद्दी कागज और काँच के टुकड़े बेचने के लिए, दुकान तक पहुँचाने में वह उसकी मदद करता। कमली की माँ के मन में बलराम के लिए अलग जगह थी। शायद बलराम के बाप का और कमली के बाप का एक साथ मर जाना भी कमली की माँ को भावनात्मक रूप से जोड़ता था। पता नहीं क्यों वह बलराम को एक सहारे के रूप में पाती...कभी-कभी कमली और बलराम...बलराम और कमली...ये विचार उसके मन में बेरोकटोक आते जाते...

एक शाम कमली की माँ घर आ रही थी। बहुत थकी थी। स्टेडियम के पिछवाड़े पहुँचते ही उसने बीड़ी फूँकते लोग देखे। धुँधलके में पास-पास बैठे। हलचल भी थी उनमें, बेहद खोखली खिलखिलाहट भी। वह थकी थी। उसकी आँखें हद तक धँसी थीं। भूखी थी वह। पर फिर भी इस खिलखिलाहट ने उसके पैरों में भूचाल बाँध दिया। वह भागती अपने ब्लॉक के सामने ठिठकी। कमली थी वहाँ। उसकी फूलती साँस कुछ धीमी पड़ने लगी। सीने पर हाथ रखकर सीढ़ी चढ़ गयी। कमली कोने में खिचड़ी पका रही थी। ढिबरी को उठाकर बार-बार खिचड़ी की हालत देखती। उसकी माँ उसे देख रही थी। उस ढिबरी की फीकी रोशनी में कमली का चेहरा उसे हल्दी-सना पीला-पीला दिखता। और आज उसे लगा कमली बहुत बड़ी हो गयी है।

आज यदि उसके बाबा होते तो उसके शादी की बात निकलती। देर तक वह देखती रही। कमली की आवाज ने ही उसकी तन्द्रा तोड़ी..."माँ, तू कब आयी?" "बहुत देर से आयी हूँ बेटी। आज जरा थक गयी हूँ।" निःश्वास छोड़ते हुए उसने कहा।

छोकरों का दल धुआँ उगलता वहाँ से गुजरा। कमली की ओर देखते हुए उन्होंने बुढ़िया को भी देखा, इससे उसके तन में सिहरन-सी पैदा हुई। अभी बीड़ी पीते हुए जिन आकारों को अँधेरे में उसने देखा था। इनकी आँखों की आवाजें उससे अलग नहीं थीं। दूसरे दिन सुबह काम पर जाते समय कमली की माँ मन्दिर होकर गयी। देवी के दर्शन लेने के बाद पंडितजी के शब्दों से वह चौंक गयी–"क्या बात है मौसी, आज इधर कैसे?"

"कुछ नहीं, यूँ ही।"

"बेटी की शादी की चिन्ता सता रही है क्या?"

पंडितजी के यह कहते ही मौसी चुप हो गयी है और कभी देवी को देखती कभी पंडितजी को।

मन्दिर से बाहर निकलते ही उसने ऊपर देखा। सूरज आँखों में चुभ रहा था। काफी देर हो गयी थी आज उसे निकलने में। पर ऊपर देखते ही उसकी आँखें चौंधिया गयीं। सूरज से नहीं, उस स्टेडियम के उस कोने वाले हिस्से को देखकर...

आज से ठीक छः साल पहले वह इस इलाके में आयी थी। साथ था कमली का बाप। वह भी कमली के बाप के साथ काम करती थी। और अचानक एक दिन स्लैब ढह गयी। कमली का बाप मलबे का हिस्सा बन गया। वह सिर का घमेला फेंक भागी थी। मलबे ने 12 लोग लील लिए थे। फिर भी मलबे से लाशें बाहर निकालने तक वह हाँफ-हाँफकर बिलख रही थी। उसे ऐसा लगता कि वह जिन्दा ही निकलेगा। तब तक पुलिस, फायर ब्रिगेड, एम्बुलेंस सब आ गये थे और उसे निकालकर सीधे पोस्टमार्टम के लिए ले जाया गया...

दूसरे दिन से काम ठप्प। इंजिनियर सस्पेंड, ठेकेदारों पर आरोप, दो दिन पेपर चिल्लाये। कमली की माँ को कुछ नकद सहायता भी मिली। पर क्या वे उम्र-भर के आँसू पोंछ सकते थे! कमली को बाप और उसे पति दे सकते थे!

...और कमली का घर उजाड़ हो गया। वहाँ दूर गाँवों से आये मजदूर भिखारी बन गये–बेकार हो गये। पर पेट आदमी को जीवित होने का अहसास कराता रहता है। चाहे कोई कितना भी निराश, हताश बेजान हो जाये, पेट नहीं मरता। पेट मरनेवालों के साथ नहीं जाता। पेट आदमी के जीवित होने का चश्मदीद गवाह! और इसी पेट की खातिर कमली की माँ कागज के टुकड़े बीनने लगी, कमली साथ होती उसके। दोनों दिन भर भटकते। दुकान न. 213 है जहाँ ये रद्दी कागज खरीदे जाते हैं। कमली की माँ को पता नहीं ये ट्रकों से कहाँ जाते हैं! क्या करते हैं पर उसे दो-तीन रुपये काफी थे एक-दो जून रोटी के लिए। आज क्या हो गया उसे।

कल कमली के बड़े होने की चिन्ता खाये जा रही थी। आज उसका बाप मन पर दुःख लिए बैठ गया। बड़ी बोझिल-सी वह आगे बढ़ रही थी। कमली क्यों जवान हुई... बच्ची अच्छी ही थी। पीछे-पीछे मदद कर देती थी। तभी उसे खयाल आया बीड़ी फूँकती लड़कियाँ। उसे घर पीछे खींच रहा था

आज वह दोपहर में ही घर आ रही थी। स्टेडियम के पास तक पहुँचते-पहुँचते उसका दिल धड़कने लगता। वह स्टेडियम के पिछवाड़े का नाला बहता है। पिछवाड़े कैसी गन्दगी है। पास से ही शहर की नालियों का नाला बहता है। पिछवाड़े किसी ने दुकानें किराये से नहीं लीं इसलिए उसमें शटर्स भी नहीं लगा। वहाँ भिखारियों ने अपना डेरा जमाया हुआ है। बेहद गन्दगी है वहाँ। और उसमें वे बीड़ी फूँकते... टाँगों में टाँगे डाले बैठे रहते...गालियाँ देते...कैसा दृश्य। किसी का विलास किसी के लिए वीभत्सता!

उसे मन ही मन कमली का भविष्य खतरे से खाली नहीं दीखा। अपने ब्लॉक के पास आते ही उसने पंडितजी को सीढ़ियों पर कमली से बातें करते देखा। उसे उत्सुकता भी थी और डर भी। उसके कदम तेजी से उठने लगे। पंडितजी के हाथ में सिगरेट थी। वे फूँक रहे थे और गालों में हँसते हुए पान चबा रहे थे। उसे देखते ही बोले—"मौसी तुम? आज इतनी जल्दी?"

"क्यों मैं दोपहर में आ नहीं सकती क्या?"

"नहीं-नहीं ऐसी बात नहीं है..." हें...हें...करते पंडितजी वहाँ से चलते बने...

उनके जाते ही उसने कमली से पूछताछ की। कमली आँखें बचा रही थी—सिमट रही थी। माँ को अचानक सामने पाकर उसे अपने आप पर बड़ी कोफ्त हुई। वह कही समा जाना चाहती थी। चींटियों-सी, कीड़े-मकोड़े-सी, चूहों-सी, बिल में घुस जाना चाहती थी। तभी उसकी माँ ने कागज में लिपटी कोई चीज देखी—"ये क्या है? कहाँ से आया" बंडल खोलते हुए उसने पूछा। बंडल में साड़ी थी।

भागने का कोई रास्ता न दीखने पर वह तन गयी। आक्रमण झेलने को शस्त्र तान लिए उसने। बड़ी तेजी से कह डाला—"पंडितजी ने दिया है...।"

बुढ़िया वैसे भी बहुत दिन से सोच रही थी कि उसके गले में कोई फन्दा अटक रहा है और कमली के ऐसा कहने पर मानो उसके पैरों तले की जमीन ही खिसक गयी और साँस लेना तक दूभर हो रहा था। एक हिचकी ली उसने और उकड़ूँ बैठकर अपना माथा अपने हाथों से कसकर दबा लिया। शायद सारा ज्वालामुखी वहाँ केन्द्रित हो रहा था। उधर कमली सिसक रही थी। फिर अचानक फफककर रो पड़ी। यह दृश्य भानमती के कुनबे-सा बिखरा पड़ा था। लोग क्या हुआ...क्या हुआ कहते जमने लगे।

बीड़ी पीती छोकरियाँ सब दृश्य देख रही थीं। खुसफुसा रही थीं। साली आज पकड़ी गयी। देखते हैं, हमारी पात से कितने दिन मुँह फेरे रहती है। तरह-तरह की

बातें अन्दाज और सन्तुष्ट करने वाली प्रतिक्रियाएँ बाहर आतीं।

शाम हो चली थी। स्थिति जैसी की तैसी थी। भीड़ देखकर झोंपड़ी-झुग्गी वाले भी सिमटने लगे। मजमा बढ़ता गया। इस मजमे में बीड़ी पीती छोकरियाँ अधिक रस ले रही थीं क्योंकि कमली यदि अभी फिसली तो सीधे बीड़ीवालियों की जमात में गिरेगी। उन्हें विश्वास था। वे उस पर काफी दिनों तक अच्छी-खासी रकम कमा सकेंगे...और अपने-सी और कोई इस कीचड़ में गिर जाये, सो सुख अलग। बड़ी बेशर्म भी थीं वे। उनके परिचित मर्द या कह लीजिए दलाल या ग्राहक इनके गले में हाथ डालते, वे इठलातीं...उनके रंगे हुए लाल होंठ काले गड्ढों में धँसी आँखें और मुँहासे-भरे पुते गाल...बड़े दयनीय लगते वे...पर अभी भी वे खिदखिदाते...तरह-तरह की उल्टी-सीधी बातें करते...बेवजह हँसते...

क्या तमाशा लगा है यहाँ? भागो यहाँ से...बलराम भीड़ सरकाता हुआ आगे बढ़ा। लोग आपस में बुदबुदाने लगे...। चलो यहाँ से बलराम भी इधर लाइन लगाये हुआ है। लोग खिसकने लगे। भीड़ छँटती गयी।

भीड़ साफ होने के बाद बलराम ने कहा—"मौसी मैंने कमली को कई बार समझाया इन फालतू लोगों से बातें न करे। मुझे मालूम है, यह पुजारी एक नम्बर का घाघ है। यहाँ ब्याज का धन्धा करता है। गरीबों की साड़ियाँ तक गिरवी रखता है। वापस न हो सकी तो...! जाने दो मौसी...तुम अब कमली को अपने साथ लेती जाना।" बलराम चला गया। भीड़ चली गयी। कमली और उसकी माँ को अकेला छोड़। आज कमली की हालत देखकर उसकी माँ बेहद पथराती चली गयी। तपती गयी। रेगिस्तानी रेत-सी। उसकी आँखों के भीतर बलराम घने छायादार पेड़ों-सा ठंडे झोंके ले रहा था। वह भी वहाँ नहीं है अब। एक चुप्पी दोनों छोरों को कस रही है। रह-रहकर बुढ़िया को लगता, काश यह सब दृश्य देखने से पहले वह कमली को बलराम के हवाले कर पाती।

ये खयाल अधिक देर तक नहीं टिके। कमली की सिसकन फिर उसकी आँखों में तपती रेत-सी छिटक गयी। क्रोध, जुगुप्सा पर हावी कमली का भविष्य और बुढ़िया की बेइज्जती...क्या कर सकती थी वह। चलने-फिरने लायक उसका मन नहीं रहा था। और चुप्पी सारी चेतनता काट-काटकर उसे पथराती जा रही थी। कमली के पास भी कुछ नहीं बचा था, अपनी माँ के लिए...

कमली सोच रही थी उसे बलराम की बात मान लेनी चाहिए थी। इस पंडित के बारे में उसने उसे सावधान करते हुए एक बात बतायी थी—इसने इस झुग्गी वाली राधा की साड़ी रेहन रखी थी। दस रुपये में। अगले महीने उसे पन्द्रह में छुड़ानी थी। बड़ी मेहनत करके उसने यह साड़ी खरीदी थी। बहुत मनपसन्द साड़ी थी उसकी। पर उसका लड़का बीमार था और उसका मरद दारू के नशे में धुत्त धींगामुश्ती करते पकड़ा गया और आठ दिनों तक जेल में रहा। बाद में वह खून के मामले में

फँस गया। राधा का एक मात्र सहारा उसका पाँच साल का बेटा था... बीमारी के लिए उसे पैसे चाहिए थे। बीमारी से पीछा छूटा, पर पंडित पीछे लग गया। उसका सूद बढ़ता गया। साड़ी उसने दी। पर चर्चा हो गयी कि शाम साड़ी खुद उसने राधा को पहनायी...सब कुछ माफ कर दिया उसने...। फिर भी कमली स्वयं को सँभाल नहीं सकी। एक अधेड़ अतृप्त आदमी के मृगजाल में वह खिंचती चली गयी...गहरी और गहरी...।

रात में बुढ़िया गठरी-सी सिमट गयी। बिना गुदड़ी बिछाये। कमली ने एक साड़ी उस पर डाल दी। खाना दोनों ने नहीं खाया। कमली देर रात तक बैठी रही। बुढ़िया ऊँघ रही थी...बीच-बीच में बड़बड़ाती...रोती। उसके शरीर में झटके आते...

कमली की आँखें अँधेरे में सामने देख रही थीं...शायद कहीं नहीं देख रही थीं क्योंकि भीतर बाहर अँधेरा था...

उस दिन पंडित ने उसके लिए सिनेमा के टिकिट लाये थे। पर सिनेमा देखने वह नहीं गया। जहाँ टिकटों का रिजर्वेशन था वहाँ उसने अपनी दोनों तरफ अजनबी छोकरों को पाया। ...हमें पंडितजी ने ही यहीं बैठने को कहा...और अँधेरे में हथेलियाँ उसकी जाँघों पर फिरने लगीं...क्या मालूम, क्या बात थी, हा हूँ के सिवाय कुछ नहीं कह पायी...पहली बार जब पंडितजी ने उसके साथ ऐसा ही कुछ किया था तब बाद में देर तक वह रोती रही थी। उस मन्दिर के पीछे सीढ़ियों के नीचे अँधेरा था, पर वहाँ और कोई नहीं था और न चाहते हुए भी उसके शरीर की झनझनाहट उस अधेड़ बाँहों में धीरे-धीरे चुप हो गयी और वह रोने लगी। पंडित ने रोने का कारण पूछा, तो वह बोली माँ को मालूम हो गया तो...कैसे मालूम होगा? यह अभयदान उसे और प्रवृत करता गया। कभी-कभी जब वह होती, काम न होता, तब वह अपने शरीर में कई दरवाजे खुलते महसूस करती...ऐसा लगता कि नगरों की खिड़कियाँ खुल गयीं और बाढ़ के उफान में शान्ति आ रही है। पर उसकी साँस फूलती जाती और उसे समझ नहीं पड़ता कि क्या किया जाये तभी बलराम उधर से बंसी लिए उस गन्दे नाले में मछलियाँ फँसाने जाता दिखता, उसे देख हँस देता। वह भी हँसती। वह इस हँसी में अपनी उम्र गूँथने का सपना देख शरीर से काफी दूर ऊँचाई तक उड़ जाती...उन सपनों का कोहरा जब उसकी आँखों के सामने होता, तब उसे बीड़ी पीती लड़कियाँ...पान चबाती छोकरियाँ और सामने का गन्दा नाला उसकी जिन्दगी में कई मील तक फैल जाते। वह आँखें भींच लेती...पर निर्णय करना उसके भीतर था ही नही...संस्कार ही नहीं थे...जिसने जो चाहा कर दिया। सबके आदेशों के लिए ही जैसे वह पैदा हुई थी। ऐसा कब हुआ, क्यों हुआ, वह अपनी ही अन्धी सुरंगों में पता लगाने निकल पड़ती, भटक जाती वह उसे कुछ न मिलता...उसे आज जो मिला—यह डरावनी रात...गठरी-सी गुफा-सा घर—दिन तड़पाती रातें और डरावना उदास काला भविष्य...इन सारी चीजों को वह बारी-बारी से टटोलती और बलराम

पर अटक जाती...

बलराम को भी आज नींद नहीं आ रही थी। वह भी रात गये अपनी झुग्गी से बाहर निकला...सिर्फ कुत्ते भौंक रहे थे...तारे झिलमिल रहे थे, आकाश चुप था... अचानक वह 117 नं. ब्लॉक के सामने खड़ा था...उसे भी कुछ अटपटा लगा यहाँ खड़ा रहकर। क्यों आया वह यहाँ? कौन-सी चीज उसे यहाँ खींच लायी...तभी कमली उस ब्लॉक से भागी...बलराम मुझे बचा लो, ये बीड़ी पीती लड़कियाँ मुझे खींच रही हैं, यह पुजारी....बड़ा कमीना आदमी है...सिगरेट पीते छोकरे मुझे नोच लेना चाहते हैं...एक तुम हो जो कुछ नहीं कहते, कुछ नहीं माँगते...यह सब वह बलराम को कहना चाहती थी, पर वह चुपचाप फफक रही थी। एक शब्द भी उसके मुँह से नहीं निकला। पता नहीं कितने बजे थे...

बुढ़िया ने करवट बदली...इधर दोनों आपस में कस गये। "बलराम मुझे बचा लो" बड़ी मुश्किल से कमली कह पायी।

"मैं तुम्हें जिन्दगी-भर के लिए बचा सकता हूँ यदि तुम चाहो" बलराम ने बड़ी दृढ़ता से कहा था। "लेकिन मैं तो..." कमली बीच में ही अटक गयी।

"पिछली बात भूल जाओ। मैं तुम्हें सिर्फ इतना बताने निकला था कि मैं कल से पूर्णा बाँध पर काम के लिए जा रहा हूँ। सुबह होते ही निकल जाऊँगा।" कमली अब तक उसके पैरों तक लिपट आयी थी। उठते हुए उसने पूछा—अभी नहीं चल सकते? दोनों जिस्म फिर कस गये। कमली ने माँ की ओर देखा। कुछ कहना चाहती थी। बलराम ने अँगुली रख दी मुँह पर। तेजी से भाग रहे थे वे। बलराम आगे था...

बुढ़िया ने उन दोनों को भागते हुए देख...उठकर घड़े के पास गयी। खूब डटकर पानी पिया। उसका कलेजा ठंडा हो गया। आज उसे कमली का बोल रह-रहकर याद आ रहा था...कमली की जगह खाली हो गयी...उसने गुदड़ी बिछायी लम्बी अँगड़ाई लेते हुई सो गयी...

पार्टनर

चौक से आगे बढ़ते ही मैं कुछ भी नहीं देख पाया। मैं ढेर हो गया था।

स्कूटर के सामने का चक्का अलग...मेरा सिर चौक की रेलिंग से टकराया और खून का फौव्वारा फूट पड़ा। देखते-देखते अच्छी-खासी भीड़ इकट्ठी हो गयी।

शाम का वक्त था। लोग फुरसत में थे। मजमा लग गया। दुर्घटना टलने के लिए अलग अटकलबाजियाँ और पूर्व-सावधानियों पर बहसें...ऐसा करना चाहिए था...वैसा करना चाहिए था। पर दुर्घटना को दिमाग नहीं होता। तभी तो कहीं भी टकरा जाती हैं।

ढेर सारा खून निकलने के बाद पुलिस द्वारा अस्पताल पहुँचा। दस दिन तक उल्टी गिनती गिनता रहा...बेहोश रहा। इन दस दिनों में मैंने बहुत कुछ देखा। अमृता अपने गहने ऐसे बेच रही थी जैसे वह मेरी विवाहिता पत्नी हो। फिर भी एक दिन मेरे प्राण, मेरे जख्मी शरीर को छोड़ गये। मेरे चेहरे पर मेरे कुशल की छाया थी। लोग कहते थे, मेरे चेहरे पर बड़ी प्रसन्नता थी।

मैं जब 'मोक्षधाम' में जलाया जा रहा था तब मेरे शरीर से उठनेवाली हर तड़कन कुशल के लिए चिन्तित थी। अमृता के लिए भी। मेरी चिता के पास बहुत कम लोग थे। यही 8-10 ऑफिस के लोग और तीन-चार दूसरे। मैं हैदराबाद जैसे बड़े शहर में बड़ा अजनबी था।

घर पर अमृता अकेले ही रो रही थी। पास-पड़ोस की औरतें कितनी देर तक बैठतीं। हाँ, बरतनवाली ने उस दिन खाना बनाया, अमृता के लिए दूध भी पिलाया, उसने दो साल के कुशल को। रात भर, वह मेरे फ्लैट पर रुकी। मेरे लिए बीच-बीच में उसका गला भर आता और वह अपने संकट के दिनों में मेरे दिये रुपयों की याद कर फफक पड़ती। अमृता तीन दिन में सामान्य होने की कोशिश करने लगी। जिन्दगी भर कौन किसके लिए रोता है! और अभी तो उसके सामने उसकी आधी जिन्दगी थी। कुशल का मासूम बचपन भी। बहुत न रोने देता। आँखों की धार जब मद्धिम होने लगी, तब उस पर कुशल हावी होने लगा। कुशल की सपनीली आँखों को देखते ही अमृता अपनी आँखों को सावधान कर देती।

कुछ दिनों में अमृता को मेरी जीवन बीमा पॉलिसी के पैसे मिल गये पर मुझे

यह बहुत बुरा लगा कि एल.आई.सी. वालों ने अमृता के साथ चेक का फोटो निकाल कर उसे अखबारों में छपवाया। वह विज्ञापन की हद तक तो ठीक था पर कहीं किसी को यह खबर और फोटो दीख जाये तो उसके मन पर क्या गुजरेगी?

"पिता का नाम...?" क्लर्क ने पूछा था।

"अंऽ...प्रीतम वर्मा," अमृता अपने-आपको सँभालती हुई बोल पायी। और कुशल सजायाफ्ता कैदी-सी स्कूल की दीवारों को घूर रहा था। मैंने कितना सोचा था कि, कुशल को अच्छी-से-अच्छी शिक्षा दूँगा। उसकी स्कूल की पोशाक भी मैंने तय कर ली थी। उसे बचपन से बूट और टाई में देखकर, पता नहीं, मेरा कौन-सा अहं तुष्ट होता। पर थी मन में बात कि वह पीठ पर अपना बस्ता लेकर उछलता हुआ स्कूल की ओर बढ़े और रोज शाम मुझे कुछ किस्से सुनाये...कोई नयी माँग करे...इतराये...रूठे और मैं उसकी फरमाइशें पूरा करता-करता तुष्टि का अनुभव करूँ...पर आज कुशल कितना सहमा हुआ है! और अमृता भी उसके स्कूल भेजने के उत्साह को कितनी बोझिलता से उठा रही है! कितनी दयनीय होती जा रही है वह प्रिंसिपल के सामने कि कुशल के पिता नहीं हैं इसलिए...इसलिए कुशल की ओर थोड़ा अतिरिक्त और विशेष ध्यान रखें। और एक असहाय हिचकी से अमृता दहल-सी गयी। बड़ी मुश्किल से वह कुशल की ओर देख पायी थी। उसकी पीठ पर हाथ फेरा उसने और थरथराते हाथ जोड़ते हुए वह वहाँ से निकली। कुशल अपनी कक्षा की ओर जा रहा था।

फिर एक दिन अमृता को इनकम टैक्स में ही नौकरी मिल गयी। चलो, मेरी असमय मृत्यु का कुछ लाभ तो उसे मिला। फिर मुझे इस बात का भी उपयोग लगा कि अच्छा हुआ जो हमने अपनी शादी का रजिस्ट्रेशन करवा लिया था वरना अमृता कहीं की न रहती।

मुझे थोड़ी राहत मिली और मैं अपनी जिन्दगी के प्रारम्भिक दिनों में भटक गया...नागपुर में बीती जिन्दगी के उन क्षणों को मैं भूल नहीं सकूँगा। यहीं सबसे पहले मेरी पोस्टिंग हुई 'पोपुनार बिल्डिंग' में। उसी दिन सुरेशकुमार भी ज्वाइन हुए। बाद में मालूम हुआ, हम दोनों उन्नाव जिले से हैं। सुरेश के साथ मेरे आँकड़े मिल गये। पता नहीं क्यों, और कैसे। सबको आश्चर्य होता। मैं निहायत खुले रूप से पेश आनेवाला, हँसी-मजाक का कायल और सुरेश मुझसे बिल्कुल विपरीत–गम्भीर और शान्त प्रकृति का। शायद हम एक ही जगह से आये थे–यह बात हमको गहरे कहीं बाँधे हुए थीं।

हम जब तक एक साथ रहे, कभी कोई ऐसी बात नहीं हुई कि, हमें अलग-अलग कमरों की तुरन्त आवश्यकता पड़ती। इसलिए हम करीब-करीब एक साल तक एक ही कमरे में रहे। थोड़ा बहुत हमने एक-दूसरे को सहा भी। वैसे सुरेश ने मुझे ही

अधिक सहा।

एक ठीक-ठाक ब्लॉक मिलते ही सुरेश सपत्नीक नागपुर आ गये। मैं रोज दफ्तर में कान खाया करता कि भाभी से मिलवाओ। फिर एक दिन घर पहुँच ही गया।

"ये हैं मिस्टर प्रीतम वर्मा, नाम के मुताबिक चलते हैं...।"

पहली बार परिचय में मैंने उस महिला की आँखों में झाँका था। कुछ लगा भी कि नहीं झाँकना चाहिए इतने भीतर। कुछ पाप हो जाने की भावना भी काफी देर तक मँडराती रही, पर उसे झटक दिया मैंने।

मेरी कुछ आदतें ही ऐसी थीं कि, हर महिला को आखिरी छोर तक मैं मात्र औरत समझता। मेरी इस परिभाषा से कुछ बच्चियाँ और दादियाँ अवश्य बाहर होतीं...

हाँ तो सुरेश के बारे में बता रहा था। उसके घर कई बार भोजन के लिए मैं जा चुका था। उस औरत को मैं भाभी कहता था। सिर्फ कहता था, क्योंकि इन मुँहबोले रिश्तों में मुझे कोई रुचि नहीं थी। कहना पड़ता था। मेरा बस चलता तो मैं सभी को उनके नाम लेकर पुकारता और वह भी अपने लहजे में।

एक दिन सुरेश ने खाने पर बुलाया। सुरेश और मैं—हम दोनों ही थे। भाभी, हाँ, भाभी परोस रही थीं।

मैं हर पकवान की तारीफ कर एक-एक कौर खा रहा था। उन्हें खुश कर रहा था। मुझे मालूम था, रसोई की तारीफ औरतों की तारीफ है। उधर सुरेश अधिक-से-अधिक यह कह देते—"भई, एक पीस और ले आना।"

तभी मैंने देखा कि पापड़ तला हुआ पड़ा है। भोजन समाप्ति पर है, परन्तु अभी तक थाली में नहीं आया। शायद भूल गयीं। मेरे दिमाग में एक युक्ति सूझी। मैं एक घटना सुनाने लगा—"एक बार मैं अपने एक दोस्त के घर बनारस रुका था। हम लोग शाम को बैठे-बैठे बातें कर रहे थे, तभी अचानक साँप निकल आया। बहुत बड़ा था वह। ये...यहाँ से...पापड़ तक...।"

"अरे...मैं तो भूल ही गयी।"

एक ठहाके के साथ पापड़ थाली में हाजिर...

मेरा आना-जाना बना रहा। एक बात और बता दूँ। शतरंज खेलना हम दोनों की मजबूरी थी।

एक दिन जब मैंने बेल बजायी तो दरवाजा खोलते ही सुरेश बोला, "अरे, बड़े अच्छे समय आये। सँभालो बोर्ड मैं जरा बाथरूम हो आता हूँ।"

"बड़ा पिटता हुआ बोर्ड सौंप रहे हो..." मैंने कहा था और सुरेश "हं...हं..." करते हुए भीतर बढ़ गया था।

जब वह बाहर आया तो मैं 'चेक एंड मेट' कहने की स्थिति में था।

उसने कहा, "वाह भाई, बाजी तो पलटा दी तुमने।"

"हम तो अच्छे-अच्छों की बाजी पलटा देते हैं।" कहकर मैंने अपनी पीठ खुद

ठोंक ली।

बस, उसके बाद अकसर ही वहाँ शतरंज खेला करते और मेरे आते ही बाजी बिछ जाती।

सुरेश इनकम टैक्स इंस्पेक्टर की परीक्षा में बैठा था। वह अपने इस प्रमोशन को लेकर काफी चिन्तित भी था। मुझे लगता कि मेरे पास हो जाने से उसे शायद कुछ अधिक चिन्ता हो रही है। मैं उसे कभी-कभी कुछ सुझाता भी। अपने बारे में मुझे आश्चर्य होता कि मैं बिना चिन्तित हुए किस तरह परीक्षाएँ पार कर जाता हूँ। शतरंज और परीक्षाओं को लेकर मैं उसके घर निरन्तर जाता रहा। कभी-कभी अपने-आपको रोकने की कोशिश भी करता। पर व्यर्थ। एक अजीब-सा सम्मोहन मुझे उसके घर खींचता जाता।

कुछ ही दिनों में मैंने देखा कि मिसेज सुरेश की आँखों में कुछ सुनहरे फूल उग आये हैं। मैं अपनी आँखें धँसा देता, वे पंखुरी फैला देतीं...

मैं अपने-आपको सँभाल लेता। कुछ चूकता हुआ गणित लगता मुझे। फिर भी जमा-बाकी जारी था। परिणाम यह हुआ कि मेरी सम्पूर्ण फौज को मात खानी पड़ती।

एक दिन सुरेश ऑडिट पार्टी के साथ औरंगाबाद गया। तीन-चार दिनों का दौरा था उसका। मुझे जता दिया कि वह जा रहा है। मैं सहज और अनायास ही उसके घर पर चला जाता। जब तक सुरेश वापस न लौट आता मैं अकसर वहीं खाया करता। हर दिन खाने के साथ कुछ नयी बात।

ऑफिस में अफवाहों का बाजार गर्म होने लगा।

धुआँ, धुआँ था, कोहरा नहीं। आग लगी थी। मैं भी कहीं सुलग रहा था—सही और गलत के चक्कर में। और मुझे यह बात भी बड़ी अजीब लग रही थी कि एक विवाहिता, जहाँ भी उसे अवसर मिलता, निरन्तर मेरी ओर बढ़ती चली आ रही है।

एक दिन सुरेश दौरे पर था। मैं शाम को यूँ ही उसके घर की ओर निकल पड़ा। जैसे ही मैंने बेल बजायी, दरवाजा अविलम्ब खुल गया। मानो वह खुला ही रखा रहा हो और मेरा ही इन्तजार हो रहा हो। मेरे भीतर प्रवेश करने के साथ ही दरवाजा बन्द कर दिया गया। बत्ती पहले से बन्द थी। मैं कुछ पूछता, इतने में मैं कस लिया गया भीतर से। मुझे समझने में देर नहीं लगी। मैंने लाख, औरत को मात्र देह के रूप में देखने की कोशिश की हो पर यह अमरबेल की तरह लिपटना मुझे बिल्कुल अच्छा नहीं लगा। शायद मेरी कल्पना के परे की बात रही हो। या यह सब मेरी योजना में नहीं था। अचानक मेरा हाथ स्विच बोर्ड पर आ गया और बत्ती जल गयी। रोशनी ने मुझे अलग कर दिया।

एक चुप्पी रोशनी में पल रही थी। वे कुर्सी पर बैठ गयीं। उनकी निगाहें ऊपर नहीं उठ रही थीं। मैं चलने को हुआ तो उनकी आवाज ने मुझे फिर पीछे खींच लिया, "माफ कीजिए, मैं कुछ भटक गयी थी। पर क्या गलत है, क्या सही; मुझे नहीं मालूम।"

"ऐसा हो जाता है कभी-कभी," मैं भी कुछ कहने की स्थिति में नहीं था।

वे सुनने और कुछ कहने की स्थिति में नहीं थीं। अचानक उन्होंने रोना शुरू कर दिया। मैंने बात बदलने के लिए पूछ लिया, "सुरेश कब आ रहा है?"

सुरेश का नाम सुनते ही वे मुझे ताकती रही गयीं। सुरेश के लिए उनके मन में एक निरपेक्ष भाव था। उनका रोना अपने-आप कम होने लगा—"पता नहीं, कब आते हैं।"

मुझे लगा, वे सुरेश को लेकर बार-बार कुछ कहना चाहती हैं। पर उन्होंने कुछ नहीं कहा। फिर मैंने ही कहा, "मैं भूल गया हूँ कि आज कुछ हुआ। आप भी मन से निकाल दीजिए। सुरेश को कुछ भी मालूम नहीं होगा..."

सुरेश का नाम सामने आने पर वे फिर कुछ कहने को हुईं। और मैं सुरेश के व्यक्तित्व को अनायास ही टटोलने लगा। वह प्रमोशन के चक्कर में कितना व्यस्त है। साथ ही इतना गम्भीर कि अमृता के व्यक्ति को भी वह भुलाता चला जा रहा है। मुझे कभी भी उन दोनों के बीच एक मधुरता खेलती नहीं दिखी। उल्टे अमृता बेहद चंचल और वातूनी और सुरेश तो शान्त ही। सुरेश को उसका बातूनीपन पसन्द नहीं था और शायद अमृता को सुरेश की मनहूसियत। अचानक अमता बोल उठीं—"मैं तो अब खाली थाली-सी सरका दी गयी हूँ। शायद उनकी भूख मिट गयी...पर मेरी प्यास...इस पर उन्होंने कभी ध्यान नहीं दिया..." कहते-कहते अमृता दृढ़ हो गयी। मैं भी उन्हें इसी दृढ़ता से देख रहा था। उन्होंने सोचा, सुरेश के बारे में उन्हें इतना नहीं कहना चाहिए था। मैं भी कुछ नहीं कह पाया।

एक बात साफ थी—सुरेश के बारे में मैं अधिक चिन्तित हो उठा था, अमृता से आज अनजाने में यह कदम उठ गया, यह गलत भी हो सकता था। पर यह तो निश्चित स्थितियों का परिणाम था। मैंने सुरेश के पक्ष में बयान देना चाहा। पर कुल मिलाकर अमृता की स्थिति अधिक स्पष्ट थी। मैंने सुरेश और अमृता के बीच पुल बनने की कोशिश भी की। पर अनजाने में स्पष्ट हो गया कि मैं अमृता की ओर अधिक झुक गया हूँ। परिणामतः सुरेश की ओर से उखड़ता जा रहा हूँ।

सुरेश मुझसे छूटता गया और अमृता की ओर मैं अब कुछ अलग ढंग से देखने लगा। शायद सहानुभूति थी वह। प्यार निश्चित ही नहीं था। हाँ, आकर्षण पहले अवश्य था। औरतों के बारे में इतनी सूक्ष्मता से सोचने का मेरा यह पहला अवसर था। मेरी गतिविधियों को लेकर सुरेश सन्दिग्ध हो गया। मैं भी सामान्य न रह पाता।

परिणामस्वरूप सम्बन्धों में तनाव आता गया और यह बात यदा-कदा व्यवहार में जाहिर भी होती रही।

रात उतरते ही मैं अपने निर्णयों के लिए बेचैन हो जाता। बात नैतिक-अनैतिक से परे होती जा रही थी क्योंकि अमृता के चेहरे पर मुझे इस बात के कभी कोई चिह्न न मिलते। मेरा अब वहाँ आना-जाना कम ही हो गया था, पर जब भी अवसर आता, अमृता सुरेश से कम, मुझसे अधिक खुलकर और सहज बातें करती। सुरेश के लिए यह स्थिति निश्चित ही कष्टप्रद होती। मैं भाँप जाता।

मैंने अपने-आपको कई बातों में उलझाने की कोशिश की। फिल्मों में, किताबों में और भी कहीं...परन्तु मेरी नियति टस-से-मस न होती। फिर मैंने एक बात करीब-करीब तय कर ली—अपने-आपको नियति के हवाले कर देना अधिक बेहतर होगा। मैं निरन्तर आगे बढ़ता गया। इतना आगे कि जिसके पार कोई मंजिल ही नहीं थी। इस यात्रा में अमृता भी पीछे नहीं थी।

सुरेश का शक सच्चाई में बदल चुका था। मैं भी अब छिपने की स्थिति में नहीं था। सुरेश ने वह सब पढ़ लिया, जिसे मैंने अमृता के साथ अँधेरे की छाती पर लिख दिया था। अमृता मुझसे भी अधिक निडर सिद्ध हुई इस मामले में। मैं तो अपने भूत सँभाले बैठा था कि सुरेश इस तरह पूछेगा, उस तरह पूछेगा...पर उसने मुझसे कुछ नहीं पूछा।

सुरेश इनकम टैक्स इंस्पेक्टर बन गया...पर वह अब और गम्भीर होता गया... बात-बात पर चिढ़ने लगता। दफ्तर में सबको खबर हो गयी, इसका उसे आभास-सा होता। उन्हीं सन्दर्भों में वह दफ्तर के लोगों को देखता।

एक दिन उसने अमृता से कुछ पूछना चाहा, मेरे सन्दर्भ में ही। अमृता शायद पहले से ही तैयार थी। उसने बड़ी दृढ़ता से कह डाला—"अब शायद आपको मेरी जरूरत नहीं रही। वैसे भी आपने मुझमें कभी रुचि नहीं ली। हमेशा अपने काम में खोये रहे। या खोये रहकर आपने मुझे टालना चाहा। आपने यह कभी नहीं सोचा कि आपके साथ किसी और की जिन्दगी बँधी हुई है..."

"बस करो, मुझे सब मालूम है। जब से तुमको यार मिल गया है, तब से तुम वह नहीं रहीं.."

और अमृता लगभग चीखने को हुई। सुरेश ने उतनी ही शान्ति से कहा—"मैं मानता हूँ कि मैं तुम्हारे साथ जुड़ नहीं सका पर इसका यह मतलब नहीं कि तुम मेरे रहते किसी और पुरुष से सम्बन्ध रखो। इसलिए हम तीनों की भलाई इसी में है कि तुम उससे शादी कर लो। मैं इसके लिए तैयार हूँ"। ये सब बातें अमृता ने ही मुझे बतायीं।

मेरी रातें इन्हीं बातों में कटती रहीं। कभी सुरेश का वह चेहरा सामने आता, जब उसने कहा था कि मैं बचपन से ही रिश्तों से कटा हुआ हूँ। जब आठवीं में

था तब माँ के रहते हुए पिताजी ने दूसरी औरत रख ली। कुछ दिनों बाद माँ टीवी से मर गयी। और सारे सम्बन्ध काँटों से घिर गये। कभी किसी में मन लग नहीं पाया। और उसने बड़ी सहजता से कहा था, शादी के बाद भी मैं इतना ही कटा हुआ महसूस करता हूँ। उस दिन सुरेश पर मुझे बेहद तरस आया, और आज का दिन है, मैं उसके लिए एक खलनायक सिद्ध हो रहा हूँ। मुझे लगा, उसके बाप ने दूसरी बीवी रखकर सुरेश के किशोर मन को आहत किया और मैं उसकी पत्नी छीनकर उसका जीवन ही उजाड़ रहा हूँ।

परन्तु अमृता ने मुझे नहीं निकलने दिया। यह कोई मेरी मजबूर स्थिति नहीं थी। उसी ने मुझे पूरी तरह तैयार कर लिया। कभी किसी बात को गम्भीरता से लेने की आदत न होते हुए मैं गम्भीर होता चला गया। फिर मुझे लगा, उनके सम्बन्ध कँटीले हो चुके हैं। वे आपस में जीवन बिता नहीं सकते, जिसके लिए मैं कम दोषी नहीं हूँ।

मेरा तबादला हैदराबाद हो गया। मैं इनकम टैक्स ऑफिसर बन चुका था। यह मेरे लिए एक सुखद स्थिति थी। एक तो मैं ऑफिसर बन गया था जो बात शायद उतनी महत्त्वपूर्ण नहीं थी, जितनी इस बात से मुझे राहत मिल रही थी कि मैं अब वर्तमान तनावों से मुक्त हो सकूँगा।

मैं नागपुर से जल्दी निकल जाना चाहता था। काफी बातें दिमाग में थीं। सुरेश से कोई मुलाकात नहीं की।

निकलने के दिन, सुबह ही अमृता सामान लेकर मेरे घर आ पहुँची—"मैं भी आपके साथ आ रही हूँ। मैंने उनसे कह दिया है। वैसे यह प्रस्ताव उन्हीं ने रखा था और मैंने सोचा, उनके साथ मैं नहीं रह सकती। या फिर वे मुझे अपने पास नहीं रखना चाहते। उन्होंने कहा कि किसी तरह की कोई कानूनी बाधा उपस्थित नहीं होने देंगे..."

मैं हक्का-बक्का अपने-आपसे घिरा हुआ था। मेरा संकट भाँपते हुए उसने कहा—"यदि आपके मन में कोई असमंजस हो तो मैं अपने माता-पिता के घर लौट जाना चाहूँगी। परन्तु आप जरा सोचिए कि यह जीवन कितना विषपूर्ण होगा..."

मैं अमृता को देखता रह गया...उसकी आँखों में एक अभिव्यक्ति थी जो मुझे घेरे रहती। मैं कुछ नहीं कह पाया। "ठीक है" कहकर मैं अपनी तैयारी में जुट गया। वह भी हाथ बँटाने लगी। इस तरह, ज्यों एक अरसे से वह मेरे साथ रह रही हो। सच, औरतें कितनी जल्दी घुल-मिल जाती हैं या शायद स्थितियों के साथ अपने-आपको वे बहुत जल्दी ढाल लेती हैं। हैदराबाद तक की यात्रा बड़ी गुमसुम और अपराधपूर्ण प्रतीत होती रही। घर में क्या जवाब दूँगा? हैदराबाद में काम करनेवाले साथियों को यह सब मालूम होगा ही। फिर कभी-न-कभी सुरेश से मुलाकात होगी ही...नौकरी

छोड़ना सम्भव नहीं था। फिर मैंने ही अपने-आपको समझा लिया। यह सब नियति का खेल होगा। हम सब कठपुतलियाँ हैं, ऊपरवाले के इशारों पर चलनेवाले। और इस तरह तमाम अवांछनीय स्थितियों के घूँट पीते हुए अपनी इस घटना को न्यायोचित ठहरा कर मुक्त-सा होने लगा। इसी बीच कुशल आ धमका। देखते-देखते तीन साल बीत गये। समय सचमुच कितना गतिशील होता है! कहते हैं, समय सारी स्थितियों के साथ आदमी की पटरी बैठा देता है। मैं भी पुरानी स्थितियाँ भूल-सा गया। और अमृता के साथ सुखी रहने लगा। अमृता ने न कभी शिकायत की और न ही कभी शिकायत का मौका दिया। घर सही मायने में घर बन चुका था। मेरे मन में बस एक ही बात थी कि कुशल को किसी चीज की कमी न हो, कम-से-कम जितनी मैं दे सकता हूँ, भौतिक रूप में। बाकी वह अपना तय करता रहे। इसीलिए मैंने अमृता को अपनी बात बता दी कि अब मैं, और बच्चों के पक्ष में नहीं हूँ। एक ही उबारने-डुबाने के लिए काफी होगा। अमृता को सहमत होना ही था।

कहते हैं, असामयिक मृत्यु आत्मा को भटकाती है। मैं पहले यह सब नहीं मानता था। अब जब कि मैं दैहिक रूप से नष्ट हो चुका हूँ, फिर भी मैं दुनिया छोड़ नहीं पाता। पर एक बात है, अब मैं किसी के प्रति आसक्त होकर इकतरफा नहीं रह पाता, अब मैं पूर्णतः निरपेक्ष हूँ, यह कहने में मुझे कोई संकोच नहीं।...और इसी बीच यह दुर्घटना...।

एक लम्बा अन्तराल बीत गया। सुरेश भी ऑफिसर बनकर हैदराबाद आ गया। उसे सब कुछ मालूम था। यही कि अमृता हैदराबाद के दफ्तर में ही काम करती है। मेरी मृत्यु के बाद डिपार्टमेंट ने उसे नौकरी पर ले लिया है।

एक दिन खाली समय में उसने अमृता को अपने चैम्बर में बुलवा लिया। अमृता गुमसुम बैठ गयी। एक बहुत बड़े पराजित क्षण को ढोते हुए। सुरेश कुमार उतने ही गम्भीर थे।

"कैसी हो अमृता..."

"बस, आपके सामने हूँ। बाकी घटनाएँ आपको मालूम ही हैं।"

"हाँ, उस समय मैंने भी विरक्ति से तुमसे कह डाला था। परन्तु बाद में सोचता रहा, मैं तुम्हें न जाने देता तो बेहतर होता...."

अमृता सुरेश को देखे जा रही थी। इतनी आत्मीयता से सुरेश ने कभी बात नहीं की थी। ऐसा लगा उसे कि आज गृहस्थी की बात हो रही है। परन्तु वह दफ्तर था। इतने में चपरासी एक चिट देकर खड़ा हो गया।

अमृता को लगा, उन दोनों के संवाद में मैं चिट के रूप में आ गया हूँ। और सुरेश को अमृता की आँखों में मेरे लिए एक झिलमिलाहट दिखाई दी। मुझे अच्छा

भी लगा कि मैं अभी भी अस्तित्वहीन नहीं हूँ। एक बात हुई, उस चिट ने दोनों को सँभलने का पूरा मौका दिया।

अमृता उठकर जाने को हुई। सुरेश ने उसे बैठने का इशारा किया और चिट की ओर देखते हुए बोला, "इन्हें बैठने को कहो।" चपरासी बाहर निकल गया।

अमृता बहुत अधिक देर वहाँ बैठने में यातना महसूस कर रही थी। न जाने किसी बात को लेकर सुरेश हमला करे। पर सुरेश सन्तुलित मनःस्थिति में था—"कुशल कैसा है? अब तो काफी बड़ा हो गया होगा..."

"आपने दूसरा विवाह नहीं किया?"

"नहीं...सोचा, मुझे किसी और को अपने अकेलेपन का साथी बनाने का हक नहीं। और धीरे-धीरे आदत भी हो गयी। खैर छोड़ो। मैं जैसा था, वैसा ही हूँ... हाँ, एक इच्छा है। यदि तुम्हें आपत्ति न हो तो एक बार कुशल को देखना चाहता हूँ। तुम्हारे जैसा ही होगा? सच ये बुढ़ापा भी बड़ी अजीब चीज है। अब लगता है कोई हो..."

अमृता की आँखें ऊपर को हुईं तो उसे पता चला कि सुरेश की आँखों में उपहास नहीं, एक सहज सच्चाई थी। ऐसी अवस्था में उन दोनों को देखकर मैं सन्तुष्ट हुआ। शायद दैहिक होता तो मुझे तकलीफ होती। पर आज न दोषी ढूँढ़ने की आवश्यकता थी, न कोई प्रश्न था मेरे मन में। सब कुछ सहजता से संचालित हो रहा था। फिर अचानक सुरेश बोल पड़ा—"देखो अमृता, कुछ हो और मेरी आवश्यकता हो तो संकोच मत करना...कुशल को लेकर भी।"

अमृता स्वाभिमानी थी—जब से मैं जानता हूँ—दयनीय बनना उसके बस में नहीं था। सुरेश का यह वाक्य बिना किसी रुकावट के उस तक पहुँचा। उसकी आँखें भर आयीं, होंठ कोई शब्द नहीं दे पाये, फिर भी वह हाथ जोड़कर बाहर निकल आयी और सुरेश ने अमृता को पहली बार भरपूर निगाहों से जाते हुए देखा।

मुझे लगा, सुरेश दैहिक स्थिति से ऊपर उठ गया है। मेरे बिल्कुल करीब आ गया है। हम दोनों फिर नयी जगह, फिर एक ही कमरे में पार्टनर हैं। अन्तर बस इतना है कि सुरेश मुखर हो गया है और मैं उस जैसा शान्त, गम्भीर...हमेशा-हमेशा के लिए!

साहब फिर कब आयेंगे माँ

रिसेप्शन से मैनेजर के लिए फोन था—कलेक्टर ऑफिस से।...अब क्या है? मैनेजर मन ही मन बुदबुदाया। यह सुबह से पाँचवाँ फोन था। हर फोन कोई न कोई परिवर्तन लेकर आता, परन्तु झल्लाहट को औपचारिकता इस कदर ढँके रहती कि उस छोर पर कोई बात जाहिर न होती। व्यावसायिक मृदुभाषा। और इतने बड़े ग्राहक को सिर पर उठाने के अलावा मैनेजर के पास और विकल्प भी क्या था। "हैलो...मैनेजर स्पीकिंग...होटल गोल्डन गेट...।"

"देखिए, मेनू में एक खास परिवर्तन करना है...।"

"लेकिन साब...कल से तीन बार तो चेंज हो गया है...।"

"यह आखिरी होगा, पर बहुत जरूरी है...। दरअसल कल की मीटिंग में मुख्यमन्त्री भी आयेंगे। इसलिए उनका लंच भी वहीं होगा...।"

"सर, हम सारी व्यवस्था कर लेंगे...सिर्फ सिक्योरिटी के बारे में आप ठीक से...।"

"सिक्योरिटी तो हम देखेंगे ही, पर लंच के बारे में मन्त्रालय से खास हिदायतें हैं। इसे ठीक से नोट कीजिए।" कलेक्टर का पी.ए. पूरी अधिकार वाणी से बोल रहा था।

मैनेजर के पैड पर दो शब्द उभरे 'मके की रोटी' और 'सरसों का साग'। इसी के साथ तेल की, मिर्च की मात्रा...और सब कुछ बिल्कुल सादा!

'गोल्डन गेट' के मैनेजर ने 'यस सर' इतनी बार कहा कि हिदायतों की संख्या आसानी से गिनी जा सकती थी। मैनेजर तो था ही इसी काम के लिए। वैसे मुख्यमन्त्री जैसा मेहमान उसके होटल में पहली बार आ रहा था। इसका लाभ पब्लिसिटी के लिए भी होगा। मुख्यमन्त्री हैं तो कोई घोषणा भी होगी। उसके होटल का नाम दूर-दूर तक गूँजेगा, बिना किसी खर्च के...

मैनेजर के आदेश थे कि सब कुछ ठीक से होना चाहिए। होटल के मालिक भी इस व्यवस्था को लेकर सतर्क थे। आखिर मन्त्रालय से उनके सम्पर्क हैं, जिनके कारण यह मीटिंग उनके होटल में हो रही है। दूसरे उन्होंने युक्ति सुझायी कि किसी और होटल से इसका इन्तजाम किया जाए, लेकिन इसमें दूसरे होटल को इसका श्रेय

जा सकता था या इसका अपप्रचार भी हो सकता था। होटल की अपनी प्रतिष्ठा है और आजकल अखबार भी...ओफ...इनको सामग्री पता नहीं क्यों नहीं मिल पाती। वे ऐसी ही बातें जरूर छाप देते हैं। आखिर वहाँ पत्रकार भी होंगे। कोई विरोधी उनके कान में यह डाल सकता है।

इतने में मुख्य रसोइए ने मैनेजर से मुलाकात की। प्रसन्न था वह। विजयी मुस्कान बता रही थी कि उसने कोई समाधान पा लिया है, "सर, बात बन जाएगी...मैंने मंगली से बात की..."

मैनेजर ने चौंककर पूछा, "यह मंगली कौन है?"

"सर वो बर्तन माँजनेवाली।"

"आप निश्चिन्त रहें सर...सब इन्तजाम हो जाएगा।"

मैनेजर ने तुरन्त होटल मालिक को बताया और सबने राहत की साँस ली।

आज मंगली की स्थिति होटल के 'चेफ' की तरह हो गयी। अचानक महत्त्व मिलने पर वह कुछ हड़बड़ाई। आज उसे खाना पकाना है। किसके लिए, उसे नहीं मालूम, पर आज उसकी जरूरत महसूस हुई, इससे उसे बहुत अच्छा लगा। प्रसन्न हुई वरना होटल के पिछवाड़े ढेरों बर्तनों के बीच वह अपनी साथिनों के साथ बर्तन माँजती रहती और जूठन की भी मोहताज रहती। प्लेटें उठानेवाले बेयरों तक ही सारा अच्छा जूठन गायब हो जाता, आज तो वह खुद पकायेगी, लेकिन उस पर रसोइयों का विश्वास नहीं था कि वह मुख्य मेहमान को सचमुच खुश कर सकेगी। परन्तु मंगली में आत्मविश्वास था।

मंगली को सारा सामान मुहैया किया गया। कल सुबह खास मेहमान के भोजन का भार उस पर था। इसलिए अचानक आज उसकी हैसियत बढ़ गयी थी। आज काम करते हुए किसी ने उसे नहीं डाँटा। रात को घर लौटते समय उसे भोजन दिया गया। उसने नहीं खाया। छोटे बेटे की याद आ गयी। बँधवा लिया उसने पूरा भोजन। आज अचानक अपने लिए इतना सम्मान पाकर वह फूली नहीं समा रही थी। हालाँकि उसे बचा भोजन ही दिया गया था। पर इससे क्या फर्क पड़ेगा। वह कितने दिनों बाद अपने बच्चों को ठीक से खिला पायेगी और इतना बढ़िया खाना पाकर वे कितने खुश होंगे।

होटल से निकलते समय उसे कितनी बार हिदायतें दी गयीं। वह चुपचाप सुन रही थी। जिसे आज तक रसोई में घुसने न दिया गया हो, उसे कल भोजन बनाना है—मके की रोटी और साग...

उसने सबको अपनी ओर से आश्वस्त किया। आश्वस्त क्या करना था। बस, गर्दन झुकाकर हामी भरनी थी।

भोजन का प्लास्टिक का बैग हाथों में लेकर कितनी प्रसन्न थी वह। उसके पैर अचानक पंख लगने लगे उसे। घर की ओर तेज कदमों से निकली वह। बार-बार

प्लास्टिक की थैली को ठीक से टटोलती—इसमें क्या-क्या होगा...कितना होगा। तीनों बच्चों को पूरा पड़ेगा या नहीं...पता नहीं किस-किस बात का अन्दाज लगाकर वह अपनी झोंपड़ी की ओर चल पड़ी।

होटल से बाहर की दुनिया उसके लिए चिर-परिचित है। बिल्कुल बाहर ही भिखारियों की भूखी आँखें देखने का उसे मौका नहीं मिलता। आज भिखारियों की ओर उसने देखा, परन्तु भिखारी उसकी ओर क्यों देखते? वे अपने ग्राहक तलाशने में जुटे थे। दूसरे लोगों को देखते ही भिखारियों का हुजूम अपना राग अलापने लगता। प्लास्टिक की थैली को उसने कब पोटली बना लिया, उसे भी नहीं मालूम। बगल में मजबूती के साथ उसने दबा लिया। अचानक ही उसके मन में आया कि कोई इसे झपट ले तो वह क्या कर लेगी, परन्तु किसी भिखारी ने उसकी ओर देखा तक नहीं। फिर भी उसके कदमों में एक बेचैनी थी, जल्दी घर पहुँचने की। आज उसका आदमी भी नहीं घर पर। वह चौकीदार है और आज उसकी रात-पाली है। कितना अच्छा होता, वह भी आज घर पर होता। बस, खाने का दृश्य ही उसकी आँखों के सामने घूम-घूम जाता।

रास्ते में कई-कई बार उसके दिमाग में मके की रोटी और सरसों के साग को बेहतर ढंग से बनाने के विचार उभरते, परन्तु वे ज्यादा देर तक न टिकते। बच्चों के चेहरे दिमाग में उभरते ही उन्हें बगल में दबाया खाना खाते वह देखती होती। गन्ध भी कम अच्छी नहीं थी।

बहुत दिन बाद उसे अपना ही घर दूर लगने लगा। कितनी देर से चल रही है वह। रोज घर जाते समय उसके मन पर बोझ होता, खाना बनाने का। बच्चे आसपास से लकड़ियाँ चुन लाते थे। आदमी अक्सर शराब पीकर आता। घर में खाने की रोज किल्लत। घर पहुँचने पर बच्चों का किसी से झगड़ा। उसका काम से लौटना—एक थका शरीर और अभावग्रस्त निराशा के अलावा कुछ न होता। इसलिए घर भी कम शक्ति का चुम्बक ही होता। वह भारी कदमों से घर की ओर निकलती, पर आज स्थिति उल्टी थी। घर भाग रहा था उससे और वह उतावली हो रही थी, घर पहुँचने के लिए।

घर पहुँची और छोटे बेटे को बेतहाशा चूमने लगी। दो साल का होगा। उसे छह साल की बेटी सँभालती है। दस साल का बड़ा बेटा पिछले दिनों से होटल के एक ठेले पर काम करता है। पानी और चाय पहुँचाता है वह। वह अभी तक घर नहीं लौटा था। पहाड़ की तराई पर बसी यह झोंपड़पट्टी बहुत घनी थी। उसने झट् टीन का दरवाजा खींच लिया और ढिबरी जलाकर दोनों बच्चों को दुलारने लगी। थैली खोली तो उसमें काफी खाना था, परन्तु इतना भी नहीं था कि पाँचों के लिए पूरा पड़े। फिर भी उसने थोड़ी मिठाईनुमा चीजें निकालकर अलग रख दीं, अपने आदमी और बड़े बेटे के लिए। कुछ पुलाव और रोटी-साग दोनों बच्चों को परोसा।

ऐसी रोटी की गन्ध बच्चों को पहली बार करीब से मिल रही थी। उसे तो फिर भी कभी-कभी कुछ मिल जाता था होटल में, पर चीजें खराब हो जाने पर ही उस तक पहुँच पातीं।

बड़े बेटे के आने तक वह जागती रही। उसी के साथ थोड़ा खाना खाया। बेटा थका हुआ था। खाना खाते ही सो गया। अब वह अकेली रह गयी। बच्चे खाकर सो गये। उनके चेहरे पर सन्तोष उसे सुख दे रहा था। अब उसके दिमाग में कल के भोजन का एक-एक दृश्य घूमने लगा।

पति के न होने के कारण वह खाना भी न खा पायी। बच्चों के साथ चखा बस, उतना ही। अकेले खाना उसे कुछ अपराध-सा लगने लगा। सुबह जल्दी उठने की मजबूरी से वह आज जल्दी सोना चाहती थी। आज सुबह का बचा-खुचा खाकर वह भी सोने की कोशिश करने लगी। आज उसे खाना नहीं बनाना पड़ा, यह उसके लिए कम सुखद नहीं था।

आज की रात भी समूची झोंपड़पट्टी में कहीं न कहीं गाली-गलौज, झगड़ा-फसाद और चीखने-चिल्लाने की आवाजें उठ रही थीं। उसके लिए पड़ोस में शराब पीकर पति द्वारा पिटती पत्नी का प्रतिकार और पति की गालियाँ कोई नयी नहीं थीं। ऐसी घटनाएँ उसकी झोंपड़ी में भी उठती हैं कभी-कभार। कोई ऐसे झगड़ों में दखल नहीं देता। सब कुछ अपने आप ही शान्त हो जाता है। उसे कब नींद लग गयी, पता ही नहीं चला। वह नींद में भी कुछ बुदबुदा रही थी। उसके चेहरे पर आज सुबह के लिए खौफ नहीं, एक जिज्ञासा थी। उसे याद नहीं पड़ता कभी जिज्ञासा लेकर वह सोयी हो, पर आज उसके चेहरे पर जिज्ञासा के भाव थे। आँखें जितनी गहरी मुँदी थीं, दिमाग उतने ही रंगीन दृश्य बटोरने लगा था...सरसों का साग और मके की रोटी बड़े साहब को खूब पसन्द आयी। सब खुश हुए, सभी उसी की चर्चा करने लगे। होटल में यह भोजन हमेशा के लिए चल निकला...और वह स्थायी तौर पर वहाँ रसोइये की हैसियत से रख ली गयी। बच्चों को खाने की किल्लत नहीं है। उसके आदमी ने बहुत मिन्नतों के बाद पीना छोड़ दिया है। बड़ा बेटा अब पास के नगरपालिका स्कूल में पढ़ने जाने लगा है। उसकी झोंपड़ी अब कोई नहीं उजाड़ सकता। अब तो नल और बिजली के कनेक्शन भी आ गये हैं। देखते-देखते शहर में 'गोल्डन गेट' का पर्याय सरसों का साग हो गया है...उसे अपने इस हुनर पर गर्व हुआ..., उसने करवट बदली और कानों ने पानी के लिए बर्तन टकराती आवाजें सुनीं।

हड़बड़ाकर उठी वह। देर तो नहीं हो गयी? पर नहीं, अभी तो सूरज भी नहीं उगा है।

नहा-धोकर वह होटल पहुँच चुकी थी। पर होटल सुनसान था। कोई बात नहीं, वह इन्तजार कर लेगी।

थोड़ी ही देर में पूरे होटल परिसर को ज्यों पुलिस के हवाले कर दिया गया हो।

दस बजे से ही भीड़ शुरू हो गयी थी। दरअसल लघु उद्योग पर राज्य स्तर की एक मीटिंग मुख्यमन्त्री की अध्यक्षता में ही होनी थी, पर किसी कारणवश वे नहीं आ रहे थे। लेकिन समय पर उनकी उपस्थिति से कई प्रकार के परिवर्तन करने पड़े। मुख्यमन्त्री के आते ही पूरा होटल ज्यों चुम्बक की तरह उसकी ओर मुड़ गया। मुख्यमन्त्री अपने पाइप से धुआँ उड़ाते किसी स्थानीय नेता से बात कर रहे थे। हॉल में गहमागहमी थी।

मुख्यमन्त्री ने अपना भाषण दिया। कोई दस मिनट वे बोले होंगे। इसमें से पाँच मिनट स्थानीय नेताओं की प्रशंसा में निकल गये। पाँच मिनट में यही संकेत मिला कि लघु-उद्योगों को प्रोत्साहन मिलना चाहिए। गरीबों का उत्थान होना चाहिए। फिर अचानक वे 'गैट' पर भी कुछ बोले, परन्तु इसके बारे में कुछ भी किसी को स्पष्ट नहीं हुआ।

छुटभैये नेता मुख्यमन्त्री के साथ फोटो खिंचवाने में अपना सारा अस्तित्व ही दाँव पर लगा रहे थे। कोई समस्या के कागज उन्हें थमाता, कोई कान में कुछ कहता लगता...कोई और करीब आने की कोशिश करता। मुख्यमन्त्री सबके साथ भोजन लेने लगे। हालाँकि उनके लिए अलग से व्यवस्था की गयी थी।

फिर अचानक उन्होंने होटल मैनेजर को बुलवाया। मैनेजर वहीं मँडरा रहा था। मुख्यमन्त्री ने मके की रोटी और सरसों के साग की भरपूर तारीफ की। यहाँ तक कहा कि बरसों बाद इतना मनपसन्द खाना बना है। मुख्य रसोइया 'थैंक्स-थैंक्स' की रट लगा रहा था।

मुख्यमन्त्री द्वारा प्लेट रखते ही सरकारी अधिकारियों की प्लेटें भी नीचे आने लगीं।

सब लोग मुस्तैदी से होटल के बाहर जमा हो गये थे। मुख्यमन्त्री पाइप से धुआँ उगलते गोल्डन गेट से बाहर निकल चुके थे। आयोजकों को छोड़कर सभी जाने की तैयारी में थे।

मंगली की बड़ी इच्छा थी, बड़े साहब को देखने की, परन्तु वह नहीं देख पायी। हाँ, मुख्य रसोइया आया। बहुत खुश था। उसने मंगली को पचास रुपये दिये। जिस टोकरे में मंगली सरसों का साग लायी थी, वह टोकरी भी उसने भर दी थी—रोटियों, पुलाव और साग-भाजी, सब एक साथ मिल गया था। निकलते समय वह मुख्य रसोइए से मिलना चाहती थी, परन्तु वह जा चुका था।

वह भी अपना टोकरा उठाकर होटल से निकल पड़ी। पूर्ववत अनजान और अपरिचित।

घर पहुँची तो देखा—छह साल की बेटी उसका बेसब्री से इन्तजार कर रही है। टोकरा उतारकर झोंपड़ी में रखते ही वह सारे सने हुए भोजन से अपनी मनपसन्द चीजें निकाल रही थी। नन्हा बेटा भी टोकरी पकड़कर खड़ा था।

वह कहना चाह रही थी, 'अरे, कुछ धीरज रखो', पर वह कुछ नहीं कह पायी। वहीं बैठ गयी। बच्चे दोनों टोकरी से चीजें निकालकर खा रहे थे। आज भरपूर था। इसलिए अलग निकालने की आवश्यकता उसने महसूस नहीं की। सिर्फ डर था, कहीं रात तक खराब न हो जाए। आज भी उसकी इच्छा नहीं थी खाने की पर भूख लगी थी। उसने भी बाद में बच्चों के साथ उस टोकरे से खाया।

रात में उसने बच्चों को बताया था, "होटल में बहुत बड़े साहब आयेंगे। उनके लिए खास भोजन बनेगा...।"

बच्चों का पेट भर गया था। वे टोकरे से अलग हो गये। घड़े से पानी पिया। एक गिलास पानी मंगली को देते हुए उसकी छह साल की बेटी ने पूछा, "माँ, साहब फिर कब आयेंगे?"

केकड़ा

समन्दर किनारे पहुँचते ही बच्चे अपने जूते-चप्पल मेरी ओर फेंक रेत पर दौड़ने लगे। सत्येन्द्र मेरी बगल में खड़े थोड़ी देर तक चुपचाप सागर का उफान देखते रहे, फिर मेरी ओर मुड़कर कहने लगे, "कितना गुस्से में है समन्दर...पर किनारे आते-आते शान्त हो जाता है।"

वैसे तो मैं सोच रही थी, पर दरअसल मैं अपने सागर में किनारा खोज रही थी। पर हाथ कुछ न लगता, फेनिल के सिवाय! सत्येन्द्र ने मुझसे फिर कहा, "देखो ऋतु, इस सागर के किनारे पर कितनी अच्छी, साफ और धुली-धुली रेत है। मीलों तक हरे-भरे पेड़ हैं। मुम्बई के और यहाँ के समन्दर में कितना फर्क है। न कहीं भीड़, न कोलाहल...कितनी शान्ति है यहाँ..."

मैं सत्येन्द्र को पूरी तरह सुन रही थी। पर मेरे भीतर उठती हजारों लहरें और भयंकर कोलाहल सत्येन्द्र की बात का समर्थन नहीं कर पाये। सिर्फ हामी भरी मैंने। सत्येन्द्र तब चटाई बिछा चुके थे। पिकनिक का उत्साह नहीं था उत्साह की खोज थी। मैं कॉफी के लिए थर्मस निकालने लगी। तभी सत्येन्द्र बोले, "कॉफी अभी नहीं ...थोड़ा घूम आयें। मैं तो नहाना चाहता हूँ, तुम भी चलो...मजा आयेगा।"

सत्येन्द्र हाथ पकड़ उठाने लगे...मैंने एक नजर बच्चों पर घुमायी। वे घरौंदा बनाने में मग्न थे। आँखों में ही सत्येन्द्र को मना किया।

"क्यों, मूड नहीं है?" सत्येन्द्र मनाते हुए बोले।

"नहीं, मुझे पानी से बहुत डर लगता है...आप जाइए...लेकिन सँभल कर..."

सत्येन्द्र समझ गये। मुझे गौर से देखकर चुपचाप मान गये। ज्यादा जोर नहीं दिया। "ठीक है" कहकर बच्चों की ओर चल दिये।

सत्येन्द्र बहुत जिद्दी थे। ऐसे मौज-मस्ती के अवसर पर वे कभी शान्त न रहते और न रहने देते। मना करने पर भी इतनी आसानी से न मानते। लेकिन अब वे कितने शान्त और अन्तर्मुखी हो गये हैं। बच्चों के पास थोड़ी देर तक वे बातें करते रहे। बच्चों को समन्दर में खेलने के लिए शायद मना कर रहे थे, पर वे दोनों नहीं माने। फिर सत्येन्द्र अकेले ही नंगे पैर गीली रेत पर लहरों के किनारे-किनारे घूमते रहे। इधर मैंने खाने-पीने की चीजें ठीक कर लीं। बच्चे अपने खेल में मगन थे।

बीच-बीच में मुझे देखकर हाथ हिला देते। दस साल का प्रतीक और सात साल की पूर्वा–कितने प्यारे बच्चे हैं...फिर अचानक सागर में एक दहाड़-सी उठी और पानी कई मीटर तक समन्दर में उछल कर बूँद-बूँद हो गया। वे बूँदें मेरे तन-मन को, मेरे अस्तित्व को टुकड़े-टुकड़े कर गयीं। सूरज की रोशनी और थोड़ी-बहुत चहल-पहल के बावजूद मुझे लगा कि दस साल पुरानी बर्फ-सी मोटी, पर सख्त दीवार टूटकर टुकड़े-टुकड़े हो गयी है। और उस पार मैं अपने आपको गुमसुम खड़ी देख रही हूँ...

पिताजी मुझे हमेशा कहा करते थे, "बेटी जीवन बहुत चुनौती भरा होता है, हमेशा ही, यदि हम जीवन में कुछ कर गुजरना चाहते हैं। नहीं तो जिन्दगी किसी तरह कट ही जाती है..." पिताजी की ये बातें मुझे बहुत अच्छी लगतीं। वे इन बातों को समय-समय पर दोहराते रहते। पर हर बार कोई एक नया सन्दर्भ होता या मेरे जीवन का नया प्रसंग होता। कोई छोटी-मोटी घटना होती। उनकी एक और बात बार-बार मेरे सामने गूँजती रहती, "बेटी, स्त्री का जीवन ज्यादा चुनौती भरा होता है, क्योंकि घर-गृहस्थी की वह जमीन होती है..."

यह बात उन्होंने मेरी सही उम्र में कही थी। माँ के न रहने पर पिताजी के ये वक्तव्य मेरे लिए और भी अधिक अहमियत रखते थे। पर पता नहीं क्यों उनकी पहली बात मुझे ज्यादा अच्छी लगती। जीवन में चुनौतियाँ खोजना और कुछ कर गुजरने के लिए आगे बढ़ना। शायद इसीलिए मैं अपनी तरह जीना चाहती थी। पिताजी भी इस बात को अच्छी तरह जानते थे। पिताजी ने ऐसी बातें दीदी से कभी नहीं कीं। उनकी शादी भी जल्दी कर डाली। रिटायर होने से पहले ही। दीदी भी खुश थी। उसे पढ़ाई-लिखाई में कोई खास दिलचस्पी नहीं थी। पर मेरी पढ़ाई से, मेरी बातों से, विचारों से पिताजी बहुत खुश लगते। फिर भी बीच-बीव में टोकने से न चूकते कि "स्त्री का जीवन अच्छी गृहिणी बनने में ही सफल होगा..."

शायद ऐसा कहकर वे मेरे मन की बात जानना चाहते हों। मैं उनका मतलब समझ जाती और बोल भी देती, "पिताजी, मुझे शादी-वादी कुछ नहीं करनी, मैं कुछ करना चाहती हूँ, कुछ बनना चाहती हूँ..."

"क्या बनेगी? जरा यह भी तो बता।"

"पता नहीं, एम. एससी. पूरी करने के बाद ही सोच पाऊँगी..."

"ठीक है!" कहकर पिताजी चुप हो जाते। नौकरी से रिटायर होने के बाद वे अपना फ्लैट बनवा रहे थे। उसी के जोड़-घटाव में रात-दिन लगे रहते। मुझे अधबने फ्लैट पर हमेशा साथ ले जाते। बताते, "यह पढ़ने का कमरा–मेरा, जी-भर कर पढ़ते रहना, तुम्हें कोई डिस्टर्ब नहीं करेगा..." पर मुझे किराये के उस छोटे-से फ्लैट में भी कोई कठिनाई नहीं थी।

कितने खुश थे पिताजी। कितने सपने थे उनके मन में! कभी-कभी अपने मकान की बात करते-करते अचानक वे उदास हो जाते, माँ की याद से, "बेटी, तेरी

माँ बहुत जल्दी चली गयी। उसे मैं अपना मकान भी नहीं दिखा सका, जिन्दगी भर किराये के मकान में रही..." मुझे रुआँसा देखकर फिर खुद ही बोलते, "बेटा, कुछ बातें आदमी के बस में नहीं होतीं, कोई बात नहीं, तू है। मुझे सन्तोष है..." और बात बदल जाते।

मैं उनकी बातें समझती, कितने सरल और निर्मल थे पिताजी। ममता मेरे लिए ही नहीं, अपने पूरे आसपास पर उँडेला करते थे। उनके पास बैठकर मैं कितनी सुरक्षित महसूस करती। कितना गर्व था मुझे उन पर। सादगी और ईमानदारी का उन्होंने ज्यों व्रत ले रखा हो। मुझे बहुत मानते, मेरा सम्मान करते और स्नेह विवश होकर कभी-कभी कहते, "ऋतु बेटे, तुम मेरी जीवित और खुली आँखों का सपना हो।" और उनकी स्नेहिल दृष्टि मेरे तन-मन को एक अजीब-सी मजबूती के लिए रोमांचित कर देती। मुझे सचमुच लगता मैं पिताजी का कोई मनचाहा सपना हूँ। उस सपने के लिए मेरा जीवन काम आये, ऐसी कामना भी करती और कोशिश भी। हर नयी सुबह को मैं चुनौती भरी शुरुआत समझती और पल-पल काम में लगाती।

पर उस दिन की सुबह कितनी मनहूस थी! पिताजी नींद में ही चल बसे थे। उनकी आँखें सदा के लिए पथरा गयीं। और मैं—उनका सपना—पूरी तरह टूट चुकी थी। सब कुछ लुट गया था। आगे अँधेरा-ही-अँधेरा था। यह सब क्यों हुआ? कहीं उत्तर न था! मैं बुझ गयी। चुनौतियों का सामना करने का इरादा ज्यों राख हो गया। अँधेरा चीते की तरह झपटता और मैं मेमने की तरह आँखें बन्द कर पल-पल गहराते हादसे को अपने आसपास महसूस करती...

दीदी और सत्येन्द्र आये। मुझे अपने साथ ले गये। समय धीरे-धीरे मेरा घाव भरने की कोशिश करने लगा। पर मन खाली, उम्मीदें गायब, सपने नदारद, सत्येन्द्र जी ने मुझे बहुत सँभाला। दीदी तो सँभलतीं ही। मुझे बेटी की तरह सँभाला। सत्येन्द्र जी के हँसते-खेलते स्वभाव ने मेरा अकेलापन दूर किया। वे मेरा बहुत ध्यान रखते।

मैंने किसी तरह अपना एम. एससी. पूरा किया और एक स्कूल में पढ़ाने लगी। नौकरी के बाद मैं और अधिक सुरक्षित अनुभव करने लगी। छुट्टियों में हम रत्नागिरि गये। मुम्बई की भीड़ से दूर बेहद हरे-भरे, शान्त और निर्जन इलाके में। गेस्ट हाउस ऊँची पहाड़ी पर बहुत ही खूबसूरत जगह पर बना था। वहाँ से दूर उफनता समुद्र दिखाई देता। घनी झाड़ियाँ और शान्ति। सिर्फ पक्षियों की आवाज से इन्द्रियाँ जीवित लगतीं। बड़ा रोमांच-सा लगता मुझे। घंटों मैं अकेली बाल्कनी में कुर्सी डाले यह सब निहारती रहती। स्वप्निल और स्वर्गिक लगता सब कुछ।

दोपहर के खाने के बाद सत्येन्द्र और दीदी को झपकी लग गयी। मैं अकेली ही बाल्कनी में गुमसुम बैठी थी। भीतर की आवाज से मेरे कान खड़े हो गये। आवाज सत्येन्द्र जी की थी। "मैंने ऋतु के लिए एक लड़का देखा है। हमारे ही बैंक में

है...ऋतु से बात करना तुम...” फिर दीदी की आवाज, “आज ऋतु से बात करेंगे।”

सहसा मुझे लगा शान्त, घनी-झाड़ियों में कोई शेर घुस आया हो और चारों तरफ भगदड़ मच गयी। मैं अचानक बेचैन हो गयी। पिताजी की बात मेरे कानों में गूँजने लगी और मेरे भीतर से दबी हुई आवाज कसमसायी—मैं कुछ बनना चाहती हूँ। उन दोनों की इस बात से मैं अचानक सतर्क हो गयी और मेरा अंतर्मन फिर जाग उठा। फिर भीतर से आवाज उठी—मैं अभी भी कुछ कर सकती हूँ। भीतर-ही-भीतर तय हो चुका मुझे कुछ बनना है...

मेरा विचार जानने के बाद सत्येन्द्र कहने लगे, “ऋतु, अच्छे रिश्ते बार-बार नहीं आते और लड़कियों की शादी एक निश्चित समय में ज्यादा अच्छी तरह हो सकती है। तुम लड़का देख तो लो...मेरा पूरा विश्वास है, तुम जरूर पसन्द करोगी। किसी भी बहाने वह हमारे घर आ सकता है या हम वहाँ जा सकते हैं। एक बात साफ कर दूँ, तुम्हारी पसन्द आखिरी होगी, मैं मजबूर नहीं करूँगा...”

मुझे लगा पिताजी सत्येन्द्र की आवाज में बोल रहे हैं और विश्वास जगा कि वे जरूर मेरी आवाज को समझेंगे भी। 'न' कहने पर सत्येन्द्र मान गये, पिताजी की तरह। पर एक जीजाजी की तरह चुटकी भी ली। “पहले से कोई तय हो तो हमें भी बताना!” फिर उनका वही चिरपरिचित ठहाका।

मैं भी कब चूकनेवाली थी। फट्ट से कह दिया, “अभी तो कुछ भी नहीं सोचा है...ऐसा कुछ करने का मेरा कोई इरादा भी नहीं...पर हाँ, जाने-अनजाने कुछ हो गया तो सबसे पहले आपको ही बताऊँगी...”

“यह हुई न मर्दोंवाली बात।” उन्हें मेरी साफगोई बहुत पसन्द थी। वे मेरे विचारों को समझते थे और उनकी इज्जत करते थे।

चाय पीकर हम घूमने निकल पड़े। रत्नागिरि...एक छोटे शहर में तब्दील होता कस्बा, छोटी-छोटी दुकानें, सँकरी सड़कें। मुम्बई-सी चमक-दमक की वस्तुएँ रखने की कोशिशें आसानी से देखी जा सकती थीं। इन्हें पार करते हुए हम समन्दर की ओर चल पड़े। हमने सुना था कि समन्दर दो तरह का है यहाँ—काला और सफेद। काले और गोरे का भेद तो मैं जानती थी। पर यह समन्दर—काला और सफेद! पर आश्चर्य! सचमुच एक प्वाइंट पर काले और सफेद पानी को साफ-साफ देखा जा सकता है। उनकी अपनी रेत भी काली और सफेद है। अलग-अलग है। रेखा खींचना तो मुश्किल था, कुछ दूर चलकर ऊपर से अलग-अलग देखा जा सकता है।

थककर हम सड़क के किनारे बने एक छोटे-से पार्क में बैठ गये। पार्क क्या था, सीमेंट के दो बेंच थे। चारों तरफ पेड़ थे। और हरियाली तो अपने आप उगी थी। नीचे उतरने के लिए सीढ़ियाँ बनी थीं। शायद मैंने शादीवाली बात से उन दानों को निराश कर दिया। मैं बैठे-बैठे सोच रही थी कि कितने अच्छे हैं दोनों, कितना ख़याल रखते है मेरा। सिर्फ कमी है तो बच्चे की! उनके कोई सन्तान नहीं है। मैं चुप थी

और घास के टुकड़े के साथ खेल रही थी। तभी सत्येन्द्र बोले, "ऋतु दोपहरवाली बात कुछ असर कर रही है?"

मेरे 'न' कहने पर रिश्तेदारों की और इधर-उधर की बातें शुरू हुईं। मुझे इसमें कोई रुचि नहीं थी। मुझे लगा कि उन दोनों को इस पूरे कार्यक्रम में एकान्त नहीं मिला। यह सोचकर मैंने कहा, "दीदी, तुम लोग बैठो, मैं किनारे तक अकेली घूम आती हूँ।"

सत्येन्द्र शायद एकान्त चाहते भी थे। तुरन्त बोले, "हाँ, हाँ, जाओ पर सँभल कर ...बिल्कुल सुनसान किनारा है।" फिर मुझे लगा कि वे दोनों चुपचाप मुझे चलता हुआ देख रहे हैं मैंने अनुभव किया कि उनकी नजरें पीछा कर रही हैं। मैंने पलटकर देखा तो बात सही थी। सत्येन्द्र जी ने हाथ हिलाया, उत्तर में मैंने भी। मैं पलटकर आगे बढ़ती गयी...

सूरज समन्दर की गोद में समा रहा था। लहरें हिडोलें ले रही थीं और क्षितिज लाल हुआ जा रहा था। मैंने ठहरकर ये दृश्य अपनी आँखों में स्थिर कर लिए। सूरज पूरी तरह डूब चुकने के बाद ही मैंने अपने कदम धीरे-धीरे आगे बढ़ाये। सूरज के रहते मैं सिर्फ बाहर की सुन्दरता ही देख पा रही थी। सूरज के ढलने के बाद मुझे लगा कि मेरे भीतर भी तरंगें हैं, ऊर्जा है, गन्ध है। और अचानक मुझे अपनी ही धड़कनें सुनाई देने लगीं। शरीर उफनने लगा समन्दर-सा, मुट्ठियों में सौंधी-सौंधी हरारत महसूस हुई। दूर-दूर तक कोई नहीं था, सिर्फ समन्दर, जिसकी लहरें लपलपाती हुईं किनारे की ओर उतावली हो रही थीं। लगता मुझे बुला रही हैं?

पीछे मुड़कर देखा तो एक बड़ा-सा टीला था, रेत का। उस पार कुछ भी दिखाई नहीं पड़ रहा था। एक धुँधलके की झीनी चादर हरे पेड़ों को काला कर रही थी। जी धक से रह गया। कितनी दूर आ गयी मैं। सामने अब समन्दर साफ दिखाई तक नहीं देता, सिर्फ उठती हुई आवाजें, लहरों की। सफेद अजगर-सी झपटती-सी आगे बढ़ती हुईं, डर और रोमांच, रोंगटे खड़े हो गये। पर आगे बढ़ने के लिए न जाने कौन-सी शक्ति थी। शायद जिज्ञासा, आकर्षण और कुतूहल मुझे आगे धकेलते रहे। करीब आने पर लगा कि कुछ छोटी-छोटी नावें हैं। फिर रेत की गहरी ढलान शुरू हुई। शायद समन्दर यहाँ तक तफरी पर आता होगा। बड़ा ही लुभावना और मोहक लग रहा था। मैं सब कुछ भूल चुकी थी। डर को भी। आत्मलीन इतनी कि मेरा शरीर तक अजीब-सी लय-ताल पर संचालित हो रहा था। कदम भी उसी अन्दाज से उठते। लग रहा था कि मैं अपना कोई मनपसन्द गीत जी रही हूँ...

मैं किसी से टकरायी हूँ...एक चीख निकली और मैं लड़खड़ा गयी। पल भर कुछ भी समझ में नहीं आया कि क्या हो गया। फिर आवाज आयी, "घबराइए नहीं ...चोट तो नहीं आयी...मुझे यहाँ नहीं बैठना चाहिए था..." मेरी कुछ भी समझ में नहीं आया कि क्या करूँ? भागूँ। पर किधर, दूर-दूर तक कोई नहीं था। चलते-चलते

अचानक चौंक गयी। पीछे भी सिवा अँधेरे के कुछ नहीं था। सारे शरीर में कँपकँपी फैल गयी। पसीना आने लगा। मेरे मुँह में जुबान ही नहीं है, मैं गूँगी हो गयी हूँ। बड़ी मुश्किल से कदम थोड़े से पीछे सरक पाये। तभी फिर वही आवाज। "आप अकेली कैसे चली आयीं। इस निर्जन में...शरीफ लगती हैं, बिल्कुल मत घबराएँ ...मैं लेक्चरर हूँ। मुझसे डरने की कोई बात नहीं...."

मेरी चेतना कुछ नियन्त्रित हुई। मुझे उसके उस वाक्य पर तब भी हँसी आयी थी—मैं लेक्चरर हूँ डरिए नहीं। पर असर तो हुआ। मेरा डर कुछ खत्म हुआ। उसकी सिर्फ आकृति थी। उसका चेहरा कुछ भी दिखाई नहीं पड़ रहा था। सिर्फ आवाज सुनाई दे रही थी। बड़ी सन्तुलित और ठोस आवाज थी उसकी। इससे मेरा विश्वास लौट आया कि अब डरने जैसी कोई बात नहीं। बड़ी हिम्मत करके मैंने लड़खड़ाती आवाज में पूछ ही लिया, "आप इतने अँधेरे में अकेले यहाँ क्यों बैठे थे?"

"मेरी रोज की आदत है। मैं शाम को इसी जगह बैठता हूँ। कभी-कभी कविताएँ लिख लेता हूँ। मुझे यहाँ बैठना बहुत अच्छा लगता है!"

बस उसकी इतनी-सी बात से मुझे लगा, वह बहुत शरीफ आदमी है, उसकी आवाज में ईमानदारी है। और उसका यूँ ही बैठना कितना अच्छा है। मुझे भी ऐसे अकेले बैठना बहुत अच्छा लगता है। मैं उससे बातें करना चाहती थी, पर कुछ बोल नहीं पायी। चेहरे के हावभाव देखने का सवाल नहीं था। पर शब्द और आवाज चेहरे का काम कर रहे थे। मेरे कुछ न बोलने पर उसी ने कहा, "चलिए, मैं आपको छोड़ देता हूँ।"

"नहीं, मैं चली जाऊँगी। मेरी दीदी और जीजाजी मेरी प्रतीक्षा कर रहे होंगे। यहाँ किनारे पर..." इतना कहकर मैं रुक गयी, उसकी बात सुनने के लिए, पता नहीं क्यों, उसकी बातें मुझे अच्छी लग रही थीं। वह कुछ अलग तरह का आदमी लग रहा था। एक चुप्पी बनी रही। मैं लौटने को मुड़ी। तभी मेरे पैर पर काँटा चुभने-सा अनुभव हुआ और ढेर सारे काँटे रेंगने लगे। मैं चीखकर उसी पर गिर पड़ी। फिर बेचैनी...डर...उसने मुझे थाम लिया। वही गम्भीर और सन्तुलित आवाज, "डरिए नहीं, केकड़ा होगा। यहाँ ढेर सारे हैं, अँधेरे में बाहर आ जाते हैं..."

वह बोल ही रहा था कि रेत के टीले से जीजाजी और दीदी 'ऋतु-ऋतु' पुकारते हुए मुझे बेचैनी से ढूँढ़ते चले आये। मैंने उससे कहा, "आप नाव के पीछे छिप जाइए।"

"लेकिन क्यों?"

"दीदी और जीजाजी नाहक परेशान होंगे आपके साथ देखकर..."

"ठीक है..." कहकर वह चला गया।

मैंने दीदी को आवाज दी और उनकी ओर दौड़ने लगी। वे दोनों बुरी तरह घबराये हुए थे। "ऋतु, तुम चिल्लायी थीं?" सत्येन्द्र चिन्तित थे।

"हाँ, लेकिन ऐसी कोई बात नहीं थी। एक केकड़ा अँधेरे में पाँव पर रेंगने लगा था, मैं डर गयी थी, मैं चीख पड़ी..."

"हम तो डर ही गये थे।" दीदी ने कहा।

हम सड़क की ओर मुड़ने लगे। वे दोनों आगे थे और मैं पीछे-पीछे। मुड़ते हुए अचानक मेरा हाथ लहरा गया। पता नहीं उसने देखा भी या नहीं, वह कब तक वहाँ बैठा रहा होगा...मैं सोचती रही...उसके भीतर क्या चल रहा होगा।

केकड़े की छुअन का अनुभव अब भी मेरे शरीर पर रोंगटे खड़े कर देता। उन दो-चार पलों में एक गन्ध मेरी संवेदना पर ठहर गयी। सर्वथा नयी गन्ध। उस डर और आतंक के बीच भी वह गन्ध मेरी इन्द्रियों में बस गयी। मुझे अपने ही भीतर एक नया व्यक्तित्व दिखाई देने लगा। मैं उस नयेपन को अपने भीतर पनपते हुए अनुभव करने लगी। हम गेस्ट हाउस लौट आये। चाय पी और बैठे रहे।

"केकड़े ने तुझे बहुत डरा दिया लगता है..." सत्येन्द्र ने बात शुरू की। "हाँ", हड़बड़ाहट में मैं बोल गयी। मैंने अनुभव किया कि वे दोनों मेरी हड़बड़ाहट को बहुत गौर से देख रहे हैं। मैं विचलित क्यों हूँ, उनकी निगाहें पूछ रही हैं। और मैं अब सोचने लगी कि उस आदमी की जगह यदि कोई और होता तो ओफ...

मुझे नींद आ रही थी। समुद्र किनारे के वे दृश्य रह-रहकर आँखों के सामने घूम जाते। उस कोरी आकृति में नाक-नक्श गढ़ने में मेरी कल्पनाएँ आँखों पर छायी रहतीं। फिर अचानक वह गन्ध मेरा पीछा करते हुए मेरे सारे एहसास पर छिटक जाती। केकड़े की याद से रोंगटे खड़े हो जाते और काँटे-से चुभने लगते। दीदी और सत्येन्द्र जी की चिन्ता मरहम का काम करती। सुरक्षित अनुभव होता। पता नहीं कब आँख लग गयी। पर निर्बाध नींद नहीं मिली उस रात। नींद सपनों की गिरफ्त में थी। कभी सुहाने, कभी डरावने, सपने बार-बार झिंझोड़ते। कभी किसी खूबसूरत सपने की रील अचानक टूट जाती और मैं जागकर उसे जोड़ती, कोई डरावना सपना चाहकर भी खत्म न होता और नींद उचटने पर उस सपने के डर से नींद ही न आती।

सुबह-सुबह जब नींद खुली तो देखा, दीदी और सत्येन्द्र चाय का आखिरी घूँट ले रहे हैं। "अरे, बहुत देर हो गयी। आप लोगों ने उठाया नहीं मुझे।"

"सोचा सुहाना सपना देख रही होगी, क्यों डिस्टर्ब करें!" सत्येन्द्र की शरारती आँखें कुछ पूछना चाह रही थीं, फिर वे ही और आगे बोले, "तुम नींद में बार-बार कुछ कहना चाह रही थीं, पर आवाज शब्दों में नहीं बदल पायी, क्या बात है? तबीयत तो ठीक है न तुम्हारी?"

मैंने सत्येन्द्र जी को गौर से देखा और शरमा कर वहाँ से सीधे बाथरूम की ओर बढ़ गयी।

मुम्बई लौटकर घर में कदम रखते ही मुझे वह पत्र मिला, जिसका मुझे कई दिनों

से इन्तजार था। पर पिछले एक महीने से इस बात को मैं भूल ही गयी थी। पुणे विश्वविद्यालय में मुझे रिसर्च फेलोशिप मिल गयी थी। सहसा लगा कि मुझे पर निकल आये हैं। सारा आकाश मेरा है। मैं अब अपनी ऊँचाई, अपनी मंजिल पा सकूँगी।

सत्येन्द्र बहुत खुश हुए थे। दीदी कुछ उदास हो गयीं। मेरे करीब रहने से उनकी ममता खिलती थी। अब अकेली पड़ जायेंगी। पर रोका किसी ने नहीं। मैं पुणे आ गयी। तीन साल की फेलोशिप थी।

साल पूरा होने को आया था। दीदी की ओर से तार आया कि उन्होंने एक बेटे को जन्म दिया है। उसी दिन मैं मुम्बई आ गयी। दीदी बहुत खुश लग रही थीं। सत्येन्द्र भी। मैं पुणे लौट आयी।

साल भर में मैंने पीएच.डी. के लिए आवश्यक तैयारियाँ कर लीं। विश्वविद्यालय की लाइब्रेरी में मैं भूल जाती कि रिसर्च के अलावा भी मेरा कोई अस्तित्व है। होस्टल में भी मैंने अपने आपको अलग-थलग रखा था। बस कभी-कभी लगता उस दिन समन्दर किनारे बैठा वह आदमी मेरी ही तरह किसी चीज को पाने में मग्न था, आत्मलीन था। उस दिन का खयाल आने पर लगता कोई गन्ध मेरा पीछा कर रही है। और मैं, मैं सपाट आकृति पर चेहरे की पहचान में व्यग्र हो जाती। कभी-कभी मैं सोचती, यह क्या है? मैंने जिसे आँख भर कर देखा भी नहीं, वह क्यों पीछा कर रहा है। डर यदि मन में समाया हो तो सिर्फ गन्ध ही क्यों याद रही, बाकी सब क्यों याद नहीं आता? फिर क्या मैं अनजाने में उस अजनबी के बारे में कुछ अलग ढंग से सोच रही हूँ। बिना देखे। क्या प्यार...नहीं, प्यार ऐसे नहीं होता...फिर कैसे होता है...? आँखों के पार झाँकना...संवेदनाओं और चेहरे की प्रतिक्रियाओं से दिलोदिमाग में उतरना। पर ऐसा कुछ भी तो नहीं हुआ...पर उसकी आवाज कितनी ठोस थी, उसका चरित्र कितना पुख्ता था...उसने जो थोड़ी-बहुत बातें कीं क्या वे उसे समझने के लिए काफी नहीं थीं? क्या मुझसे मिलते खयाल नहीं थे। पर फिर भी वह अजनबी और निपट अजनबी था...उसका नाम तक नहीं मालूम...उसके बारे में सोचना बेकार है। पर मैं अपनी संवेदनाओं को कैसे समझाती? मैंने अनजाने में यह अनुभव किया कि मेरा झुकाव कविताओं की ओर बढ़ गया है। मैं उस गन्ध को कविताओं में ढूँढ़ती और लगता कि यह कवि वही होगा। तभी दूसरी कविता की लहर उठती और रेत पर लिखे पहले नाम को मिटाकर चली जाती। मुझे अपनी इस कोरी भावुकता पर हँसी आती। कितनी बेवकूफ लड़की हूँ। किसी को अगर यह सब बताया तो मेरी कितनी हँसी होगी। मैं अपने काम में जुट जाती।

मैंने अपना शोधकार्य विश्वविद्यालय को प्रस्तुत कर दिया। इसी बीच एक स्थानीय कॉलेज में मुझे लेक्चररशिप मिल गयी। थीसिस मंजूर होते ही मुझे विश्वविद्यालय में भी नौकरी मिल सकती थी। मुझे वह सब मिल रहा था, जो मैंने बरसों से चाहा था।

विश्वविद्यालय में पढ़ाने, नये-नये शोध-पत्र, आविष्कार, खोजें मेरे दिमाग में थीं। मैं प्रदेश-देश की दीवारों को तोड़कर बहुत ऊपर उड़ना चाहती थी। अपनी थीसिस पर बहुत भरोसा था मुझे। इससे मेरे लिए एक नया रास्ता खुलनेवाला था। नयी दिशाएँ मेरा स्वागत करेंगी और मैं कुछ कर दिखाऊँगी....

फिर एक तार सुबह-सुबह मिला—'स्टार्ट इमिजियेटली—सत्येन्द्र।' मैं घबरायी। आतंकित। मुम्बई दीदी के घर पहुँची। सब कुछ लुट चुका था। दीदी ने एक बच्ची—पूर्वा—को जन्म दिया, फिर पता नहीं क्या हुआ...दीदी नहीं बच पायी...डॉक्टर अलग-अलग कारण बताते रहे। सत्येन्द्र पूरी तरह टूट गये...उनकी आँखों में एक गहरे अँधेरे और करुणा के अलावा कुछ भी नहीं बचा था। मैंने एक महीने की छुट्टी ले ली। मैं उन्हें हिम्मत बँधाती, बच्चों को सँभालती। पिताजी की बात याद आती। स्त्री की पूर्णता गृहिणी बनने में है और आदर्श गृहिणी बनना उसके जीवन की सबसे बड़ी चुनौती होती है।

मेरी छुट्टियाँ खत्म होने को आयीं। बच्चों की ओर देखकर लगता यहाँ से जाना अपराध के अलावा कुछ नहीं होगा। सत्येन्द्र जी की मौसी गाँव से यहाँ आयी थीं। सत्येन्द्र आग्रह कर रहे थे कि वे कुछ दिन रुक जाये। वे रुकीं भी। पर सत्येन्द्र की बेचैनी कम नहीं हुई। जब मैं पुणे के लिए निकल रही थी, तब सत्येन्द्र मेरे कन्धे पर सिर रखकर बच्चों की तरह बिलख-बिलखकर रोने लगे। मैं अपने आपको नहीं रोक सकी। महीना भर हिम्मत, ढाढस जो समेट रखा था, तेज तूफान की चपेट में हरहरा कर टूट गया...और 'नही...नहीं...' करते हुए मैंने सत्येन्द्र को पूरी तरह थाम लिया...

मैंने उस दिन जाना टाल दिया। दूसरे दिन जाने के इरादे के साथ सत्येन्द्र कुछ सामान्य हुए। नाक-नक्श में मैं दीदी की ही तरह थी। प्रतीक ने रात मुझे जकड़े रखा। नन्ही पूर्वा मौसी की देख-रेख में थी।

दूसरे दिन मैं निकल तो आयी, पर एक कोलाहल मेरे दिमाग में था। यह सब क्यों हो गया? साइंस की प्रवक्ता होने के बावजूद मैं दार्शनिक की तरह सोचने लगी। दीदी का अफसोस तो था ही, पर सत्येन्द्र और उन दो बच्चों का खयाल चौबीसों घंटों मेरे अस्तित्व पर छाया रहता। मैंने जैसे-तैसे एक हफ्ता बिताया होगा। शनिवार को ही मैं मुम्बई के लिए चल पड़ी।

सत्येन्द्र ऐसे मिले जैसे उन्हें पता था कि मैं आनेवाली हूँ। डूबते को ज्यों तिनका मिल गया हो! जिन्दगी के इस मोड़ की मैंने सपने में भी कल्पना नहीं की थी। दुख ने करुणा को जन्म दिया और करुणा ने सत्येन्द्र के दुख को कम करने के लिए चुनौती दी। मैं हफ्ते भर सोचती रही थी। कोई छोर न मिलता। प्रतीक के निश्चल चेहरे को देखकर मैं उसके भविष्य को लेकर सिहर-सिहर उठती। पूर्वा इतनी छोटी

थी, उसे कुछ मालूम ही न होगा।

शाम को सत्येन्द्र कुछ सन्तुलित थे। उनकी आँखों में कुछ दृढ़ता थी। पर हम दोनों आँख नहीं मिला पाये। फिर सत्येन्द्र ही बोले, "ऋतु, मौसी को कितने दिन यहाँ रख सकेंगे? उन्हें भी तो अपने घर जाना होगा! फिर हमारे उनके साथ इतने सम्बन्ध भी तो नहीं रहे थे कि उनको अधिकारपूर्वक रोक सकें। उन्होंने इतना समय निकाला यही बहुत है..."

शाम को वे सोफे पर मेरे करीब बैठे। एक बार मेरी ओर देखा और नजर फेर ली। उनकी आँखों की काली सुरंगों से मुझे बड़ा डर लगता है। चुप्पी व्याकुलता बढ़ा रही थी। मैं क्या बोलती। उन्होंने हिम्मत बटोरकर लड़खड़ाते हुए कहा, "ऋतु, मेरे दिमाग में एक बात आयी है...डर भी लगता है...तुम पता नहीं क्या सोचोगी। पर सोचता हूँ कह ही डालूँ...पर इस शर्त के साथ कि तुम्हारा उत्तर यदि 'न' भी रहा, फिर भी तुम मुझे गलत नहीं समझोगी..."

मैं अपनी सतह तक थर्रा गयी थी। उन्होंने अपनी बात जारी रखी, "ऋतु, मैं जानता हूँ, मैं क्या कह रहा हूँ...पर मैं बच्चों के लिए तुम्हारे सामने हाथ पसारता हूँ...भीख माँगता हूँ। मैं अकेले यह गृहस्थी की गाड़ी नहीं खींच सकूँगा।"

मैं चुप रही। सत्येन्द्र हतप्रभ थे। पिताजी के जाने के बाद सत्येन्द्र ने मुझे अनाथ होने से बचाया था। आज वे एक अनाथ की तरह मेरे सामने विवश हो रहे थे। फिर पिताजी के वाक्य भी याद आते रहे। स्त्री को गृहिणी होना एक चुनौती होता है। मैंने अपने बारे में कभी इस दिशा में नहीं सोचा था। आज चुनौती थी। सत्येन्द्र ने जब बात शुरू की थी, तभी कुछ संकेत मिले थे। दया, करुणा, सहानुभूति और उनके किये एहसान मुझे चारों ओर से हाँकने लगे। मेरा अपना विवेक भी 'हाँ' कह गया और मैंने सत्येन्द्र का हाथ थाम लिया। सत्येन्द्र ज्यों होश में आये। उनके माथे पर तनाव धीरे-धीरे शिथिल होने लगा। उन्होंने राहत पायी और मैं...मैं वह कह गयी जिसके बारे में मैंने कभी नहीं सोचा था।

सत्येन्द्र के साथ मेरा विवाह हो गया। बच्चों को मैंने अपना लिया। पिताजी की बतायी चुनौती सदा याद रही। प्रतीक और पूर्वा भूल गये कि उनकी सगी माँ कोई और थी।

पर मैं सत्येन्द्र के साथ कभी भी न्याय नहीं कर पायी। आखिर अपने आपको मैं किस हद तक कर्तव्यों की खातिर विसर्जित करती? सत्येन्द्र मेरे लिए हमेशा ही मेरी दीदी के पति रहे। कभी करीब आये भी तो मैं असामान्य हो उठती। मेरी रग-रग में अब वह पुरानी गन्ध अधिक गहराई से उठती।

सत्येन्द्र टूटे ही रहे। उन्होंने अपने आपको बैंक के कामों में इतना उलझा लिया कि उसी से उन्हें फुर्सत न मिलती। दुनियादारी की दृष्टि से इसका लाभ हुआ। उन्हें

प्रमोशन मिलते गये। तबादले होते गये। नयी जगह, नये लोग। पर हम दोनों का अजनबीपन दूर नहीं हो पाया। सत्येन्द्र और मैं कभी-कभार एक-दूसरे के करीब आये भी तो मुझे लगता मेरे सारे शरीर पर केकड़े रेंग रहे हैं। मैं असामान्य हो जाती... सत्येन्द्र समझाते, "ऋतु, मैंने तुम्हारे साथ ज्यादती की है। तुम्हें अपनी जिन्दगी पर अब भी पूरा हक है। तुम चाहो तो दूसरा..."

"ऐसी कोई बात नहीं। ऐसा लगता तो मैं आपसे खुद कहती। यह बात सही है कि यह निर्णय मैंने भावावेश में आकर लिया था, पर वह जरूरी था, मुझे आज भी वह गलत नहीं लगता। अब बच्चे स्कूल जाने लगे हैं, भावात्मक रूप से अब वे मेरे साथ पूरी तरह जुड़ गये हैं। मैं जो चाहती थी, उसमें मुझे कामयाबी मिली। पर..." मैं आगे नहीं बोल पायी।

सत्येन्द्र कुछ उदास हो चले थे। फिर उन्होंने ही बात आगे बढ़ायी, "ऋतु, अब यदि तुम किसी युनिवर्सिटी या कॉलेज में पढ़ाने लगो तो मुझे खुशी होगी। मुम्बई में ही एक कॉलेज है, जिसका एकाउंट हमारे बैंक में है। उसके चेयरमैन से मेरा परिचय है। तुम चाहो तो उनसे बात चलायें..."

मैं कुछ बोल नहीं पायी। मेरे बुझे व्यवहार को देखकर सत्येन्द्र भी कुछ नहीं बोले। पर उन्हें यह डर लगने लगा कि मैं मानसिक रूप से असन्तुलित न हो जाऊँ। मुझे कुछ भी समझ न पड़ता। पिताजी के वाक्यों को याद कर मैं अपना कर्तव्य तय करती रही।

अब उम्र के बत्तीस वर्ष पार कर जाने के बाद ऐसा लगता है कि सोचा हुआ कुछ भी अन्तिम नहीं होता। फेलोशिप मिलने के बाद जो पंख उगे, वे यकायक किस्मत के लासे में चिपक कर टूट गये, गल गये। कर्तव्य की चारदीवारी में आकाश सिमट कर रह गया। किन्तु पर्यायहीन जीवन से वितृष्णा हो जाती है। कोरा कर्तव्य बाहर से तो ठोस लगता है, पर भीतरी पहल न हो तो आदमी का प्रवाह कुंठित कर देता है। मेरे बारे में भी यही हुआ। मेरे निर्णय में कोई दोषी नहीं, यहाँ तक कि मैं भी नहीं, फिर भी जीवन का सहज प्रवाह रुक गया...

फिर एक दिन सत्येन्द्र ने बाहर घूमने का प्रोग्राम बनाया। मैंने भी हामी भर दी। सत्येन्द्र मुझे समझते थे और मैं सत्येन्द्र को। कम-से-कम अब भी यह आपसी समझ बाकी थी। सत्येन्द्र ने जब बताया कि रत्नागिरी के नये गेस्ट हाउस में बुकिंग हो गयी है, तब मैं विचलित हुई। फिर भी वहाँ जाने की जिज्ञासा मेरे मन में भी थी।

बच्चों ने अपने खेल का सामान गाड़ी में रख दिया। मारुति वैन से हम रत्नागिरी के लिए चल पड़े थे। बाकी कुछ भी नहीं बदला था। वही घाटियाँ, वही पहाड़, वही झरने, वही उतार-चढ़ाव। सिर्फ मैं बदल गयी थी शायद। सब कुछ वही होने के बावजूद मुझे कुछ भी पहले जैसा आकर्षक और मोहक न लगता। मैं निरपेक्ष सारी चीजों को देखती। कुछ भी मुझे निर्द्वन्द्व न लगता। पिछली सीट पर बैठा प्रतीक

प्रकृति में खोया है और पूर्वा उसके साथ खेल रही है। सत्येन्द्र किसी पेशेवर ड्राइवर की तरह बिना बात किये गाड़ी चला रहे हैं। पर मैं क्या करूँ? मेरा भी भीतरी झरना पूरी तरह सूख चुका था, इसलिए मेरा आसपास पूरा कुम्हला गया है।

आज फिर उसी सागर किनारे कुछ अजीब-सा लग रहा है। वह गन्ध ज्यों मेरे आसपास ही हो। कितना बदल गया किनारा। भीड़, कोलाहल ज्यों लहरों को चुनौती दे रहे हैं। शहर का किनारा सागर के किनारे की ओर बढ़ रहा है। कारखाने से निकलता धुआँ पहाड़ियों को चुनौती दे रहा है। किनारे अब पहले की तरह सीपियों से भरे नहीं हैं। कितना बदल गया! और मैं उसी जगह बैठी हूँ। वह गन्ध भी यहीं है! पता नहीं वह कहाँ होगा, कैसा होगा, जिसने इस गन्ध से परिचय कराया, मेरी नारी को जगाया। मैं आत्मलीन हो समुद्र में चलते जहाजों की बत्तियाँ ताकती रही।

प्रतीक और पूर्वा आये, कॉफी पी और चले गये। सिर्फ आभास के अलावा मुझे कुछ भी नहीं मालूम। सत्येन्द्र आये, बैठे, कॉफी पी और मुझे गुमसुम पाकर चुपचाप चल दिये। वे कहने को तो समन्दर का आनन्द लूट रहे हैं, पर उनका सारा ध्यान मुझ पर और बच्चों पर है। शाम के झुरमुट में मैं उनके कदमों की गति और दिशाएँ देखने में मग्न हूँ। उनका चेहरा भी अब इस शाम के झुरमुट में सिर्फ आकृति रह गया है। उस चेहरे पर अब कुछ नहीं देखा जा सकता, कुछ नहीं पढ़ा जा सकता।

मैं घुटनों को अपनी बाँहों में लपेटकर वैसे ही बैठी हूँ। वह आकृति करीब, और करीब, आती है और एक चीख उठती है—"ऋतु, तुम्हारी बाँह पर केकड़ा।" एक झटके से सत्येन्द्र केकड़े को झटकते हैं। मैं विद्युत गति से उठ खड़ी होती हूँ और सत्येन्द्र को बाँहों में भर लेती हूँ, कस लेती हूँ...पता नहीं कहाँ थी मैं, कहाँ हूँ मैं...।

"छोड़ो भी, देखो बच्चे मेरी चीख सुनकर दौड़े आ रहे हैं, ऋतु..." वे हौले-से मुझे झिंझोड़ते हैं।

मैं और कस लेती हूँ उन्हें। "सत्येन्द्र मुझे माफ कर दीजिए, अब बच्चे आ भी गये तो कोई फर्क नहीं पड़ेगा।" मैं करीब-करीब सत्येन्द्र पर निढाल हो जाती हूँ। गन्ध घुलमिल जाती है। सत्येन्द्र मुझे थाम लेते हैं। बरसों से मेरी डबडबायी आँखों में ज्यों एक सागर कैद था। आज शापमुक्त हुआ। उसकी एक-एक बूँद मेरे गालों से लिपटकर मेरी ही बाँह पर टपक रही थी। मुझे लगा बरसों से मेरे भीतर पले केकड़े सरसराते हुए सागर में विलीन हो रहे हैं...

भटकती राख

मेरी अकाल मृत्यु मेरे जीवन की अन्तिम घटना थी। अन्तिम विराम था। लोग मेरे शव को घेरे खड़े थे।

ये सभी तीर्थ के लिए आये थे, पंढरपुर।

मेरा अचानक देहावसान सबके लिए आश्चर्य का विषय था।

मुझे चिता पर रख दिया गया। लोग लगातार मेरे सम्बन्ध में चर्चा करते रहे। चूँकि मैं हर साल यहाँ आता था, इसलिए मेरे गाँव के अलावा अन्य गाँवों से आने वाले तीर्थ यात्रियों से भी मेरा अच्छा परिचय हो गया था। वे मेरे बाहरी व्यक्तित्व से ही परिचित थे।

"बहुत ही सज्जन आदमी था।"

"जीवन में सब कमाया इसने...इज्जत, पैसा, शोहरत।"

"क्या मौत पायी है—शान्त, चुपचाप, पूर्णता लिए हुए..."

"मौत, वह भी पंढरपुर में! आषाढ़ी एकादशी के दिन!"

"सब पिछले जन्मों के पुण्य और इस जन्म के सद्कर्मों का फल है भइया..."

मैं सब चुपचाप सुन रहा था। कर भी क्या सकता था। लेकिन जिन स्थितियों के बीच मैंने अन्तिम साँस ली, बड़ी अजीब थी। और बड़ी अजीब थीं मेरी यात्राएँ भी। मुझे इस तरह की यात्राओं और देव-दर्शनों में कतई विश्वास नहीं था। परन्तु जब विधवा यमुनाबाई तीर्थ के लिए पैदल चली, तो मेरे पाँव भी इधर मुड़ गये। पिछले बारह सालों से मैं इधर आता रहा। वैसे यमुनाबाई का सहवास सिर्फ चार साल रहा। बाद में, मैं लोगों पर श्रद्धा जताने आया करता।

कभी-कभार मेरे व्यवहार पर काना-फूसी होती। मैं भजन-मंडली के सारे खर्च स्वयं उठा लेता! लोग मेरी नयी योजना मान लेते, मैं मंडली को एकाध सुविधा और बहाल कर देता...

कल मैंने खाना खाया। भजन-कीर्तन में हिस्सा लिया। पर पेट में मँजीरे टकराते रहे। छाती में ढोलक-ताल गूँजती रही। गले में हारमोनियम घर्राता रहा। कानों में झाँझ झनझनाते रहे...इन हालातों को, अपने जिस्म पर लादे मैं सोने की कोशिश कर रहा था। आँख लगी नहीं कि सारे जिस्म को एक भयानक सपने ने धर दबोचा...मैं

बेतहाशा भागा जा रहा हूँ, क्योंकि एक खूँखार शेर मुझे दबोचने ही वाला है...यह क्या? मेरे पैर जमीन से चिपक गये। शेर के भूखे दाँत और पंजे जब तक मुझे छूते, मैं उड़ने लगा...! ऊँचा...बहुत ऊँचा। शेर पिछली टाँगों पर बैठकर मुझे ताकता रहा....मैं अचानक धड़ाम से शेर के सामने गिरता हूँ। शेर एकटक मुझे देखता है, मानो वह जिन्दा नहीं, मसाला भरा हो। तभी वह अचानक सुशील में बदल जाता है...

...सुशील मेरा भांजा। हाँफ रहा है वह। उसकी आँखें पथरा रही हैं। उसके मुँह से खून-सना झाग निकल रहा है। उसने एक डरावनी हिचकी ली...इधर मेरी आँखें खुल गयीं।

मैं हाँफ रहा था...चेहरे पर हाथ फेरा तो गरम-गरम कुछ बह रहा था मुँह से मेरे खून आ रहा था।

मैंने अपनी आँखें छुईं। बड़ी गर्म थीं, काँच-सी कठोर। ठीक शेर की आँखों की तरह खूँखार...सुशील की आँखों की तरह तेज, चुभती हुई। सिर्फ आँखें जल रही थीं और सारा शरीर लुंज-पुंज पड़ा था...ठंडे लोहे की तरह।

मेरे छटपटाकर उठने से मेरे आसपास सोये सभी लोग जाग गये। उन्होंने मुझे सहारा दिया। पर एक हिचकी आयी और कुछ करने से पहले खूँटी पर टँगी झाँझ पर ज्यों कोई कंकड़ गिरा हो, वैसा ही जिस्म में एक झटका आया, ठीक झाँझ की तरह धीरे-धीरे मैं चुप हो गया...!

"क्या हुआ?...अरे, कैसे हुआ यह सब...?" लोग एकत्र होने लगे।

"कुछ नहीं साब, हार्टफेल हो गया...आजकल की नयी-नयी बीमारियाँ हैं।"

"सब ऊपरवाले की माया है।"

"जिसके दिन पूरे हुए, उसे तो जाना ही है...?"

और मेरी शव-यात्रा शुरू हुई।

वैसे मेरी शव-यात्रा सुशील के मरने के दिन से ही शुरू हो गयी थी। उधर सुशील को जिला अस्पताल में मृत घोषित किया गया, इधर मैं छिपने के लिए जगह ढूँढ़ रहा था। प्रत्यक्ष रूप से बच निकलने में सफल तो हुआ, पर पड़ोसियों ने, सुशील के घर, उस रात जो झगड़ा सुना, उसे प्रतिक्रिया सहित चारों ओर प्रसारित कर दिया—"देखो टुंडे की करामात।" और मेरा कटा बायाँ हाथ, सूअर के नथुनों-सा फड़फड़ा रहा था। मेरे अपने ही अतीत के गटर में...

उन दिनों बीवी अपने भाई के परिवार के साथ भ्रमण पर गयी थी, एक महीने के लिए।

मेरी एक टॉकीज थी। जहाँ मैंने सुशील को टिकट बुकिंग के काम पर लगा दिया था। गत दिनों उसे शराब की बुरी लत लग गयी, वह देर रात गये घर आता।

तीन साल का एक बच्चा था उसे। उसे उम्मीद से ज्यादा सुन्दर बहू मिल गयी थी, देखने में। वैसे कान की बालियों को लेकर वह लग्न-मंडप में ही मुँह फुलाये बैठी थी...

लोग मेरे सिर के फटने की प्रतीक्षा कर रहे थे। मेरी अधजली लाश पर लोगों ने थोड़ा-सा घी डाला। सिर पर कुछ अधिक। मेरी जलती लाश छोड़ सब वापस लौट गये।

उन्हें नहाना-धोना होगा...भजन-कीर्तन में जुटना होगा। यहाँ मेरी अकेली अधजली लाश और लकड़ियाँ, अंगारे और नदी का सुनसान किनारा। आकाश के अस्तित्व को ललकारती तेज लपटें और मुझसे उठता धुआँ...मेरे आसपास आग के गोले कितने प्यारे लगते हैं, मेरी इस ठंडी देह को। कितनी चमक है इन अंगारों में....

ऐसा ही चमक उस दिन सिगड़ी के कोयलों में थी, सुमति ने उस पर तवा रख दिया। सारी चमक उसके चेहरे में सिमट आयी थी। मैं उसे देख रहा था...उसने मेरी ओर आँखें उठायीं, मैं सहम गया। सिर को एक झटका दिया और सारे दुमदार कीड़े दिमाग के दरवाजे बाहर भगाये।

पत्नी के जाने के बाद जब मैं अकेला था, तो खाने-पीने की बड़ी असुविधा थी। एक दिन सुशील ने कहा, “भई अपनी भाभी के आने तक तुम सब मेरे पास आ जाओ। मेरा भी जी बहल जायेगा। बच्चे से खेल लूँगा...तुम्हारी टॉकीज भी नजदीक रहेगी...मैं साफ-साफ था, उस वक्त...ऐसी-वैसी कोई बात मेरे दिमाग में नहीं थी।

सुशील राजी हो गया। सुमति और बच्चा मेरे घर पर आ गये। घर में कुछ चहल-पहल हुई। बाद में मैं ही हिसाब पर उतर आया—इन लोगों का, महीने भर का घर-खर्च बच गया। मुझे अपने खाने-पीने की सुविधा महँगी लगी। सुशील बहुत देर गये घर आता। बुकिंग का हिसाब तो रात साढ़े दस तक हो जाता, पर वह बाद में धुत्त होने तक पीता...मैंने कई बार उसे टोका। वह हँसकर आँखें झुका लेता...दिनों-दिन उसकी हालत गिर रही थी। चलती-फिरती लाश रह गया था वह...

अभी-अभी श्मशान घाट में एक और लाश आयी है। बिल्कुल मेरी चिता के पास ही उसकी चिता बिछ रही है। किसी औरत की लाश है यह। दो जवान और एक बूढ़ा अपेक्षाकृत अधिक दुखी दीख रहे हैं। शायद बेटे और पति हों। बाकी सब बड़ी तेजी से अन्यविधि निपटाने में व्यस्त हैं। लाश बड़ी शान्त और सन्तुष्ट लगती है—उसके बेटे जो उसे अग्नि दे रहे थे।

मैं भी बेटे के लिए तरस गया। दोस्त छेड़ते। बुजुर्ग सलाह देते। मेंहदी की हरी फेंसिंग रेगिस्तान-सी सूख गयी और मैं प्यासा ही रह गया...

एक हाथ न होने की वजह से अच्छी लड़की मुझसे ब्याही न जा सकी। पहले तो मैं वहीं सूख गया, क्योंकि सपने बड़े ऊँचे थे। शायद सबके रहते होंगे। पर मेरे कटे हाथ ने मेरे सपने भी छाँट डाले। और मेरा कटा-छँटा दैनिक जीवन, मेरा दाम्पत्य जीवन से कभी समरस नहीं पाया। कटा-कटा रहा मैं, धीरे-धीरे आदत हो गयी।

पर आये दिन मेरी 'पराजय' किसी कमजोर 'फौज' को देखकर तलवार उठा

लेती। मैं 'विजयी' भी हुआ। यमुनाबाई जैसे उदाहरण मेरे खाते में जमा हैं। उस रात मैं बाथरूम गया। मेरा बाथरूम ब्लॉक के पिछवाड़े बाहर की ओर खुलता है। मैं बाथरूम से बाहर निकलते ही किचन में लाइट देखता हूँ। किचन में गया तो सुमति पानी पी रही है। बिना मुँह लगाये वह गिलास से पानी ढुलका रही है। उसकी देह पीछे की ओर मुड़ी थी। कमान-सी देह पर पानी की लकीरें होंठों और छाती से होते हुए नीचे उतर रही थीं....मैं भी पानी की लकीर के साथ उतर रहा था। मैं देखते-देखते डर रहा था, डरते-डरते देख रहा था। दृश्य बड़ा डरावना था, भीतर से। मैं इसी डरावने उधेड़बुन में था कि सुमति ने मेरी ओर देखा। हँस दी। वैसी ही खड़ी रही। मैं बगलें झाँक रहा था। वह बोली, "पानी दूँ?"

मैं थूक निगल रहा था। कुछ कहने से पहले उसने पानी का गिलास मेरी ओर बढ़ाया और मैं उसकी पानीदार आँखों में...सब भूल गया मैं...शैतान मुझे संचालित कर रहा था शायद। मेरे शैतान के लिए यह सब विशेष नया नहीं था...पर सुमति के लिए?

दूसरी लाश भी लोग जलाकर चले गये। एक-एक आदमी दबे कदमों से श्मशान घाट से निकल रहा था, बस्ती की तरफ...जीने के लिए...डरे हुए...निर्वेद का बोझ लिए...पर श्मशान की सीमा पार करते ही अपने-अपने रुचि के मुद्दों में सब व्यस्त हो गये।

चिता धू-धू कर जलने लगी। उसकी लपटें लपलपाने लगीं। लपटों की पाँतें खजूर के पत्तों-सी फड़फड़ाने लगीं।

किचन में मेरा भी इकलौता हाथ फड़फड़ाने लगा था...सुमति की नजरें जमीन में धँसी थीं। जैसे ही मैं खड़ा हुआ, सुशील के खयाल में मेरा सारा अस्तित्व उलझ गया। पर अब क्या...बाढ़ निकल जाने के बाद यह सब...मात्र सोच की विभीषिका...सड़ी हुई लाशें...दुर्गन्ध...'काश, बाँध फूटने से पहले मैं कुछ कर पाता'...वाला पश्चात्ताप दबे कदमों से मेरे भीतर-बाहर पहरा दे रहा था। रात भर नींद नहीं आयी।

सुशील भी नहीं आया।

सुमति, चाय देते वक्त जरा हिचकिचायी।

मेरी चिता के अंगारे बुझ रहे थे। अंगारे अब राख की चपेट में थे।

मैं सोच रहा था, सुशील के परिवार को लौट जाना चाहिए। पर मैं कैसे कहता।

संघर्ष भीतर पनपता जा रहा था। रातें बदतर होती जातीं। मैंने अपने-आप को फुसलाने का क्रम शुरू किया—'मैंने कोई अत्याचार नहीं किया, जबरदस्ती नहीं की।'

एक दिन मैंने सुमति के लिए कान की बालियाँ ला दीं और हल्का हो लिया। बालियाँ उसके कानों में झूमने लगीं।

सुशील ने एक दिन उससे बालियों के बारे में पूछा तो कितनी सहजता से उसने कह डाला था, "घर खर्च के लिए जो देते थे, उसी से बचाकर मैंने यह खरीदा। आप तो कभी ध्यान ही नहीं देते..." और अपनी बालियों को छूकर वह इतरा रही थी। मैंने सुमति के चरित्र से अपनी तुलना करने की कोशिश की। वह कहीं अधिक चालाक और खुदगर्ज दीख रही थी।

उधर सुशील का चेहरा कसैला हो गया था। उसकी आँखों में झाईं की एक और परत चढ़ आयी थी। वह कुढ़ता जा रहा था...शराब उसे पीती जा रही थी।

पत्नी घर आयी और मुझे राहत मिली।

सुशील का परिवार वापस लौट गया। मेरी उत्तरार्ध रातें उतनी बोझिल नहीं थीं।

सुबह के चार बजे होंगे, ठंडी हवा बह रही है। मेरी राख हवा में घुल रही है। उस दिन भी सुबह के चार बजे होंगे। मुझे गहरी नींद से जगाया गया था। 'सुशील की मौत हो गयी...उसने आत्महत्या कर ली'–दरवाजे पर दस्तक थी।

लगा, मेरे प्राण उड़ गये। सुशील ने मेरा पिंजरा छीन लिया। मैं रिश्तेदारों के झुंड में दुबका बैठा रहा था।

कहते हैं, उस रात सुशील घर आया था। पीकर धुत्त। जोर-जोर से चिल्ला रहा था।

"बोल साली, किसका पाप पाल रही है...?" और पीटता जा रहा था। दो-एक नाम उसने अपनी ओर से गिनाये। कोई चारा नजर न आते देख सुमति ने उगल दिया–"मामा!"

सुशील ढोर की तरह चीखा था...

सुबह सबने देखा सुशील नहीं रहा। उसने आत्महत्या कर ली...शराब में एंड्रीन मिलाकर पी गया था वह। सुबह जब उसे पोस्टमार्टम के लिए ले जा रहे थे, तब सुमति ने सुशील की जेब में बचे पैसे भी निकाल लिए। लोग सुमति पर थू-थू कर रहे थे और मुझ पर आश्चर्य!

आश्चर्य तो मुझे भी मुझ पर हुआ। उम्र भर जिसके लिए तरसता रहा, वह एक 'अपराध' से पैदा होने की तैयारी करे...?

पता नहीं, वह पैदा हुआ भी या नहीं। आज मेरी तपती राख ठंडी हवा में घुल रही है। मुझे लगता है, वे कोमल नन्ही उँगलियाँ मुझे सहला रही हैं। मेरी राख पर वे नन्हे हाथ फिर रहे हैं। मेरी तपती उम्र को कितनी ठंडक महसूस हो रही है। वह मेरी दाढ़ी नोच रहा है। खुरदुरे चेहरे पर हाथ फेर रहा है। लाड़ में आकर मैं आँखें मूँद लेता हूँ। वह, नन्ही उँगली मेरी आँख में ठूँसता है...देखते-देखते मेरी आँखों में वे उँगलियाँ झुलसने लगती हैं। उसकी नन्ही आँखों में ज्वाला है...प्रतिशोध है, जिसकी भयानकता में मेरी आँखें पथरा जाती हैं।

एक नवजात चेहरा, एक गूँगी चीख के साथ अन्तराल में धुआँ-सा फैल जाता है।

भोर का उजाला आते ही, एक श्मशानी कुत्ता, खुजलाता हुआ मेरी ओर बढ़ता है, मुझे लगा, सुशील अब भी मेरे पीछे है। वह कुत्ता फें-फें कर रहा है, झाग निकल रही है उसके मुँह से।

मेरी आँखें चौंधिया गयीं, जैसे वे जली ही न हों। मैं आँखों से परेशान हो उठता हूँ।

कुत्ते की धँसी आँखें मेरी आँखों की तलाश में थीं। वह राख की आँच में कुनमुनाता, पर तलाश जारी रखता।

अचानक उसने कुछ अन्दाज लगाया। अपनी पिछली एक टाँग ऊपर कर दी...! मुझे लगा मेरी आँखों को एंड्रीन पिलाया जा रहा है...!

उखड़े पहिये

राबर्ट डूबते सूरज का गवाह बना दूर कहीं अपने क्षितिज के पार उतर रहा था। कोवल्लम समुद्र का विशाल तट। समुद्र के किनारे नारियल के घने पेड़ों के नीचे रखी बेंत की कुर्सियाँ और टेबल। राबर्ट आराम से सुस्ताते हुए समुद्र के बीच से ही उभर आयी चट्टानों के पीछे लुकते-छिपते सूरज का जाने कब से पीछा कर रहा था। उसकी आँखें सूरज को बटोर लेने को लालायित थीं। डूबती किरणों की झिलमिल रोशनी में वह अचानक ही उदास हो जाता। आँखें मूँद लीं उसने।

एना सामने रखी कुर्सी पर बैठ गयी। स्वीमिंग सूट में उसका बदन पानी की बूँदों से ही अपने आपको ढँक रहा था। पैर बालू से सने थे।

कुछ-कुछ हाँफ रही थी। दो घंटे समुद्र में तैरकर वह बहुत ताजा और ऊर्जापूर्ण अनुभव कर रही थी। समुद्र से बाहर निकलते ही एक काला-सा भारतीय लड़का उसके सामने खड़ा था—गाउन लेकर—शरीर ढँकने के लिए। उसे मालूम है—ये लड़के गाउन बेचते भी हैं और किराये पर भी देते हैं। परन्तु पानी से रेत पर कदम रखते ही ये लड़के आड़े आकर भीतरी समुद्र में अचानक काली चट्टान की तरह उग आते हैं। उसने उसकी ओर अनदेखा किया और चुपचाप किनारे आकर इस कुर्सी की ओर बढ़ रही थी। उसे मालूम था कई-कई आँखें, उसके इस भीगे बदन पर आँखें गड़ाये निहार रही हैं। उन सभी आँखों को देखने के लिए उसका सारा शरीर ही आँखों से लबालब हो गया है और उसकी अपनी आँखें निर्विकार-सी पूरे शरीर को एक उछाल में किनारे से कुर्सी तक ले गयी। उसे मालूम भी नहीं था कि समुद्र की ओर मुँह किये कोई बैठा है। एना अपनी ही धुन में, आत्मलीन, आत्मानुभूति, एक आत्मसम्मोहक दुनिया में इतनी खो गयी थी कि उसे किसी बात का ध्यान न था।

जब उसकी आँखें कुछ खुलने को हुईं, सम्मोहन कुछ छितराने लगा तो उसने पाया कि वह तो कब से कुर्सी पर बैठी है। खुले बदन से पानी लगभग झर चुका है। नाम मात्र के कपड़े अब गीले लगने लगे। सिर कुछ जकड़न अनुभव कर रहा था। हाथ फेरा तो...ओफ्। स्वीमिंग कैप अभी भी पहन रखी थी। प्लास्टिक की वह कैप एक झटके से निकाली और टेबल पर रखी। अब कितना अच्छा लग रहा

है। सामने निगाह पड़ी...कितनी-कितनी बातों-घटनाओं का पुलिंदा-चेहरा आँखें मूँदे सामने था। आँखें खुलने पर ज्यों कोई ज्वालामुखी उमड़ पड़ेगा.

"मैडम! बियर...?"

"नो...कॉफी।"

इस छोटे-से व्यवधान ने उसे सागर के गहरे अहसास से किनारे तक छोड़ दिया। उसने कुर्सी बदली और समुद्र की ओर की लगी कुर्सी चुनी। उठते समय सामने के चेहरे पर उड़ती निगाह डाली। राबर्ट अब भी ज्वालामुखी अपनी आँखों में दबाये बैठा लगा उसे। एक झटके के साथ वह दूसरी कुर्सी पर थी। सामने की कुर्सी की भयावहता समुद्र में झोंक कर कॉफी की चुस्कियों के साथ लहरों की परत-दर-परत में अपने आनन्द को समेटने लगी। शाम की झुरमुट में आँखों के जंगल अब उसे नहीं चुभ रहे थे। सूरज और रात के अँधेरे की गैरहाजिरी में समुद्र कितना करीबी लगता है। पानी के भीतर वह अपने आपको समुद्र में पाती और उसका यह तैरना आत्मीय सुख-आनन्द का जरिया बन जाता। अब किनारे बैठकर उसे लग रहा था, वह सारा समुद्र ही अपने भीतर समेट चुकी है। कितना लबालब आनन्द उसके भीतर हिलोरें ले रहा था। कॉफी का मग टेबल पर रखा। अपने शरीर पर अपना हाथ फिरा कर उसे बेहद रोमांच का अनुभव हो रहा था। जिज्ञासावश उसने पहले वाली कुर्सी पर नजर दौड़ायी। सामने वाली कुर्सी खाली थी।

एना वहाँ से उठी। अब चलते हुए वह अपने आपको कम कपड़ों में अनुभव कर रही थी। वह अपने काटेज की ओर बढ़ी। थोड़ी देर बाद जब वह बाहर निकली तो एकदम अलग एना बाहर आयी । तंग जीन और ढीली टी शर्ट, ऊँची एड़ी की सैंडिल, रबर ने सहेज लिया था सुघड़ बालों को और एक नपातुला सुडौल व्यक्तित्व स्वीमिंग सूट से कितना ही आकर्षक लग रहा था। उसकी चंचल और भूरी आँखें निरन्तर किसी चीज की तलाश में चमकती रहतीं। चारों ओर धुँधलका उतर चुका था। एना अकेली थी। बियर का मग उसका अकेलापन बाँट रहा था।

राबर्ट पता नहीं कब तक समुद्र किनारे बालू पर चित लेटा रहा। अचानक एक हिलोर आयी और उसके पैरों को छू गयी। अधजगी स्थिति में वह चौंका, हँसा अपने आप पर। ऐसे भी कोई चौंकता है, डरने की हद तक। पानी ही तो छू रहा था, कोई गाज तो नहीं गिरी। हाँ कोई गाज तो नहीं गिरी...फिर इतने झटके से क्यों उठ खड़ा हो गया वह। सामान्य होने के लिए फिर बैठ गया। थोड़ी देर में समुद्र फिर उस तक आ गया। रॉबर्ट को लगा समुद्र उसे ढकेल रहा है। अपने से अलग कर रहा है। वहाँ से वह उठा।

पीछे मुड़कर देखा तो समुद्र का किनारा एक शहर की तरह जगमगा रहा था। अभी जब शाम को वह एक घंटे पहले छोड़कर आया था, तब खुले आसमान के होटल सुनसान थे। पेड़ों के बीच छोटे-छोटे काटेज। पर अब तरह-तरह की रोशनी, लाल,

हरी, पीली रोशनी। जैसे-जैसे राबर्ट अपनी काटेज की ओर बढ़ रहा था, जगमगाहट तेजतर होती जा रही थी। उसके भीतर का खालीपन यह चहल-पहल भर रही थी। आज उसका यह पहला ही दिन था। इतने सारे विदेशी इस समुद्र-तट पर कहाँ से आ गये, वह हैरान था। अधिकांश लोग अकेले। स्त्री भी, पुरुष भी। कुछ जोड़े थे, वे भी अपने आप में अकेले से कम न थे। बड़ी मुश्किल से किसी जोड़े के साथ पाँच-छह साल का कोई बच्चा होता। उसे देखते ही राबर्ट ज्यों अपनी भूतकाल की अँधेरी गुफाओं को, अपने आसपास मँडराते पाता।

आगे बढ़ने से पहले उसने कुछ कम रोशनी में संगीत ताल-नदी की गुंजन सुनी। अनायास ही उसके कदम उधर मुड़ गये। उस संगीत बर्तुल को घेरे जा खड़े थे, अधिकांश विदेशी थे। कुछ भारतीय भी। ढोल-माँदर, झाँझ-मँजीरे, बाँसुरी-इकतारे की झंकारों में, सबके कदम थिरकते। कुछ देर में सब अपने-अपने ढंग से नाचने लगते। बजाने वाले थक जाते। आपस में बातें करते। फिर कोई ढोलकवाले को दस का नोट देता और ताल-ठेका नये सिरे से शुरू हो जाता।

राबर्ट ने देखा सब अपने-अपने आनन्द की तलाश में एक-दूसरे से अपरिचित होकर भी सामूहिक नृत्य में लीन थे। उसका मन नहीं लगा वहाँ भी। वहाँ से चलते हुए उसे लगा, यह छोटी-सी दुनिया कितनी स्वप्निल है। कोई दूसरा किसी के लिए बाधा नहीं है। सब अपनी-अपनी मंजिलों के मालिक। सक अजनबी, पर लक्ष्य सबके एक। होटलों की कतारों में उसने देखा लोग छोटे समूहों, एकान्त में व्यस्त हैं। इस समुद्री-जंगल में हर तरह की सुख-सुविधाएँ। सब असामान्य से सुख की तलाश में पता नहीं कहाँ-कहाँ से आये थे।

राबर्ट मूलतः आस्ट्रेलिया से था। भारत का आकर्षण बरसों से पीछा कर रहा था। कई कारणों से। पर यहाँ तो भारतीय मुश्किल से दिखाई दे रहे हैं। क्या सबको आकर्षण था, उसकी तरह। नहीं, उसने देखा, अधिकांश लोग अय्याशी के लिए वहाँ हैं। अपने-अपने देशों की तुलना में कम खर्चे पर सैर-सपाटा...शान्ति और तुलनात्मक सुरक्षा भी। लोगों की आँखों में लुटेरे कम, भाग्य की विवशता अधिक बलवती दिखाई देती। सम्पत्ति और वैभव के प्रति गरीबों का सम्मान देखकर वह विस्मित था। ईर्ष्या और ललचायी आँखें बहुत कम दिखीं उसे।

एक कोने की टेबल चुनकर वह बैठ गया। समुद्र में अब दिखाई कुछ न देता। केवल लहरों की एक सफेद लकीर और दहाड़ते हुए समुद्र का गूँजता कोलाहल। सैंडविच खाते वक्त राबर्ट ने देखा कि उसके करीब एक कुत्ता बैठा हुआ है। भूख उसकी आँखों में उतर आयी थी। राबर्ट ने एक स्लाइस उसकी ओर बढ़ाया। कुत्ते ने लपक लिया और बैठ गया वहीं। बहुत जल्दी दोनों में परिचय हो गया। राबर्ट आज ही आया था, थकान थी। वह अपनी काटेज की ओर बढ़ गया। दरवाजा बन्द करते

हुए उसने देखा कि कुत्ता तो उसके पीछे-पीछे चला आया है। अजीब-सी मुस्कान होठों पर उभरी। उसने दरवाजा बन्द कर दिया। कुतूहल से खिड़की से झाँका तो कुत्ता दरवाजे के पास ही बैठा था।

राबर्ट सो नहीं पा रहा था। इस किनारे का, सागर का आकर्षण तो उसे था। वह दरअसल इसी सब में डूबने ही तो आया था यहाँ। पर यह क्या इतना बड़ा तैराक होकर भी पानी में उतरने को जी नहीं करता। शराब तो लगभग वह छोड़ चुका है। भीतर ही कहीं रेगिस्तान फैल रहा है उसके। निरन्तर अकाल पड़ी धरती-सी उसकी भावनाएँ फट रही थीं। पेशे से इंजीनियर था वह, इसलिए हर पुर्जे की स्थिति को समझने की कला उसे आती थी। फिर भी वह समझ नहीं पाया कि मारिया उसके पाँच साल के बेटे को लेकर बेरहमी से अलग क्यों होना चाहती है। उसने तो कभी उसे उसके नौकरी-कॅरियर में दखल नहीं दिया। बहुत मन से और काफी इन्तजार के बाद उसने शादी का निर्णय लिया था। वैसे आस्ट्रेलिया जैसे देश में घर की परिभाषाएँ और शादी-ब्याह की स्थितियाँ ऐसी ही हुआ करती हैं, जैसा राबर्ट के साथ घटा। राबर्ट लगभग पैंतीस का है। जीवन की सारी रोमांटिकता और रोमांच से अघाकर निकला हुआ व्यक्ति था वह। उसने कुछ नहीं छोड़ा जैसा कि अभी बाहर-किनारे हो रहा है। लेकिन अब वह जो पाना चाहता था, वह मारिया नहीं दे पा रही थी। शायद मारिया जो पाना चाहती थी, वही उसे निरन्तर अपनी ओर खींचता रहा। अचानक धम-सी एक भरपूर आवाज हुई और कुत्ता चीखते हुए भौंक उठा। राबर्ट ने खिड़की से झाँका। नारियल के पेड़ से सूख हुआ एक भरपूर पत्ता गिरा था। कुत्ता थोड़ी देर उसे देखता रहा और जगह बदलकर गुर्राता रहा।

सातवाँ दिन था राबर्ट का यहाँ। आज सुबह जब वह समुद्र के किनारे चहलकदमी कर रहा था तो वह अकेला नहीं था। साथ था तो राजा और वह कुत्ता। राजा सात साल का रहा होगा। राबर्ट के साथ दौड़ने की स्पर्धा करता। उसके साथ राबर्ट बहुत ही सहज था। जब दोनों गीली रेत पर दौड़ते तो कुत्ता, जिसे राबर्ट ने 'टॉमी' बना दिया था, रेफरी का काम करता। राबर्ट जब थककर चूर होता तो किनारे पर ही निढाल हो जाता। राजा उसके बालों में उँगलियाँ फिराता...'चम्पी' करता। टॉमी पैर के पास बैठा दुम हिलाता। लाड़ में आकर तरह-तरह की आवाजें निकालता। राबर्ट के पैरों की उँगलियों को मुँह में रखता, पिंडलियों में दाँत गड़ाता, पर दाँत चुभने न देता।

राजा ने राबर्ट के पेट में जोरदार गुदगुदी की। राबर्ट झटके से उठ बैठा। उसका सुस्ताता बदन और शिथिल मन अचानक सिमट गया। पलभर उसने घूरकर राजा को देखा। राजा की मुस्कान और साँवले चेहरे की चमकदार आँखें राबर्ट को फिर पूर्ववत् कर गयीं। उसने हाथ बढ़ाया...दोनों उठ खड़े हुए। काटेज की ओर लौटने लगे। तभी एना अपने स्वीमिंग सूट में तैरने के लिए आती दिखाई दी। समुद्र शान्त

था। नीला पानी बहुत लुभावना लग रहा था। सागर की विशालता को छोटी-छोटी सन्तुलित लहरों की सफेद-झागदार लकीरें ज्यों सितार बजा रही हों और यह मधुर संगीत कितना आकर्षक लग रहा था। राबर्ट भी तैरना चाहता था। सामने से एना ने उसकी ओर देखा और एक परिचित मुस्कान 'हैलो' में घुलती हुई दूर सागर में बूँद बनती हुई लहरों में ओझल हो गयी!

बेंत की कुर्सियों पर बैठे राबर्ट और राजा आमलेट खा रहे थे। टॉमी भी साथ था ही। सुबह के लगभग आठ बज रहे थे। दूर किनारे राजा के माँ-बाप राजा को देख रहे थे। राजा की पीठ उनकी ओर थी। राजा के बाप ने संकेत किया और दोनों वहाँ से निकल गये। पिछले चार-पाँच दिनों से राजा की मुलाकात नहीं है उनकी। पहले दिन जब राबर्ट से राजा की मुलाकात हुई थी, तब राजा शाम को सागर किनारे मूँगफली बेच रहा था। दोनों को नहीं मालूम बिना भाषा के उनका परिचय इतनी जल्दी कैसे बढ़ गया। राजा की मजबूर आँखों में अब चमक देखकर और मुस्कान में अपने को झाँकते हुए राबर्ट ने प्यार से उसकी पीठ पर एक थपकी दी। दोनों के बीच शब्दों से कोई बात नहीं, पर दोनों आपस में खूब 'बतियाते' हैं। राबर्ट के साथ राजा को खाते देखकर उसके माँ-बाप सन्तुष्ट लगे। बच्चे की खाने की चिन्ता कम हुई।

राजा अब मूँगफली बेचना छोड़कर गाउन बेचता है। समुद्र किनारे ऐसे कितने ही लड़के गाउन लेकर घूमते हैं। समुद्र से तैरकर निकलते हुए...लगभग एक किलोमीटर की बालू को लाँघकर किनारे अपने काटेज तक पहुँचना होता है। नाममात्र कपड़ों में ही सब बाहर आते हैं। बाहर आते ही कपड़ों का आकर्षण, कुछ शौक, कुछ अच्छे डिजाइन के कारण गाउन बिक जाते हैं। फैशन के रूप में भी कई खरीद लेते। राजा को गाउन बेचेने के लिए राबर्ट ने ही उत्साहित किया था, पैसे भी दिये थे। पर अभी तक वह एक भी गाउन नहीं बेच पाया था। वैसे यह उसका तीसरा ही दिन था। गाउन को उलट-पुलट कर बेचने में माहिर लोगों के बीच राजा बहुत छोटा और अनुभवहीन था।

कुछ-कुछ निर्जन स्थान पर ही खड़ा था। दूर से एक तैराक को अपनी ओर बढ़ता हुआ देखकर राजा खुश हुआ। करीब आने का इन्तजार करने लगा। कुल जमा चार गाउन में से चुनाव करने लगा। किस गाउन को 'बोहनी' के लिए आगे रखे। अन्ततः एक गाउन छाँटकर, जब सामने नजर उठायी तो एक छह फुट की युवती सागर से उठ कर उसकी ओर आती दिखाई दी। नाममात्र के कपड़े भी शर्म से पानी-पानी होकर उसके शरीर से चिपककर एकाकार हो चुके थे। पर युवती निस्संकोच उसकी ओर बढ़ रही थी। पास आकर वह सात वर्ष के बच्चे के सामने मुस्कराते हुए गाउन देख रही थी। राजा उसके शरीर का यह रूप देखकर पानी की बूँदों के साथ नीचे गिर रहा था। अचानक उसके मुँह से निकला 'गाउन वन एटी।'

युवती गाउन उलट-पुलट कर देखने लगी। राजा को उसके सामने खड़ा रहना अत्यन्त चुनौतीपूर्ण और रोमांचक लग रहा था। कभी वह अपने काले-साँवले हाथों को देखता कभी पैर से युवती की आँखों के भावों तक गाउन बिकने की सम्भावना खोजते, इतने गोरे और 'विशाल' शरीर के सामने अपने को छोटा पाता। बात बनते देखकर उसने हकलाते हुए फिर कहा, 'वन एटी'। अपनी देह पर डालकर, निगाह फेरते हुए दूसरे गाउन को बिना देखे युवती ने कहा, 'ब्यूटीफुल'! 'नो नो...'वन एटी', राजा ने कहा।

भीतर की हँसी को जोरदार ढंग से दबाते हुए राजा की भोली आँखों में चमक देखकर खुश होते हुए उसने कहा, "ओके...कम विद मी...।"

यह भी अंग्रेजी बात राजा की समझ में नहीं आयी पर मालूम तो हो गया, गाउन बिक गया है।

अपने आपको गाउन में आगे-पीछे निहारती हुई वह आत्ममग्न हो काटेज की ओर जा रही थी।

राबर्ट ने अधखुली पुस्तक टेबल पर औंधी रख दी। वह 'दि ओल्ड मेन एंड दि सी' पढ़ रहा था। समुद्र की ओर यूँ ही नजर दौड़ायी तो देखा एना गाउन में है। राजा पीछे-पीछे चल रहा है...

अजीब-सी हँसी राबर्ट के चेहरे पर तैर गयी। सागर की शून्यता में उसकी आँखें खो गयीं। पता नहीं बेयरा कब से खड़ा था। ध्यान टूटते ही उसे कॉफी की आर्डर दी।

कॉफी की पहली ही घूँट लेते हुए उसने देखा, राजा पूरी तेजी के साथ बालू में पैर गड़ाते हुए भागते-दौड़ते उसकी ओर आ रहा है...बुरी तरह हाँफ रहा है। उसके एक हाथ में पैसे हैं और दूसरे हाथ में तीन गाउन। उसकी आँखों की चमक बढ़ गयी है और वह अपने उत्साह को कैसे बताये राबर्ट को। वह उसके पैरों पर झुक गया। राबर्ट ने ओ...ओ...कहते हुए जब उठाया तो राजा की आँखें डबडबा आयी थीं, गला भर आया था, मुस्काते होंठों से उसने मलयालम में कहा, "इतना तो मुझे महीना भर काम करने पर मूँगफली से नहीं मिलते थे। एक सौ अस्सी की जगह दो सौ दिये...। कितना फायदा...?"

राबर्ट राजा की खुशी को निहारता रहा। दुनिया जीतने के भाव थे उसके चेहरे पर। जो कुछ मलयालम में कहा राजा ने, राबर्ट सब समझ गया। उसने राजा को सीने से लगा लिया। राजा के लिए सेंडविच की आर्डर दी। राजा कह रहा था, "मेरी माँ, मेरे पिता कितने खुश होंगे...इतना फायदा देखकर, गाउन की मूल रकम सौ रुपये का नोट उसने बढ़ा दिया राबर्ट की ओर। राबर्ट का मन भर आया। उसने मना करते हुए राजा को चूम लिया और दोनों सौ के नोट उसकी जेब में डाल दिये... राजा की बेचैनी, छटपटाहट, कुछ पाने की सन्तुष्टि और आँखों में कई-कई सपनों को देखकर

राबर्ट सोचने लगा, 'बच्चे की खुशी, कितनी शान्ति, सुकून, सन्तोष का निमित्त होती है।' उसके लाखों रुपये में जो सुकून नहीं दिखा वह आज दो सौ में वह साक्षात राजा में पा रहा था! वह फिर शून्य में खो गया...उसने किसी तरह अपने आपको वर्तमान में लाकर कहा, "लेट अस सेलिब्रेट टुडेज इवनिंग..."

राजा समझ गया हाथों के इशारों से शाम को खाने वाली बात। उसने गर्दन हिलायी। राजा राबर्ट की आँखों में कुछ खोज रहा था। राबर्ट सोच रहा था इतना कम समय और यह विश्वास—कैसे जमीन पकड़ लेता है।

आज राजा और राबर्ट त्रिवेन्द्रम गये। राबर्ट ने कुछ खरीदारी की। राजा के लिए भी। राजा चकित था। राबर्ट के अहसानों से उसकी आँखें कृतज्ञ थीं। राजा के लिए कुछ कपड़े भी लिए। बाहर खाना खाया। पता नहीं राजा भी लौटते समय कैसे सीधे काटेज में ही आ गया राबर्ट के साथ। भीतर आने पर राजा ने कुछ अटपटा-सा अनुभव किया। पर राबर्ट के स्नेह ने उसका संकोच दूर किया। थक गया था—राजा। चटाई पर बैठा था। वहीं उसे नींद आ गयी। राबर्ट पलँग पर लेटा-लेटा कहीं खोया हुआ था। राजा की ओर नजर गयी। वह सो रहा था। राबर्ट अपने भीतर के विवादों, तर्कों, सवाल-जवाब में उलझा रहा...कोई छोर न मिलता। पता नहीं उसे भी कब नींद आ गयी।

अचानक घबराकर राजा राबर्ट के पास गया। उसे हिला-हिलाकर जगा रहा था। राबर्ट अजीब-सी आवाज निकाल रहा था नींद में। काँप रहा था वह। उसकी धड़कनें बहुत तेज हो गयी थीं और हाथ ऊपर उठाकर वह पता नहीं क्या बड़बड़ा रहा था। राजा के जोरदार झकझोरने पर वह जागा। पसीने से लथपथ था और काँप रहा था। कुछ ही क्षणों में वह सामान्य हो गया। राजा को देखकर घबराया हुआ राबर्ट 'ओ माय गॉड' कहता हुआ फिर लेट गया।

इस भयंकर सपने का छोर ढूँढ़ रहा था राबर्ट। गहरे समन्दर में तैरते हुए दूर तक चला गया है—वह। उसका अपना बेटा भी साथ है। अचानक तेज लहरों में वह उसके हाथ से छिटक गया है। लहरों की उफान पर हिचकोले ले रहा है...मारिया? मारिया भी नहीं है आसपास। उसके हाथों को क्या हो गया। ज्यों लोहे के हो गये वे, उठाये नहीं उठते। केवल ऊपर उठे हैं। मुड़ते ही नहीं। भावावेश में वह अपने संवेदनहीन, मुर्दा हाथों को ऊपर उठाए हुए ही बच्चे को बचाने के लिए दौड़ पड़ा। वह पानी में धँसता जा रहा है। हाथ मुर्दा पड़े हैं और बच्चा दिखाई नहीं पड़ रहा... बस बेबसी की डरावनी चीख और रुदनपूर्ण विलाप सपने को भयाक्रान्त कर गये। इधर यह भयंकर भुतहा स्वर राजा को डराकर जगा गया था।

थोड़ी देर बाद राजा ने गाउन उठा लिए और बाहर जाने की इजाजत चाही। शाम के पाँच बजने वाले थे। टूरिस्ट समुद्र तट पर आने लगे होंगे। एक और बिक

जाए तो दो-तीन खरीदे जा सकेंगे। यही सोच रहा था राजा। पर राबर्ट ने उसे रुकने का इशारा किया। बाद में 'दि ओल्ड मन एंड दि सी' को लेकर राजा के साथ राबर्ट बाहर आ गया।

राजा अपने काम में लग गया और राबर्ट स्लिपर हाथों में लेकर गीली रेत पर नंगे पैर चलता रहा। कुछ देर बाद बालू पर स्लिपर डालकर बैठ गया और पुस्तक में खोने की कोशिश करने लगा। परन्तु किनारे की चहल-पहल और समुद्र की बेचैनी ने उसे अपनी ओर खींच लिया। भीतरी उफान भी उसका कम नहीं था। भरपूर लहरों को काटते हुए छोटी-छोटी नावों को निहारते हुए वह समुद्र की अतल गहराइयों में खो जाता।

शाम राबर्ट को बहुत लुभाती। वह कभी-कभी इन्तजार ही करता था शाम का। आज जब सूरज डूब रहा था, वह फिर गीली रेत पर चहलकदमी करता हुआ शाम को अपने भीतर उतार रहा था। लौटते हुए उसने देखा कि राजा एक पुरुष तैराक को गाउन दिखा रहा है। कुछ बातचीत दिखाई दी और पुरुष तैराक बिना कुछ खरीदे किनारे की ओर चल पड़ा।

इतने में एना पानी से बाहर निकली। राबर्ट की ओर उसका ध्यान था। राबर्ट से उसका कोई परिचय नहीं है। परन्तु, यहाँ आकर उसने राबर्ट में एक गुमसुम आदमी पाया। बिना बातचीत के ही उसके बारे में कुछ अपने विचार बना लिए। उसे उसके बारे में सोचना अच्छा भी लगता। अचानक फिर राजा उसे दिखाई दिया। वह स्वयं राजा की ओर बढ़ी। स्नेह से उसे देखा। एक हल्की-सी चपत उसके गाल पर रखी। राजा को मालूम था—कल ही गाउन खरीदा है। आज दिखाने का कोई फायदा नहीं। पर स्वयं ही एना ने एक गाउन ले लिया। आज राजा के मन में कल वाला उत्साह और रोमांच नहीं था। सिर्फ एक और गाउन बिकने की खुशी थी। कोई और ग्राहक यदि होता तो शायद उसकी खुशी पूर्ववत होती। खैर, वह एना के पीछे-पीछे चल दिया, कल की तरह। एना राबर्ट को पढ़ रही थी, जो कुछ ही दूरी के फासले पर शाम में डूबने की कोशिश कर रहा था। एना राबर्ट के साथ इस नन्हे राजा को कुछ दिनों से देखती रही थी।

रात पूर्ववत चमकदार, गहमागहमी और संगीतमय हो उठी थी। आज राबर्ट राजा के साथ उस संगीत-घेरे में आया था। राजा ने नये कपड़े पहन रखे थे। आज वह भी उत्सवनुमा मस्ती का हिस्सा था। अन्यथा मूँगफली की टोकरी गले में लटकाकर वह ग्राहकों की तलाश ही करता रहता।

आज वह अपने साथियों को खोज रहा था, पर कोई नजर नहीं आ रहा था। नये कपड़ों में, पुराने परिचितों के बीच उसे कुछ और ही लगता।

ढोलक की थाप पर सब अपनी तरह नाच रहे थे। अचानक राबर्ट का हाथ

खींचकर नाचने के लिए एना ने अनुरोध किया। राबर्ट को कुछ नहीं सूझा। वह पलभर के लिए थिरकता रहा। पर जल्दी ही मालूम हो गया कि वह नहीं नाच सकता। फिर एना किसी और के साथ नाचने लगी। कुछ देर तो राबर्ट तालियाँ बजाता रहा। परन्तु जल्दी ही वह वहाँ से खिसक लिया। एना उसे ढूँढ़ती रह गयी।

दूर-दूर से आनेवाले सैलानियों के समूह जल्दी ही आपस में परिचित-मित्र बन जाते हैं। किराये के ये काटेज, होटलवाले, भारतीय पर्यटक किसी गाँव-कस्बे की तरह एक-दूसरे में घुल-मिल जाते हैं। एना का एक समूह बन गया था—आठ-दस दिन में। पर अधिकांश लोग अपने में मग्न होते। मोटी-मोटी किताबों में बन्द होते।

एना आज अकेली नहीं थी। पता नहीं क्यों वह उतनी सहज नहीं लग रही थी। सबकी तरह उसने भी बीयर पी। काफी देर तक अँधेरे में सागर की सफेद लहरों में कुछ ढूँढ़ती रही। अधिकांश लोग लगभग मौन ही होते। कभी कोई, कुछ बोलता तो सन्दर्भों तक सब कुछ सिमट जाता। निर्विकार-सी बोझिल आँखों से एना यूँ ही राबर्ट को खोजने लगी। दूर-दूर तक वह दिखाई नहीं दिया, फिर वह अपने टेबल पर केन्द्रित हो गयी। आज थकान से भी मुक्त थी वह। ...वह लड़का राजा भी नजर नहीं आ रहा था उसे। अपनी भीतरी ऊहापोह में वह कब उतर गयी, उसे भी मालूम नहीं हुआ। जब उसने घड़ी देखी तो अधिकांश साथी उठने की तैयारी में लगे। उसने भी अपना आखिरी गिलास खाली किया और उठने को तैयार थी।

बोझिल कदमों से वह कुछ सोचते हुए अपने काटेज की ओर जाने लगी। कुत्ते की पूँछ पटकने की आवाज से, उसका ध्यान अचानक इस काटेज की ओर गया। यह तो राबर्ट का कमरा है। पता नहीं क्या सोचकर वह दरवाजे पर ठिठक गयी। भीतर से आवाज आ रही थी—'ए'...राबर्ट की आवाज थी। और एक कोमल आवाज दुहरा रही थी—ए...बी...सी। राजा था वह।

डूबते प्रतिबिम्ब

आज रत्नागिरि से लौटते हुए मुझे लगा कि मैंने कोई नयापन पा लिया हो। जीवन में यह अचानक परिवर्तन क्यों हो गया...आज अनायास ही सत्येन्द्र ही क्यों व्याप्त हैं मेरे समूचे अस्तित्व में। सत्येन्द्र तो वही हैं, जिन्हें सात साल पहले मैंने अपने आपको सौंप दिया था। कई बार लगता रहा कि सत्येन्द्र पर मैंने दया की, उनके दो अबोध बच्चों की छिनी ममता लौटा दी...अब जब बच्चे बड़े हो रहे थे और सत्येन्द्र सँवर गये थे, तब मुझे अपने आप पर दया आ रही थी...मुझे क्या अधिकार था अपने जीवन को शोक के गर्त में धकेल देने का! फिर त्याग के दर्प से मेरा चेहरा मुझे सहारा दे देता। स्वर्गीय दीदी की आत्मा की सन्तुष्टि और एक ढहते परिवार को सँवार लेने का आत्मीय सुख मुझे समय की रेत पर दौड़ाता रहा। जब मैं इन सब भावनाओं से थक जाती तब मेरा तन-मन मुझे ताने मारता। पर आज उस सात साल का अन्तराल ज्यों कटकर अलग हो गया है और मैं सत्येन्द्र के उतने ही करीब अनुभव कर रही हूँ, जितने करीब मुझे बहुत पहले हो जाना चाहिए था।

मारुति वैन में पीछे बैठे प्रतीक और पूर्वा दूर ओझल होती पहाड़ियों को अपनी किशोर आँखों में समेट रहे थे। मैं बार-बार सत्येन्द्र की ओर देखती और अचानक मेरी आँखें झुक जातीं। सत्येन्द्र मेरी इन भाव-मुद्राओं को खूब समझ रहे थे। एक हल्की-सी मुस्कान और कनखियों से उनका मेरी ओर देखना मुझे भला लगता। तभी एक भरपूर ट्रक अपनी पूरी गति से पूरी सड़क को हथिया कर रौंदता हुआ सीधे आगे बढ़ता दिखाई देता। सत्येन्द्र सतर्क हो ब्रेक लगाते और गाड़ी धीमी होकर सड़क के कुछ किनारे हो जाती। ट्रक घर्राता हुआ आगे बढ़ जाता उसी गति से और सत्येन्द्र बुदबुदाते हुए फिर बीच सड़क पर सामान्य होने की कोशिश करते। मुझे लगता मेरे भीतर भी ऐसा ही एक ट्रक हर मोड़ पर तेज गति से अचानक मेरी छोटी-सी जिन्दगी को किनारे कर देता है।

आज जब समन्दर किनारे मेरी निश्चेष्ट देह पर केकड़े चढ़ रहे थे और सत्येन्द्र ने उन्हें उठा फेंका, तब से मेरे भीतर ट्रक की तरह तेज गति से भागते केकड़े गायब हो गये थे। सत्येन्द्र की बाँहों में अचानक समा जाने से जो गन्ध मुझमें बस गयी वह रह-रह कर मेरी देह में खिल उठती है। हम दोनों मौन हैं पर शब्दों से अधिक

सम्भाषण है। मैं तो अब अपनी उम्र के तीस से आगे निकल गयी हूँ, पर उम्र की दहलीज पर किशोर वय को प्राप्त करने से सुरमई सुर्खाब ज्यों मुझे मनचाहे मानसरोवर की ओर उड़ा ले जा रहे थे। मेरी अधमुँदी आँखें अनुभव कर रही थीं कि इस कार में बैठा प्रत्येक सदस्य परिवार है और यह अलग-अलग न होकर एकाकार हो चुका है। मेरी अधजगी स्थिति का खूब आनन्द उठा रहे थे सत्येन्द्र।

घर लौटने के बाद सब अपने-अपने में व्यस्त हो गये। प्रतीक और पूर्वा अपने-अपने दोस्तों में खो गये—रत्नागिरि के अनुभव उनका मुख्य विषय होगा। सत्येन्द्र ने दूसरे दिन भी छुट्टी बढ़ा ली। सम्भवतः घर के लिए अकारण पहली बार छुट्टी ली उन्होंने। अकारण कहना भी अजीब होगा—पर व्यावहारिक दृष्टि से अकारण ही थी छुट्टी। पूर्वा भागती हुई जब दरवाजा धड़ाम से धकेलकर भीतर आयी तो मेरा मन धक्-सा ठहर गया। सत्येन्द्र को और मुझे पास-पास बैठा देखकर वह ठिठक गयी। दरअसल बच्चों ने हमें इतना करीब और सहज बैठा कभी नहीं देखा था। अजीब से हमारे रिश्ते थे, उन्होंने हमें निभाते हुए और कटा-कटा ही देखा था। यह सुखद आश्चर्य था—नन्ही पूर्वा के लिए। उसने मुझे भींच लिया। सत्येन्द्र को पुलकित होना ही था।

पूर्वा किचन में गयी। कुछ मुँह में डाला और गटागट पानी गले से नीचे उतारा। तूफान की तरह भागी कमरे से बाहर। हम दोनों फिर अकेले रह गये। पर अब अकेले-अकेले नहीं थे हम। सत्येन्द्र हौले से उठे और सिटकनी लगा ली।

पर बाद में मुझे लगता कि मैं, केवल मैं ही नहीं हूँ—सत्येन्द्र के लिए। दीदी ने सत्येन्द्र का पोर-पोर जीत लिया। सत्येन्द्र केवल दीदी के सामने समर्पित थे। अब दीदी के बाद सत्येन्द्र ने मुझे दो हिस्सों में बाँट दिया दीदी और मुझमें। कम-से-कम मुझे ऐसा ही लगता। एक शरीर और एक मन के बावजूद ऐसा लगता कि मैं अलग-अलग शरीरों और मनों में विभाजित हूँ। पता नहीं सत्येन्द्र किस तरह पाते हैं इसको। पर मुझे लगता कि मैं अभी केवल दीदी हूँ सत्येन्द्र के लिए। बच्चों के लिए तो थी ही। पर विशिष्ट क्षणों को छोड़कर मैं उनके लिए केवल ऋतु ही रही, उनका वात्सल्य मुझे मिलता पर अब मुझे उनसे वात्सल्य की आवश्यकता न थी। मैं दीदी में तब्दील हो जाना चाहती थी-पूरी समा जाना चाहती थी—सत्येन्द्र के जीवन में। पर मैंने पाया कि सत्येन्द्र के जीवन में, उनके भूतकाल में दीदी की जो जगह है, वह मैं अब भी नहीं हो सकती। किसी खलनायिका-सी मेरी खीज दीदी की जगह हथियाने के लिए बेचैन हो जाती। ऐसा भी नहीं कि सत्येन्द्र ने कभी इसका अहसास कराया हो। पर अब मेरे भीतर की स्त्री पूरी तरह अपना अधिकार सत्येन्द्र पर हासिल करने के लिए उतावली थी। सम्भवतः पत्नी शब्द इसी तरह व्याकुलता को जीता होगा। मेरी निरपेक्षता समाप्त हो गयी थी। फिर अपने आप पर मुझे दया आती। कितनी

खुदगर्ज होती जा रही हूँ मैं।

लेकिन मैंने पाया कि मुझमें काफी परिवर्तन होता जा रहा है। सत्येन्द्र में मेरी रुचि बढ़ती जा रही है। मेरी इच्छा होती कि मैं उनके साथ बार-बार बाहर जाऊँ। जितना सम्भव होता सत्येन्द्र मेरी इच्छा पूरी करते।

मैंने सत्येन्द्र में परिवर्तन देखा। अब वे कपड़ों के बारे में पहले से अधिक सतर्क लगते। अब कपड़े मेरी पसन्द से खरीदते। जूतों पर रोज पॉलिश होती। कपड़ों पर क्रीज, बालों पर खिजाब भी अनायास चढ़ने लगा। शेविंग का समय बढ़ गया। उनकी चाल-ढाल में फुर्ती आने लगती। सात साल बाद उनमें आयी यह उमंग मुझमें सहज ही खुशी बिखेर जाती। पर बावरी मैं अनुभव करती कि सत्येन्द्र की बाँहों में जो स्नेह मिलता है, वह गमले सींचने जैसा है केवल। मेरा भीतरी पौधा अपनी जमीन से कट कर गगनचुम्बी इमारत में गमले में सजा दिया गया।

उस दिन की समन्दर किनारे की वह कुँआरी गन्ध मेरा पीछा न छोड़ती। या तो दीदी की अनुपस्थिति उपस्थिति मुझे अपना अस्तित्व बौना करती रहती। अब शरीर से मैं सत्येन्द्र समेत सभी के लिए दीदी हो गयी थी। लेकिन मन से केवल-केवल ऋतु ही रही। मैं परेशान थी कि ऋतुओं की तरह समय के साथ मेरे भीतर इतने बदलाव एक साथ क्यों आ जाते हैं। मानसिक लड़खड़ाहट तो नहीं है मेरे भीतर। अब मैं अपने संवेगों और भीतरी उतार-चढ़ावों को खूब जानने लगी थी। इसलिए डर भी लगता। कितना भयंकर तूफान था मेरे भीतर और शान्त भाव से दीदी के रूप में सत्येन्द्र के सामने होती। बच्चों के लिए मौसी नहीं बल्कि हर अर्थ से माँ-सी ही थी। इतना सब होते हुए मैं सिहर जाती आईने के सामने।

मुझे बराबर लगता कि मैं अब अकेले ही अपने लिए आगे बढ़ने के लिए तैयार हूँ। अब अपने लिए दूसरों से मेरी अपेक्षाएँ पनपने लगीं। पहले तो सिर्फ इतना ही सोचती कि क्या दे सकती हूँ मैं—सत्येन्द्र को, पूर्वा को...प्रतीक को। अब सत्येन्द्र पहले से अधिक ध्यान रखते मेरा। इधर मेरी उनसे अपेक्षाएँ बढ़ती रहीं।

कभी-कभी निरपेक्ष होकर सोचती कि मैं कितनी स्वकेन्द्रित होती जा रही हूँ। पर ऐसा लगता, मुझे स्वाभाविक ही लगता। अनुचित न लगता। अर्थात् खुली आँखों से मैं अपनी आवश्यकताओं के लिए सतर्क होती जा रही थी। परन्तु मैं चकित थी। इसीलिए, न मैं गाँठ खोल सकी और न ही सत्येन्द्र की उलझन सुलझा सकी।

सत्येन्द्र ने अपनी तमाम उलझनें नौकरी में झोंक दी थीं। वे निरन्तर आगे बढ़ते गये और पदोन्नति की गिरफ्त में उन्हें अपने समय के लिए मोहताज हो जाना पड़ता। सम्भवतः उन्हें अपनी कोई उलझन न लगती। परन्तु मेरा खयाल वे भूल गये हों ऐसा भी नहीं।

एक दिन ब्रीफकेस से एक फॉर्म थमाते बोले, "ये लो ऋतु! आज ही भरकर मुझे

दे दो।"

"तुमने ही कहा था न एक दिन कि तुम नौकरी करना पसन्द करोगी। मुझे भी लगा, तुम्हारे लिए अब यह आवश्यक भी है। वैसे मेरी तनख्वाह काफी है, लेकिन अब समय आ गया है कि तुम अपने ढंग से अपने समय का उपयोग करो। पूर्वा और प्रतीक भी बड़े हो चले हैं।"

मुझे लगा सत्येन्द्र व्यहारिक भी हैं और भावुक भी एक साथ। मैंने फॉर्म ले लिया, भर दिया। इस साल पहले सँजोये सपने फिर से पाने की लालसा अनायास ही भीतर पनपने लगी। सत्येन्द्र के लिए स्नेह उफनने लगा। पर अन्तरंग क्षणों में भी लगता कि अब भी मेरे भीतर की गाँठें, नसों में प्रवाहित केकड़े, मन में रची-बसी गन्ध, मेरे और सत्येन्द्र के बीच बराबर बनी हुई है। पहले मेरा समर्पण बोझिल कदमों से ऊँची-ऊँची सीढ़ियाँ चढ़ता थक-सा जाता। फिर सत्येन्द्र बेबस से उतावले होते हुए मुझ पर दोहरे हो जाते और जब मुझे ऐसा लगता कि मैं सिर्फ ऋतु हूँ तो सत्येन्द्र का वात्सल्य मुझे भीतर तक डसता रहता। मुझे लगता कि मैं ऐसी मछली हूँ जो जाल समेत समन्दर में हूँ। जब अपनी मर्जी से तैरना चाहती हूँ तो जाल अचानक समन्दर से बाहर निकाल देता है मुझे।

मैं अजीब-से अन्तर्द्वन्द्व की गिरफ्त में होती। सत्येन्द्र मेरी इस गहराई को कितना जानते हैं, पता नहीं। पर मुझे लगता है, वे मेरी भीतरी कशमकश को नहीं महसूस कर सकेंगे। वैसे उनकी ओर से कोई बेरुखी नहीं। वे आज भी अपनी नौकरी की कठिनाइयाँ मुझे सुनाते हैं। जहाँ सम्भव है मैं टिप्पणियाँ करती हूँ। उनकी आँखों की चमक से लगता है, उन्हें मेरी सलाह उपयोगी लगती है।

मुझे अब भी अच्छी तरह याद है, जब मैं पीएच.डी के लिए युनिवर्सिटी जाती थी। बगल में पुस्तकें रखने की मेरी खास स्टाइल कइयों को अच्छी लगती। मुझे भी। दीदी ने टोका था, ऋतु कितनी अच्छी लगती हो तुम, पुस्तकें। बस अब थोड़ा-सा परिवर्तन चाहिए। पुस्तकों की जगह एक नन्हा...निश्छल हँसी मेरा लगातार पीछा करती रही है। दीदी के बाद उनके दोनों बच्चों को मैंने उन्हीं किताबों की तरह सँजो कर रखा है।

शाम को जब सत्येन्द्र आये उनके चेहरे पर एक अलग चमक थी। बधाई... बधाई कहते हुए वे ब्रीफकेस खोलने की जल्दी में लगे। नियुक्ति मुझे थमाते हुए वे मेरी समूची भावनाएँ एक नजर में पढ़ जाना चाहते थे। मेरा इंटरव्यू अच्छा हुआ था। मेरी शैक्षिक योग्यताएँ काफी अच्छी थीं। साथ ही, उस एजुकेशन सोसायटी से सत्येन्द्र के बैंक के गहरे ताल्लुकात थे। मेरी नियुक्ति पहले से ही तय लगती थी सत्येन्द्र को। इसलिए वे मेरी जिज्ञासा, खुशी और उतावलापन निरपेक्ष होकर पढ़ रहे थे। परन्तु मेरे लिए तो नव-जीवन था, बरसों की मुराद थी और सच कहूँ मैं लेक्चरर की हैसियत से ही अपने अस्तित्व को समर्पित करना चाहती थी। शादी मेरे जीवन

के लिए तब भी जरूरी बात नहीं थी।

मैं तो बहुत खुश थी भीतर-ही-भीतर। सत्येन्द्र कभी खुश लगते, कभी रहस्यमय।

आज मुझे नींद नहीं आ रही थी। करवटें बदलती रही। फिर पता नहीं कब मैं बत्ती जलाकर अपना नियुक्ति पत्र पढ़ने लगी अकेले ही रात के दो बजे। रसायनशास्त्र की लेक्चरर मन-ही-मन मुस्कायी और अचानक निगाह सत्येन्द्र पर पड़ी। वे भी जाग रहे थे। जागना ज्यों मेरी चोरी हो और वे पकड़े गये हों, वे कुछ असमंजस में पड़ गये। मैं उनके करीब आ गयी।

थोड़ी देर के बाद उनकी आवाज ने पूरी खामोशी को झकझोर दिया, "ऋतु मैं चाह रहा था कि अपनी बात भी तुम्हें बताऊँ, परन्तु तुम्हारी खुशी और उत्साह देखकर हिम्मत नहीं कर पाया। कुछ दिनों के लिए मुझे मुम्बई से बाहर रहना होगा। पर मुझे चिन्ता नहीं है। बच्चे बड़े हो रहे हैं और तुम भी अच्छी नौकरी से जुड़ रही हो..."

सत्येन्द्र कब तक बोलते रहे मुझे नहीं मालूम। पर मैं सोचती रही, जब मैं सत्येन्द्र को पूरी तरह समझने और पा लेने की स्थिति में आ रही हूँ। अपने अस्तित्व को फिर खड़ा करने के लिए कॉलेज जानेवाली हूँ, तभी यह तबादला...मेरे मुँह से निकल पड़ा, "क्या ये दोनों आदेश एक साथ निकले हैं?"

शायद मेरी आवाज में तल्खी थी परन्तु सत्येन्द्र उतनी ही संयत आवाज में बोले, "मेरा तबादला पन्द्रह दिन पहले ही हो गया था, पर मैंने सोचा तुम्हारे ऑर्डर के बाद ही तुम्हें इसकी जानकारी दूँ।" मैं चुप थी।

सत्येन्द्र मेरी प्रतिक्रिया की प्रतीक्षा कर रहे थे। हम दोनों सम्भवतः अपने-अपने बारे में सोच रहे थे। कम-से-कम मैं तो अपने बारे में सोच रही थी कि ऐसा क्यों होता है कि जब भी मेरी गाड़ी थोड़ी स्पीड पकड़ती है—एक भरपूर ट्रक सामने से पूरी सड़क को रौंदता हुआ मेरी छोटी-सी गाड़ी को सड़क के किनारे उतार देता है।

मैं अधजगी अवस्था में उठी। गिलास भर पानी पिया। पूर्वा और प्रतीक के पैर चादरों से ठीक ढंग से ढँक दिये और अपने बिस्तर पर आने से पहले सत्येन्द्र की चादर ठीक की। वे इस बार सचमुच सो रहे थे। मैंने उनके शान्त चेहरे पर एक नजर घुमायी और अनायास ही सोचने लगी कि तबादलेवाली बात मुझे सुनाकर सत्येन्द्र ने सोने से पहले किसे सोचा होगा—मुझे या दीदी को...मेरे सिर में कभी यह विचार घूमता, कभी कल पहले दिन कक्षा में अपनी प्रवेश-गाथा मुझे बार-बार अपनी रिहर्सल करवाती...सत्येन्द्र और बच्चे सो रहे थे।

छड़ी

वह फिर दिखाई दिया। उसके काँधे पर छड़ियों का एक बड़ा गट्ठा था। वह झुका-सा लग रहा था, घर जाने का उसका समय अभी हुआ नहीं है। हालाँकि अब आठ बजने वाले थे—रात के। कुछ बूँदाबाँदी होने वाली थी। सैलानी कुछ खरीदारी तो कर रहे थे, पर संख्या बहुत कम थी। क्यों न कम हो, अब मौसम जो खत्म हो चला था। जो धुआँधार बारिश देखना चाहते थे, वे लोग ही महाबलेश्वर आये हुए थे। अनय ने जब उसे तीसरी या चौथी बार देखा तो ठिठक गया। वह भी अनय को अजीब निगाहों से ताक रहा था। अनय को बेटी ने गुड़ियों की दुकान में खींच लिया।

अनय का मन दुकान में नहीं लग रहा था। वह बार-बार मुड़कर बाहर झाँकना चाहता और बेटी सिमरन मुड़कर कोई गुड़िया उठाकर पापा की ओर देखती।

"पापा, मुझे ये गुड़िया चाहिए...।"

"बेटे, मम्मी से कहकर ले ले...।"

"पापा कैसी है गुड़िया?"

"अच्छी है बेटे, तुझे पसन्द है...ले ले.."

मम्मी जूट की एक बैग पसन्द करने में लगी थी। वह सिमरन की गुड़िया पर ध्यान नहीं दे पायी। सिमरन का भाई बारह साल का है। बहन की पसन्द पर उसकी मुहर लग गयी और सिमरन अपनी गुड़िया के साथ फुदकने लगी।

अनय दुकान में बेमन से खड़ा था। इधर-उधर किसी को तलाशता। परन्तु वह दुकान के भीतर क्यों मिलता? उसे याद आया कि 'सनसेट प्वाइंट' पर वह अधेड़ आदमी बुढ़ापे की ओर झुक गया था। वह अपनी छड़ियाँ बेचना चाहता था। शायद आज एक भी छड़ी नहीं बिकी।

"बाबूजी, ले लीजिए, बहुत बढ़िया है और एकदम किफायती..."

"मुझे नहीं चाहिए...।" अनय आगे बढ़ गया। परन्तु वह पीछा करता रहा, "साहब, केवल एक सौ बीस में...इतनी सस्ती और मजबूत छड़ी आपको कहीं नहीं मिलेगी।"

अनय आगे बढ़ने लगा तो वह पीछे-पीछे चलने लगा, "साहब दस रुपये कम दे देना...।"

कुछ दूर तो वह पीछे-पीछे चला, पर जब उसे लगा कि ये साहब छड़ी नहीं खरीदेंगे तो पता नहीं कब वह नये ग्राहक की तलाश में पीछे मुड़ गया।

अनय ने पीछे मुड़कर देखा, पर वह भीड़ में कहीं खो गया था।

'सनसेट प्वाइंट' पर भीड़ बढ़ रही थी। युवा सैलानी आगे बढ़ने की होड़ में। जुलाई में 'सनसेट प्वाइंट' पर इतनी भीड़ नहीं होती पर पिछले चार दिनों से बारिश नहीं हुई थी, इसलिए भीड़ यहाँ आ गयी थी।

वह भीड़ के बीच अपने ग्राहक तलाश रहा था। फिर उसने दिशा बदली और बस स्टॉप की ओर बढ़ा। कुछ उम्रदराज लोग अपनी गाड़ियों में ही बैठे थे...अनय बच्चोंके लिए पानी की बोतल लेने गया था। बोतल लेकर जैसे ही पीछे मुड़ा, फिर वही आदमी छड़ी लेकर आगे आया, "साहब सौ रुपये दे देना। बिल्कुल खरीद भाव में...।"

अनय ने एकबारगी उसे देखा और आगे बढ़ गया। सिमरन और सारंग प्यासे होंगे...। सिमरन पानी पीने लगी। सूर्यास्त का समय था। सारंग अपनी माँ के साथ खड़ा था। अनय के सामने पन्द्रह साल पुराना समय पलक झपकते ही उभर आया।

इसी प्वाइंट पर वह नयी नवेली पत्नी श्वेता के साथ खड़ा था। सूर्यास्त के समय इस प्वाइंट तक पहुँचने की फिराक में वह टैक्सीवाले पर कितना बरसा था और टैक्सीवाले ने भी पूरी शिद्दत से ड्राइव कर सही समय पर यहाँ पहुँचाया था। कितना खुश था वह। सूर्यास्त देखने के सही समय पर श्वेता को ला सका वह। अपने कैमरे से वह सूर्यास्त को 'क्लिक' करता रहा। श्वेता के फोटो भी अलग-अलग ऐंगल से खींचता रहा। फिर श्वेता का हाथ थामकर तब तक एकाग्र खड़ा रहा, जब तक सूर्य पूरी तरह डूब नहीं गया। बीच-बीच में श्वेता को निहार लेता। श्वेता से नजर मिलते ही उसकी आँखों में एक दुनिया उभर आती। दूर पहाड़ियों के चारों ओर लाली ही लाली थी। वह पता नहीं कब तक श्वेता के साथ खड़ा था। उसे लग रहा था सूरज की सारी ऊष्मा श्वेता की हथेलियों में उतर आयी है और वह अपने आपको बहुत सुरक्षित और सुख से लबरेज महसूस कर रहा था।

एक छड़ीवाला उसके सामने से गुजरा। वह छड़ियों की ओर देखता रहा... "चालीस रुपये...चालीस रुपये..." चिल्लाता हुआ छड़ीवाला गुजर गया। छड़ीवाले ने अनय और श्वेता की ओर ऐसे देखा जैसे वे इसके ग्राहक हो ही नहीं सकते...वह चिल्लाता रहा..."चालीस रुपये... चालीस रुपये।"

अनय आँखों ही आँखों में एक छड़ी तय कर चुका था। बाबूजी का खयाल उसका पीछा कर रहा था। वह छड़ीवाले को पुकारने को हुआ। फिर एक व्यावहारिक खयाल ने उसे रोक दिया, 'आखिरी दिन ले लेंगे, अभी से कौन सँभालेगा।' श्वेता ने गुमसुम पति को भरपूर निहारा और अपनी खास अदा में एक मुस्कान बिखेरी। अनय का हाथ हथेली से छिटककर सिर पर एक हल्की-सी चपत के रूप में टपका

और काँधे पर आकर निढाल हो गया। फिर पता नहीं कब तक वे दोनों झूमते हुए सड़क पर चहलकदमी करते रहे। अचानक टैक्सीवाले को सामने पाकर वे सचेत हो गये। एक-दूसरे को देखकर हँस दिये और टैक्सी में बैठ गये। सीधे होटल न आकर वे बाजार में कहीं कॉफी पीने उतर गये और यूँ ही टहलने लगे। ठीक-ठाक होटल देखकर वे बैठ गये। काफी देर तक कॉफी की चुस्कियाँ लेते हुए बातें करते रहे। अनय की निगाह में अचानक कुछ चमका, 'बाबूजी ने सपनों-सी यह जिन्दगी देने के लिए क्या नहीं किया...।' वह खयालों में खो गया। पर उसका खोना श्वेता की निगाहों से बच नहीं पाया।

"कहाँ खो गये?" श्वेता की शोखी अनय को बटोर लाई और वह एक घूँट में बची हुई कॉफी गले के नीचे उतारकर उठ खड़ा हुआ।

"चलो होटल चलते हैं।"

"ठहरो ना, ऐसी भी क्या जल्दी है?"

"चलो भई"...श्वेता को अनय ने कुछ ऐसे अन्दाज से देखा कि श्वेता के मुँह से अनायास ही निकल गया "हट, शरारती कहीं के...।"

"अच्छा, ठीक है भई इसी सड़क पर टहलते हैं। सुना है, यहाँ का भुना चना बहुत मशहूर है।" फिर चने का एक पैकेट लेकर वे दूर तक यूँ ही भटकते रहे। बाद में, श्वेता ने ही कहा, "चलो अब होटल चलते हैं?" फिर श्वेता अनय की बाँह पकड़कर चलने लगी।

सारंग पता नहीं कब से अपने पापा को निहार रहा था। अनय खिलौनों के बीच नारियल की जटाओं से बने साधु को निहार रहा था। बाबूजी याद आये थे। आँखें भर आयी थीं। उसकी डबडबाई आँखों में बाबूजी मानो मुस्करा रहे थे, 'बेटे तेरे परिवार को देखकर, तेरी सफलता देखकर मैं बहुत खुश हूँ...' फिर जैसे उन्होंने अनय की बुदबुदाहट सुनी, 'बाबूजी बहुत कुछ छूट गया ...बहुत कुछ करना छूट गया'...'कुछ नहीं छूटा बेटे...' जैसे अनय को छूकर कह रहे हों, 'सुखी रहो...।' 'पर बाबूजी मैं आपके लिए छड़ी नहीं ला पाया था...तब। आपने याद से कहा था'...'कोई बात नहीं बेटे...देखो मैं हूँ न तुम्हारे साथ...सारंग तुम्हें कैसे निहार रहा है?'

अनय ने आँखें पोंछीं। साधु जटाओं के बीच से अनय को जैसे निहार रहा हो। सिमरन पापा का हाथ पकड़कर दुकान से बाहर चलने को कह रही थी। दुकान की भीड़ छँट चुकी थी। सारंग पापा की इस खोयी-सी मूरत को निहार रहा था। श्वेता को मालूम था अनय को जरूर बाबूजी याद आ रहे होंगे।

अनय को बड़ा अजीब लगा अपना खो जाना। उसने दोनों बच्चों को भींच लिया और श्वेता से बोला, "चलो...।"

श्वेता से वह आँख नहीं मिला पाया था....श्वेता समझ रही थी अनय को, "कम आन, अनय.."

दुकान से बाहर निकलकर उस छड़ीवाले आदमी को अनय की निगाहें बेसब्री से खोज रही थीं।

बाहर हल्की-सी बारिश हो रही थी। वह छड़ीवाला उसी दुकान के बाहर बारिश रुकने का इन्तजार कर रहा था। उसने बड़ी आशाभरी निगाह अनय पर डाली, जैसे कह रहा हो, 'आज एक भी छड़ी नहीं बिकी...घर क्या मुँह लेकर जाऊँ?' अनय पलभर उसके सामने खड़ा रहा और एक छड़ी की ओर इशारा कर बोला, "ये वाली निकालो..."

"साहब सिर्फ अस्सी रुपये में ही दे दूँगा। आज एक तो छड़ी बेचूँ।"

अनय ने छड़ी ले ली और उसे एक सौ बीस रुपये देकर अकेला ही आगे बढ़ गया...छड़ीवाला देखता रह गया...अनय रह-रहकर छड़ी पर हाथ फेर रहा था। मानो बाबूजी से बातें कर रहा हो।

पीछे-पीछे तीनों आ रहे थे। छड़ीवाला हैरत से उन चारों को निहार रहा था। फिर उसने पैसे गिने और माथे से लगाने के बाद जेब में रख लिए...अनय का चेहरा वह कभी नहीं भूल पायेगा।

उसने झटके से छड़ियों का गट्ठर पीठ पर उठा लिया। उसकी कमर कुछ सीधी हो गयी थी। उसे लगा कुछ दिन और वह बिना छड़ी के चल सकता है। छड़ीवाले के पैर तेजी से अपने घर की ओर बढ़ रहे थे।

बोनस

लोकल में चढ़ते ही वह बहुत खुश हुआ। खिड़की की जगह उसे बैठने के लिए मिल गयी थी। वी.टी. स्टेशन से शायद ही कभी उसे बैठने के लिए जगह मिली हो। आज तो खिड़की के पास उसने अपनी थैलियाँ ऊपर रख दीं और सोचने लगा, यह पहली दीवाली है कि उसने घर के सभी लोगों के लिए कपड़े बनवाये हैं। वैसे उसे तीन हजार तनख्वाह मिलती है। पर मुम्बई में पता ही नहीं चलता–ऊँट के मुँह में जीरा। इसलिए उसने एक अलिखित नियम-सा बना रखा था, जिसका जब जन्मदिन आयेगा, कपड़े सिलेंगे। इससे अपने आप एक साथ खरीदने की झंझट से भी वह बच गया और उसके लिए भी बोझ धीरे-धीरे उठाने जैसा लगने लगा।

वैसे उसका परिवार बहुत ही सन्तुलित है, जैसा कि आजकल सब चाहते हैं। उसे किसी तरह का कोई ऐसा-वैसा शौक भी नहीं था। फिर भी वह हमेशा चिन्ता में रहता है। 25 तारीख के बाद तो उसे 1 तारीख का इन्तजार ही करना पड़ता है। आज खिड़की की जगह बैठकर वह मानखुर्द के लिए जा रहा था। खिड़की से बाहर मुम्बई की बस्ती। रेलवे लाइन के पास झुग्गी-झोंपड़ियों की अनन्त लाइनें। दादर से आगे बढ़ने पर तो इसकी संख्या भी बढ़ती गयी। उसकी आँखों के सामने अपनी पुरानी जिन्दगी तैर गयी।

ऐसी ही झोंपड़ियों में उसका बचपन बीता। कई बार उसका घर बना, टूटा, तोड़ा भी गया और फिर-फिर बना। बचपन से वह अपने बाप को घर बनाने के लिए ही चिन्तित पाता रहा था। तब से उसने मन में एक गाँठ बाँध ली थी कि वह छोटा-सा ही क्यों न हो एक अपना घर जरूर बनाएगा, जिसे कोई तोड़ न पाये। कम से कम उसके बच्चे अपनी आँखों से टूटता घर न देखें। बस उसकी इत्ती-सी ख्वाहिश थी, जो पूरी हो गयी, पाँच साल पहले। पर इसके लिए करीब-करीब उसे अपने आपको गिरवी रखना पड़ा। इधर-उधर से तमाम लोन लेकर उसने अपने सबसे बड़े सपने को साकार कर ही डाला। पर उसके जीवन के ये पाँच साल बेहद बेचैनी के रहे। पिता नया फ्लैट देख नहीं पाये। उनका दमा उन्हें ले डूबा। माँ भी कुछ ही दिन रह पायी इस नये फ्लैट में। और उसकी हर शाम ऑफिस से छूटते ही एक दूकानदार के खाताबही लिखने में विसर्जित होती रही। लेकिन कर्ज की रकम

है कि हनुमान की पूँछ की तरह कम होने का नाम ही न लेती। एक लम्बे संघर्ष के बाद पिछले साल से उसकी पगार घर ले जाने लायक बनी। पत्नी के खूब मना करने के बाद उसने शाम की नौकरी छोड़ी। पर वैसे भी घर रात नौ से पहले नहीं पहुँच पाता था।

उसकी इस पाँच साला पिछली जिन्दगी में पता नहीं कब, आराम की जगह मिलने से उसकी आँख लग गयी। या वह खुली आँखों से अपना भूतकाल देखते-देखते तंग आ गया था। लेकिन वर्तमान को देखने पर उसे सन्तोष होता कि उसकी मेहनत उसे एक अच्छा घर-परिवार दे पायी। उसका पूरा घर उसकी गाढ़ी कमाई का था। उसने कभी मुम्बई की काली छाया अपने घर पर नहीं पड़ने दी। वरना उसके ऑफिस में लोग न जाने क्या-क्या करते हैं। उसने अपना ईमान, प्राणों की तरह सँजोकर रखा था।

बीच-बीच में उसकी आँख खुलती। वह बाहर झाँक लेता कुर्ला स्टेशन आ गया। कितनी भीड़ है। पैर तक रखने के लिए जगह नहीं है। कितनी तकलीफ है। लोग खड़े-खड़े ही सो रहे हैं। क्या करते। वह एक बार अपनी थैलियों की ओर देख लेता। नये कपड़ों में प्राची कैसी लगेगी। गुड़िया की तरह फुदकेगी वह, तब उसका आकाश उसके कदमों में होगा। और प्रशान्त अब कुछ बड़ा हो चला है—शान्त भी। वह इन कपड़ों में और कुछ बड़ा लगेगा। और सरला—वह तो बेहद सन्तुलित है। कभी उसने अपने लिए किसी चीज की जिद ही नहीं की। पता नहीं उसे यह साड़ी मन से पसन्द भी आती है या नहीं। वैसे जो भी वह उसे लाकर देता है, वह उत्साह से ही लेती है। पर भीतर से उसे भी पसन्द आ जाए तो क्या कहने। वैसे इस बार यह तय था कि वह अपनी पसन्द से सबको कपड़े लाकर देगा। अन्यथा सरला ऐसी खरीदारी में साथ होती ही है।

फिर जैसे ही उसकी आँखें खुलीं—अरे मानखुर्द आ गया! काफी लोग तो उतर भी गये। वह भी जल्दी-जल्दी उतर गया, क्योंकि आगे उसे बस पकड़नी है। वह लगभग दौड़ता हुआ स्टेशन से बाहर गया। बस स्टैंड पर लम्बी लाइन थी। पर बस लग चुकी थी, लोग धीरे-धीरे बस में समा रहे थे। उसे लगा किसी तरह बस में घुस जाऊँ तो और आधे घंटे में घर पहुँच जाऊँगा। साढ़े आठ बज रहे थे, उसकी घड़ी में। बस में ड्राइवर बैठ चुका था। बस लगभग शुरू हो चुकी थी। भीतर खचाखच भीड़ और कंडक्टर ने घंटी दे दी। वह लाइन तोड़कर बस की ओर भागा। उसके साथ और तीन-चार लोग थे। उसने बस का बार पकड़ा और अपने आपको बस के हवाले कर दिया। थकान थी वह झूल-सा गया था, पर लोगों ने थाम लिया और उसे भीतर आ जाने दिया। जैसे ही वह भीतर घुसा उसे याद आया कि वह अपनी थैलियाँ ट्रेन में ही भूल आया है।

पल भर को लगा कि उसकी धड़कन ही थम गयी। फिर इतनी जोर से धड़कनें

बढ़ीं कि वह पसीनें से लथ-पथ हो गया। अगले पल उसे होश आया और उसका हाथ सीधे बस की घंटी पर गया। जोर से खींचा उसे और पिछले दरवाजे की ओर सबको ठेलता हुआ आगे बढ़ा। न जाने कितने लोगों ने उसे गालियाँ दीं, भला बुरा कहा। पर उसके कान तो जल रहे थे।

ड्राइवर ने चिल्लाते हुए पीछे देखा था, ऐसे में बस कुछ धीमी हुई थी। मोड़ पर वह कूद पड़ा।

पता नहीं कहाँ से उसमें शक्ति आ गयी थी। वह सिर्फ लड़खड़ाया, पर गिरा नहीं। लोग पूछते भर रह गये क्या हुआ, क्या हुआ! आगे बस रुकी थी। पर वह स्टेशन की ओर भाग रहा था। कोई रिक्शा खाली न मिलता। वह लगातार भाग रहा था। स्टेशन पहुँचा। भीड़ को चीरता हुआ वह ट्रेन तक पहुँचा पर यह क्या, पहले वाली ट्रेन तो कब की निकल चुकी है। यह दूसरी ट्रेन है। अभी-अभी आयी है। लोग अभी भी ट्रेन से उतर रहे हैं। उसका एक मन हुआ कि वह इसी ट्रेन से आगे जाए और पहली ट्रेन में अपनी थैलियाँ देखे। वैसे सम्भावना उसे भी बिल्कुल नहीं लग रही थी। पर, ऐसा न करे तो क्या करे? दीवार को लगकर सीमेंट की बेंच पर वह बैठ गया। क्या करेगा जाकर! किसी ने उठा लिया होगा अब तक। ...नहीं, रात का समय है, अभी मानखुर्द से वी.टी. स्टेशन कौन जाएगा...फिर भी वह बैठा रहा। सामने से दूसरी ट्रेन वी.टी. के लिए रवाना हो गयी।

अब कहीं जाकर उसे होश-सा आया। बोझिल कदमों से वह उठा। लगा उसके पाँव हाथी रोग के शिकार हो गये हैं। आँखों के सामने कोहरा पसर गया है। उसने आँखें पोंछीं और सिर को एक झटका दिया। सरला से आँखें चार करनी हैं। उसे कितना अफसोस होगा। वह कोसेगी तो नहीं, पर मुझे इस तरह भूलना नहीं चाहिए था।

वह स्टेशन मास्टर के सामने था, "साहब कोशिश तो कीजिए कुर्ला स्टेशन तक शायद मेरी तकदीर से मिल जाए।"

कुर्ला स्टेशन से गाड़ी अब तक निकल चुकी होगी।

मैं वी.टी. पर सूचना दे देता हूँ। वैसे कुछ कहते-कहते स्टेशन मास्टर रुक गया। उसने वी.टी. स्टेशन पर तुरन्त सूचना दे दी। जानता तो यह भी था कि अब उम्मीद करना बेकार है, लेकिन फिर भी उसे राहत मिली।

वह जैसे-तैसे बस स्टैंड पहुँचा उसका सारा उत्साह, सारी शक्ति ज्यों उन थैलियों के साथ ट्रेन में छूट गयी हो। कितनी तमन्ना से उसने ये कपड़े खरीदे थे। और कितने दिनों बाद! अपेक्षाकृत महँगे भी।

वह कब बस में चढ़ा पता ही नहीं। सीट भी मिल गयी बिना किसी भाग-दौड़ के, परिश्रम के। रात ग्यारह बजे कौन बचेगा घर जाने के लिए। कुछ लोग थे। पर भीड़ नहीं थी। क्या कहेगा सरला को? कैसे भूल गया वह?

अपने दरवाजे के सामने वह खड़ा था। बेल बजाने का साहस नहीं रहा था। उसके पैर ज्यों सूख गये हों पूरी तरह। पीछे से कोई अगली मंजिल के लिए दनदनाता हुआ चला गया। क्या सोचता होगा मेरे बारे में। बस उसकी अँगुली ने बेल को छुआ और दरवाजा खुल गया। ज्यों सरला दरवाजे पर ही खड़ी हो।

"कितनी देर कर दी। बच्चे अभी तक जाग रहे थे आपके लिए कि पप्पा के साथ खाना खाएँगे...आप बहुत थके लग रहे हैं। आप जल्दी से फ्रेश हो लीजिए...मैं खाना लगाती हूँ।"

उसे भी बाथरूम जाने की जल्दी थी। वह फ्रेश होने चला गया। बाथरूम जाकर उसे लगा कि वह तो सरला से एक शब्द भी नहीं बोला और न ही आँखें मिलायीं। और कितनी भली है वह। उसे मालूम था कि आज मैं कपड़े लेकर आने वाला हूँ। फिर भी कुछ नहीं पूछा। लंच बॉक्स भी उन्हीं थैलियों में था। अच्छा हुआ आँखें नहीं मिलीं। शायद वह रो पड़ता। उन थैलियों में सिर्फ कपड़े ही नहीं थे। उनमें साल की खुशियाँ थीं। उत्साह था, स्फूर्ति थी और एक-दूसरे को नये कपड़ों में देखकर आनन्दित होने के क्षण समाये हुए थे। औरों को नये कपड़ों में देख बच्चे कितने अनमने हो जाएँगे।

पता नहीं कब तक वह शॉवर के नीचे खड़ा था।

बाहर से आवाज आयी, "बाकी कल नहा लेना। खाना तैयार है।"

तब उसे याद आया। यह भी क्या पागलपन है। उसने तो कितना कुछ खोया है, कितना पाया है। ऐसी घटनाओं के लिए इतना समय काफी दे गया। जो होना था सो तो हो चुका। अब सँभल गया था वह। उसके चेहरे पर फैली बेबसी और निराशा कुछ कम हुई। शायद न होने से भी उसे कुछ ताजगी महसूस हो रही थी।

उसने खाना खाया। भोजन के समय उसकी इच्छा हुई थी कि सरला को बताये। फिर सोचा सरला का भोजन भी क्यों कसैला करूँ। नहीं बताया उसने। सामान्य-सा रहा।

खाना खाने के बाद वह विवश हो गया, "सरला आज कपड़े मैं ट्रेन में ही भूल आया। पता नहीं यह गलती कैसे हो गयी। मेरे साथ ऐसा क्यों होता है...कोई हराम की कमाई तो थी नहीं, फिर क्यों ऐसा हुआ?"

सरला ने पूछा "कैसे भूल गये। कोई चुरा ले गया?"

"नहीं मैं ही भूल गया। बच्चे कितने निराश होंगे। कितने सालों बाद सब के लिए कपड़े खरीदे...पर रास नहीं आये..." वह लगभग रुआँसा हो गया।

सरला उसके करीब आयी, "होना था सो हो गया। परीक्षा की घड़ी कभी समाप्त नहीं होती। लेकिन, बच्चों को तो सब कुछ समय पर ही मिलना चाहिए न... दो महीने बाद उन्हें कपड़े देने से क्या होगा?" वह ज्यों अपने आपको कोसने लगा।

सरला ने हालात की लगाम थाम ली। ऐसे बोझिल समय में वह अधिक दृढ़

हो जाती है।

वह ज्यों मुरझा ही गया था। पर सरला की दृढ़ता ने उसे ठंडक पहुँचायी। उसकी जड़ें फिर गीली हो गयीं। उसके जीवन के इस लम्बे रेगिस्तान में, सरला ऐसे टूटते क्षणों में पता नहीं कैसे थाम लेती है। वैसे हमेशा वह बहुत ही सामान्य-सी और अस्तित्वहीन लगती है। उसने सरला को थाम लिया।

दूसरा दिन कुछ बोझिल-सा रहा उसके लिए। सिर में कुछ दर्द और आँखों में चुभन। अपनी ही धुन में वह ऑफिस के लिए निकल पड़ा। बच्चे सुबह सात बजे ही स्कूल के लिए निकल पड़ते हैं। उसकी सुबह-सुबह आँख लगी थी, इसलिए सरला ने नहीं जगाया। वैसे भी वह बच्चों से रात में ही मिल पाता है।

स्टेशन पहुँचकर उसने स्टेशन मास्टर से पूछताछ की। वही उत्तर मिलना था। कोई खबर नहीं। ऑफिस भी अनमना ही रहा। किसी से ऐसे सम्बन्ध नहीं जिसे वह अपने मन की बात बताता। और पता नहीं कौन इस बेवकूफी की हँसी उड़ाए। चाय के समय सब हँसी-मजाक के मूड में थे। दीवाली की तैयारी-खरीदारी की चर्चाएँ। हँसी-मुस्कान उसे भीतर तक छेद जाती। फिर वह सोचता, ऐसा मन किस काम का जो ऐसी बातों में टूटता ही रहे। बस वही गिरता, वही थमता। दिन भर कोई काम नहीं हो सका उससे। वो तो अच्छा हुआ जो जरूरी काम नहीं आ पड़ा उस दिन। न ही बॉस ने बुलाया।

जैसे पिछले दो दिन उसकी जिन्दगी में आये ही नहीं। अफसोस और सिर्फ अफसोस से सराबोर ये दिन कब और कैसे चले गये उसे पता नहीं चला। शाम को वह स्टेशन के लिए चल पड़ा। आँखें जमीन में गड़ाये। भीड़ का एक छोटा-सा हिस्सा। उसे लगता वह भीड़ से अलग नहीं है। भीड़ का एक अकाट्य अंग। जिस गति से भीड़ जाती, बिल्कुल उसी गति से उसकी गति जुड़ गयी। तभी बगल से किसी ने पूछा, "भाई साहब वी.टी. स्टेशन किधर पड़ेगा।"

उसे एक मजाक सूझा, "जिधर सब जा रहे हों उधर निकल जाइए। मैं भी तो वहीं जा रहा हूँ...।" बोलने पर लगा, सीधे बता देना चाहिए था। खैर, उसका मूड इस बात से कुछ हल्का हो गया। अचानक एक मोड़ पर वह उस अजनबी राही से बोला "आप सीधे निकल जाइए... मुझे एक काम याद आ गया..." कहकर वह मुड़ गया। बिना किसी उद्देश्य से। सोचा, चलो टेलर की दुकान से ही चलें।

दुकान के सामने पहुँचते ही टेलर मुस्काया। "क्यों साहब, कल कपड़े ट्रेन में ही भूल आये!"

उसकी धड़कन फिर रुक गयी और तेजी से चलने लगी। उसकी आँखों में एक तेज चमक उठी और वह टेलर के अगले वाक्य की बेसब्री से प्रतीक्षा करने लगा। टेलर अपने कपड़ों के माप के साथ ही बात कर रहा था। कल एक साहब आये थे, उन्होंने आपकी थैलियाँ यहाँ रखीं और बताने लगे कि उन्होंने कहाँ पायी और

किस तरह थैली और रसीद पर छपे हमारी दुकान का पता लगाया...और यहाँ तक पहुँचे। मुझे तो आपसे ज्यादा वे साहब परेशान लग रहे थे। वे कल शाम को भी आकर गये कि वे कपड़े सही आदमी को मिले या नहीं।

"क्या नाम है, कहाँ काम करते हैं...?"

ये सब तो मैंने पूछा नहीं...ये जरूर कहा कि यहीं आसपास किसी ऑफिस में काम करते हैं। ...पर साहब आप भी कमाल के लकी आदमी हैं। मुम्बई जैसे शहर में दो दिन बाद आपके कपड़े आपको सही सलामत वापस मिल रहे हैं। जरूर आपकी यह गाढ़ी कमाई का पैसा होगा।

वह कुछ नहीं बोल पाया। टेलर की बातें सुनता रहा। अपनी थैलियाँ लेकर उस आदमी का चेहरा अपनी आँखों के सामने बना रहा था।

तभी बगल से किसी ने पूछा, "साहब वी.टी. स्टेशन किधर पड़ेगा?"

उसने उस आदमी को गौर से देखा। यह भीड़ का हिस्सा नहीं था! वह बोला, "चलिए टैक्सी में मेरे साथ। मैं भी वी.टी. ही जा रहा हूँ।"

गौरैया को तो गुस्सा नहीं आता

बहुत दिनों बाद ऑफिस से लौटते हुए जयन्त मिठाई भी लेता आया। खुश था वह आज। मिठाई लेकर जब चला तो ऋचा का चेहरा अनायास ही तैर गया उसकी आँखों में। ऋचा को गुलाब जामुन बहुत पसन्द हैं। आज बहुत खुश होगी वह।

बस से बाहर झाँकते हुए उसे लग रहा था, मौसम कितना अच्छा है। गुलमोहर तो फूलों से लद ही गये इस साल। सड़कों के किनारे अब अच्छे पेड़ भी खड़े हो गये हैं। आज उसे सब दिखाई दे रहा था। वैसे वह रोजाना इसी सड़क से गुजरता है। पर दिमाग में पता नहीं क्या-क्या खटर-पटर चलता रहता है। कभी ऑफिस की चख-चख, कभी गृहस्थी की खींच-तान। आज उसकी तनख्वाह का दिन है।

घर आते ही उसने ऋचा को ढूँढ़ा। ऋचा बड़ी नटखट है। उसे पापा के आने का वक्त मालूम है। बाल्कनी से वह पापा को देख लेती है और कहीं छिप जाती है। पापा जब उसे ढूँढ़ते हैं, तब उसे बड़ा मजा आता है। मजे की बात तो यह है कि उसके छिपने की जगह तय है। बाल्कनी में खाली टी.वी. के खोखे में वह जा दुबकती है। जयन्त भी ढूँढ़ने का नाटक करते हुए अन्त में खोखे तक पहुँचते हैं। आज वे सीधे खोखे के पास ही चले गये और उठा लाये ऋचा को।

"ऋचा अब छह साल की हो गयी है...अब वह बड़ी हो गयी है। सिर पर उठाने लायक नहीं रही..." सरला की इन बातों की ओर जयन्त ने ध्यान नहीं दिया। फर्श पर ही बैठकर उसने मिठाई का पैकेट खोला और ऋचा को गुलाब जामुन खाते निहारता रहा।

इतने में सरला पानी का गिलास लेकर आयी, "इतना खर्च करने की क्या जरूरत थी।"

जयन्त ने पत्नी सरला की बात अनसुनी कर दी और ऋचा के साथ खो गया।

ऋचा ने अपनी तुतली भाषा में पापा को एक शर्त पर बात बतायी कि बेडरूम की अलमारी पर चिड़िया ने घोंसला बनाना शुरू कर दिया है, जिसे कोई नहीं हटाएगा। पापा को हाँ ही कहना था। सरला कह रही थी, "कितना गन्दा कर देते है, सारा घर। इन्हें अभी भी रोकना चाहिए, नहीं तो बाद में मुश्किल हो जाएगा।"

जयन्त ने आँखों से संकेत कर सरला को बोलने से मना कर दिया। सरला भी ऋचा के मन को जानती थी। दूसरा दिन रविवार था। जयन्त आज आराम से उठा। उठते ही देखा तो अखबार नहीं आया था। इधर-उधर टहला। टीवी खोला। समाचार सुना और 'रंगोली' देखी। फिर भी अखबार नहीं आया तो झल्लाया। करीब साढ़े आठ बजे अखबारवाला आया। अखबार के साथ बिल भी थमा दिया। जयन्त बुदबुदाने लगा, "कितनी देर कर देते हो। रोज के टाइम पर डाला करो। सम्भव न हो तो कहो, किसी दूसरे से मँगवा लूँगा।" झल्लाते हुए बिल लेकर वह भीतर गया।

अखबारवाले को बिल देकर एक बार और ताकीद दी, जल्दी लाने के लिए, तब तक ऋचा उठ गयी थी। जयन्त के पास आकर बैठ गयी। सरला उसे ब्रश करने के लिए कहती रही। पर वह पापा से सटकर बैठी रही। पापा अखबार में खोये रहे। तभी दूधवाला आया। उसने भी दूध के साथ बिल थमा दिया। ऋचा उठकर ब्रश करने चली गयी।

जयन्त ने बिल पर निगाह फेरी और बोला, "कल ले लेना।"

दूधवाला चला गया। सरला बोली, "कल क्यों, तनख्वाह मिली है तो बिल दे देना अच्छा। मुझे लोगों के उधार पैसे से अच्छा नहीं लगता।"

"मुझे कौन अच्छा लगता है। पर ये तो एक दिन भी पगार घर पर नहीं रहने देते।" पता नहीं जयन्त क्या कहना चाहता था। पर सारी बात धीरे-धीरे महीने के बजट पर मुड़ गयी। जिसमें कुछ घाटा ही था। इसमें कम, उसमें कम करते हुए पता नहीं पति-पत्नी कब उलझ गये और जयन्त उत्तेजित हो गया। "मैंने दो सौ अपने खर्च के लिए अलग रखे थे, वह भी तुम ले लो...और क्या?" कहते हुए वह बेडरूम की ओर तेजी से लपका। ऋचा पापा को गुस्से में देखकर सहम गयी थी।

जयन्त लम्बे डग भर रहा था। तभी उसका पैर फिसल गया और वह धड़ाम से चारों खाने चित गिर पड़ा। सरला दौड़ी आयी। उठाया उसे। ऋचा और भी भयभीत हो गयी थी। जयन्त ने देखा कि उसका पैर गौरैया की बिट पर पड़ा था, जिसके कारण वह फिसल गया। कमर ही अकड़ गयी। पर आँखों में सारा गुस्सा उतर आया। गौरैया फुर्र से खिड़की के टूटे काँच से बाहर जा चुकी थी।

जयन्त का गुस्सा दुगुना हो गया। वह किसी तरह उठा और उसने उस अधबने घोंसले को एक झटके में फेंक दिया। चिल्लाया इस तरह कि सरला भी सिहर उठी। माहौल हल्का करने के लिए उसने कहा भी, "ठीक है चिड़िया नही आयेगी अब भीतर...मैं तो पहले ही कहती थी, बहुत गन्दा करती हैं ये..." उसका गला रुँध गया। उसे मालूम था कि गौरैया क्यों आ गयी बीच में। वे तो पगार को लेकर बातें कर रहे थे।

ज्वार जब थोड़ा ठहरने को हुआ तो दोनों का ध्यान ऋचा पर गया, जिसकी आँखों में पापा का वह भयंकर क्रोध और घोंसले का हवा में लहराना ही झलक

रहा था। सरला जब तक उसके पास पहुँचती उसकी आँखें ज्यों नमी जा रही थीं। जयन्त भी उसके पास आना चाह रहा था। उसे भी अपनी भूल समझ में आ गयी थी। पर उसका बदन टूट रहा था। देखा कि गौरैया ने फिर पूरे बेडरूम को गन्दा कर दिया है। अलमारी के ऊपर फिर घास-फूस और चिड़ियों के पंख सँजोये दिखाई दिये। इस बार जयन्त को सब देखकर गुस्सा नहीं, खुशी हुई। वह ऋचा से आँखें न मिला पाता।

एक दिन जब वह दफ्तर से लौटा तो सरला ने बताया कि ऋचा आज शाम से ही कुर्सियों पर सारे तकिए एक-पर-एक रखकर अलमारी के ऊपर घोंसले को देख रही थी। गौरैया चहचहाने लगीं। मैंने ही ऋचा को नीचे उतारा तो अपनी आँखें बड़ी कर बताने लगी, "दो अंडे हैं उसमें...पापा को मत बताना...पापा फोड़ देंगे।"

जयन्त को अच्छा लगा। चलो उसने बोलना तो शुरू किया।

फिर ऋचा का ध्यान पूरी तरह अलमारी के ऊपर ही होता। अंडे फूटे पता नहीं कब और उसमें से दो नन्ही-नन्ही गौरैया टकटकी लगाये, चोंच फैलाए चीं...चीं... करती रहतीं। बड़ी गौरैया, बच्चों के लिए कीड़े-मकोड़े, कभी अनाज का दाना लेकर आतीं। ऋचा की आँखों की चमक का उस दिन कोई ठिकाना नहीं था, जिस दिन वह हमेशा की तरह कुर्सी पर तकिए लगा रही थी। उसने झाँका ही था कि गौरैया का बच्चा फुर्र से उड़कर पंखे पर बैठ गया। ऋचा ने जोरदार तालियाँ बजायीं इतने में बेल बजी। शायद पापा आये हैं। उसकी इच्छा हुई कि खोखे में छिप जाये। पर उसने बेडरूम का दरवाजा भीतर से लगा लिया। ऊपर देखा तो दूसरा बच्चा भी अलमारी के कोने से ऋचा को देख रहा था। सरला ने बाहर से आवाज दी। बड़ी मुश्किल से ऋचा ने दरवाजा खोला। जयन्त ने कहा, "बेटे, इन्हें और कुछ दिन रहने दो ऊपर। नहीं तो दूसरे गौरैया इसे मार डालेंगे।"

ऋचा को अपने पापा पर भरोसा नहीं आ रहा था। फिर भी माँ के पीछे खड़ी रही। इतने में पंखे पर बैठी नन्ही गौरैया डगमगा गयी और जयन्त ने उसे हौले से थाम लिया। ऋचा पल भर को चीखी पर पापा ने कहा कि इसे घोंसले में रख देंगे। ऋचा की आँखों से लगा कि वह छूना चाहती हो। तब तक जयन्त ने अपना हाथ ऋचा तक बढ़ा दिया। ऋचा ने छुआ और जयन्त ने उसे फिर अलमारी के ऊपर बैठा दिया।

अगले रविवार ऋचा सुबह से अलमारी पर आँखें गड़ाये थी, क्योंकि गौरैया के बच्चे परदे पर उड़कर आये थे और खुद ही अलमारी पर लौट गये थे। दोपहर हो चली थी पर ऋचा टलने का नाम ही न लेती। जयन्त और सरला भी वहीं थे। आज न उन्होंने टीवी खोला, न अखबार पढ़ा। बस ऋचा और गौरैया में ही खोये रहे। ऋचा अपने खोखे में दुबकी रही। तभी उसने देखा कि दोनों नन्ही गौरैया, बड़ी गौरैयों के साथ बालकनी की रेलिंग पर बैठी हैं। वह झट् खोखे से बाहर आयी।

एक चीख के साथ माँ को पुकारा और पापा को भी। दोनों छिपकर उसे पहले से देख रहे थे। पुकारने पर सामने आ गये। उनके सामने आते ही चारों गौरैया फुर्र से उड़ गयीं। ऋचा की खुशी का ठिकाना न रहा। वह दूर तक उन्हें उड़ता देखती रही। उसकी आँखों की चमक लौट आ रही थी और गौरैया ओझल होती जा रही थी।

जयन्त को लगा काश उसकी जिन्दगी भी गौरैया की तरह होती। तारीखों में उलझी पगार से उसका घोंसला...खैर आज तो ऋचा की आँखें गौरैया ही हैं...जितने दिन सम्भव है, इसे गौरैया ही बना रहना चाहिए!

वह सोच रहा था। और ऋचा उसे देखकर और घबरा उठी, वह दरवाजे से बाहर ही चल दी और तेजी से सीढ़ियाँ उतरने लगी। जयन्त ने सरला से कहा, "उसे पकड़ो।"

तब तक ऋचा नीचे उतर चुकी थी। वह कँटीले तार पर पड़े घोंसले की घास और रूई के टुकड़ों को निहारती और उड़ती गौरैया की ओर देखती जो न जाने क्या-क्या कह रहे थे। पापा का ध्यान आते ही ज्यों चौंक जाती वह। इतने में सरला नीचे पहुँच गयी थी। ऋचा को छुआ तो काँप रही थी वह। आँखों में डर बुरी तरह उतर चुका था। "मैं ऊपर नहीं जाऊँगी...मुझे पापा से डर लगता है..." कहकर वह सरला से लिपट गयी।

ऋचा को लेकर जब सरला ऊपर आयी तब जयन्त दरवाजे पर ही इन्तजार कर रहा था। जयन्त को देखते ही ऋचा ने माँ को और कसकर पकड़ लिया। सरला ने आँखों से ही संकेत किया और जयन्त एक ओर हट गया। ऋचा ने अपनी आँखें भींच ली थीं।

सरला ने उसे बिस्तर पर लिटाया और थपकियाँ देने लगी। सिसकियों के साथ ऋचा को नींद-सी आने लगी पर उसके कोमल होंठ पता नहीं क्या कहते सुगबुगाने लगते। जयन्त को अपने किये पर गुस्सा आ रहा था। पर क्या करता वह—क्यों किया ऐसा। उसका शरीर भी तो चारों ओर से टूट रहा था। वह भी चटाई पर ही लेट गया। ऋचा को नींद लग गयी थी। जयन्त के बदन पर सरला ने आयोडेक्स मल दी थी। पर दर्द तो था ही। काफी देर बाद जब दोनों की आँखें मिलीं तो जयन्त मानो अपना अपराध कबूल कर रहा हो और सरला, ऐसी कोई बात नहीं की मुद्रा में थी। ऋचा को बेडरूम में सुला दिया था। वह रह-रहकर बुदबुदाती। जयन्त ने उसके माथे पर चूमना चाहा तो नींद में भी उसने अपना मुँह फेर लिया। जयन्त ने जब उसका हाथ छुआ तो ऋचा को तेज बुखार था।

शाम उतर आयी थी। जयन्त डॉक्टर को बुलाने नीचे उतरा। एक गौरैया उसे टूटे काँचवाली खिड़की पर बैठी देख रही थी। उसकी आवाज में वही चहक थी। सरला को लगा, यह रुआँसी हो गयी है। फिर भी उसने टूटे काँच को अखबार से बन्द कर दिया। पूरा कमरा पूरी तरह बन्द था। बाहर से काँच पर गौरैया की चोंच

के टकराने की आवाजें आ रही थीं।

जयन्त ने डॉक्टर को ऋचा के बुखार की वजह भी बतायी। डॉक्टर ने मानसिक रूप से सँभालने की सलाह दी। कुछ गोलियाँ भी बुखार के लिए।

बुखार तो उतर गया चार दिन बाद पर ऋचा अब भी पापा के पास न जाती। माँ से ही चिपकी रहती। स्कूल भी नहीं गयी और न ही बच्चों के साथ खेलने जाती। जयन्त अनमने ही ऑफिस जाता और लौटने पर ऋचा की नन्ही बाँहों के लिए तरस-तरस जाता।

ऋचा दिनोंदिन सूखती जा रही थी। स्कूल से लौटते ही सरला उसके लिए चिन्तित हो जाती। कितनी गुमसुम हो गयी है ऋचा। खिड़की का टूटा काँच भी अब पूर्ववत् खुल गया है। दो महीने हो गये। बरसात चली गयी। पर ऋचा की आँखों में वह चमक नहीं लौटी। जयन्त ने अपना दो सौ महीने का जेब खर्च बन्द कर दिया। अपनी बाहर की चाय, सिगरेट बन्द कर दी। घर का अखबार बन्द कर दिया। अब जब भी पगार होती सरला के हवाले कर देता। किसी नयी चीज के लिए अपनी ओर से सोचना बन्द कर दिया था, जयन्त ने। सरला घर ठीक से चला रही थी पर ऋचा की आँखों की चमक महीनों तक जाती रही। परीक्षा में भी फेल हो गयी वह!

जयन्त को अपना गुस्सा बहुत भारी पड़ा। वह बहुत चाहते पर गौरैया बेडरूम में आती ही नहीं थी। खिड़की खुली होने पर भी न आती। जयन्त ऋचा को लेकर बहुत चिन्तित रहता। सरला और जयन्त उसे लेकर नीचे घूमने जाते। वह यत्नपूर्वक माँ की ही अँगुली थामे चलती। क्रोध की एक हल्की लकीर ने जयन्त को परिवार से काटकर रख दिया था।

गर्मी की छुट्टियों में जयन्त अपने गाँव चला गया। आठ-दस दिनों के लिए ऋचा को लेकर। गाँव में ऋचा अपनी दादी के पास ही रहती। गौरैया दिखते ही वह सहम जाती। अचानक पापा की ओर देखती और आँखें मूँद लेती।

गाँव से लौटकर सरला और जयन्त ने देखा कि गौरैया ने फिर पूरे बेडरूम को गन्दा कर दिया है। अलमारी के ऊपर फिर घास-फूस और चिड़ियों के पंख सँजोये दिखाई दिये। इस बार जयन्त को यह सब देखकर गुस्सा नहीं आया, खुशी हुई। वह ऋचा से आँखें न मिला पाता।

एक दिन जब वह दफ्तर से लौटा, तो सरला ने बताया कि ऋचा आज शाम से ही कुर्सियों पर सारे तकिये एक पर एक रखकर अलमारी के ऊपर बने घोंसले को निहार रही थी। गौरैया चहचहाने लगी। ऋचा को नीचे उतारा तो वह अपनी आँखें बड़ी कर बताने लगी, "दो अंडे हैं उसमें...पापा को मत बताना...पापा फोड़ देंगे।"

जयन्त को अच्छा लगा। चलो उसने बोलना तो शुरू किया।

फिर ऋचा का ध्यान पूरी तरह अलमारी के ऊपर ही होता। अंडे कब फूटे पता नहीं। उसमें से दो नन्ही-नन्ही गौरैया टकटकी लगाये, चोंच फैलाये चीं...चीं...करती

रहतीं। बड़ी गौरैया, बच्चों के लिए कीड़े-मकोड़े, कभी अनाज का दाना लेकर आती। ऋचा की आँखों की चमक का उस दिन कोई ठिकाना न था, जिस दिन वह हमेशा की तरह कुर्सी पर तकिये लगा रही थी। उसने भीतर झाँका ही था कि गौरैया का बच्चा फुर्र से उड़कर पंखे पर जा बैठा। ऋचा ने जोरदार तालियाँ बजायीं। इतने में बेल बजी। शायद पापा आये हैं। उसकी इच्छा हुई कि खोखे में छिप जाये। पर उसने बेडरूम का दरवाजा भीतर से बन्द कर दिया। ऊपर देखा तो दूसरा बच्चा भी अलमारी के कोने से ऋचा को देख रहा था। सरला ने बाहर से आवाज दी। बड़ी मुश्किल से ऋचा ने दरवाजा खोला। जयन्त ने कहा, "बेटे, इन्हें और कुछ दिन रहने दो ऊपर। नहीं तो दूसरे गौरैया इसे मार डालेंगे।"

ऋचा को अपने पापा पर भरोसा नहीं आ रहा था। फिर भी माँ के पीछे खड़ी रही। इतने में पंखे पर बैठी नन्ही गौरैया डगमगा गयी और जयन्त ने उसे हौले से थाम लिया। ऋचा पल भर को चीखी, पर पापा ने कहा कि इसे घोंसले में रख देंगे। ऋचा की आँखों से लगा कि वह छूना चाहती हो। तब तक जयन्त ने अपना हाथ ऋचा तक बढ़ा दिया। ऋचा ने छुआ और जयन्त ने उसे फिर अलमारी के ऊपर बिठा दिया।

अगले रविवार ऋचा सुबह से अलमारी पर आँखें गड़ाये थी, क्योंकि गौरैया के बच्चे परदे पर उड़कर आये थे और खुद ही अलमारी पर लौट गये थे। दोपहर हो चली थी, पर ऋचा वहाँ से हिलने का नाम न लेती। जयन्त और सरला भी वहीं थे। आज न उन्होंने टीवी खोला, न अखबार पढ़ा। बस ऋचा और गौरैया में ही खोये रहे। ऋचा अपने खोखे में दुबकी रही। तभी उसने देखा नन्ही गौरैया, बड़ी गौरैया के साथ बालकनी की रेलिंग पर बैठी है। वह झट खोखे से बाहर आयी। एक चीख के साथ माँ को पुकारा और पापा को भी। दोनों छिपकर उसे पहले से देख रहे थे। पुकारने पर सामने आ गये। उनके सामने आते ही चारों गौरैया फुर्र से उड़ गयीं। ऋचा की खुशी का ठिकाना न रहा। वह दूर तक उन्हें उड़ती देखती रही। उसकी आँखों की चमक लौट आ रही थी और गौरैया ओझल होती जा रही थी...

बन्द दरवाजे

स्कूटर की घर्राहट ने मेरी आँखें खोल दीं और मैं मुँह बिचकाता हुआ अपने बिस्तर से उठ बैठा। सुबह के साढ़े छः बजे होंगे। वे दोनों स्कूटर पर बैठे थे एक तेज घर्राहट के साथ स्कूटर आगे बढ़ गया। वे दोनों बच्चे दरवाजे पर खड़े-खड़े उन्हें जाते हुए देख रहे थे। यह रोज का क्रम है। शुरू-शुरू में मैं बहुत चिढ़ता था। नींद हराम कर देते हैं। स्कूटर भी कुछ इतना पुराना है कि शुरू होने की तकलीफ में सारा मोहल्ला जगा देता है। साहब स्कूटर पर सवार एक्सिलेटर दबाते रहते हैं और साहिबा निकलने के आखिरी क्षण तक आईने में ताक-झाँक करती रहती हैं। साहब चिढ़कर आवाज और तेज कर देते हैं। इस प्रक्रिया में सबसे अधिक मुझे झुँझलाना पड़ता है। जब तक वे रवाना नहीं हो जाते, मुझे चैन नहीं पड़ता। बच्चे उनके जाते ही फिर बिस्तरों पर लुढ़क जाते हैं।

इस तरह साहब सुबह ही ड्यूटी पर चले जाते हैं। और अब स्कूल सुबह के हो जाने से उनकी श्रीमती भी सुबह ही निकल जाती हैं। वह एक हाई स्कूल में शिक्षिका हैं और साहब रेलवे में। साहब की ड्यूटी बदलती रहती है।

सुबह चार बजे ही उनकी खटर-पटर शुरू हो जाती है। बच्चे जग तो जाते हैं पर उन्हें अपने से फुरसत नहीं होती। वे अपने-अपने लंच के डिब्बे सहेजने में व्यस्त होते हैं और बच्चे जम्हाई लेने में। उन दोनों के चले जाने के बाद बच्चों को यह समझ नहीं पड़ता कि उन्हें क्या करना चाहिए। मनीषा पाँचवीं में पढ़ती है और सौरभ तीसरी में। सौरभ की तुतलाहट भी पूरी तरह से समाप्त नहीं हुई है। उसे चाय के समय इठलाने का भी कोई अवसर नहीं मिलता। बस मम्मी, पापा के जाते ही वह फिर बिस्तर पर पड़ा-पड़ा आँखें मूँद लेता है। मनीषा देखती रहती है कि आज क्या-क्या बनाकर मम्मी रख गयी हैं। दोनों की परीक्षाएँ समाप्त हो गयी थीं, इसलिए स्कूल के झंझट से भी मुक्त थे।

मेरी नींद खराब होने के बाद मैं सोने की मुद्रा में कतई नहीं होता। यों कहिए आजकल साढ़े छः बजे उठने का क्रम बन गया है जबसे इनके पड़ोस में रहने के लिए आया हूँ। दूधवाला जब दूध देकर जाने लगा तब मनीषा ने पूछा, "एक पाव दूध है क्या?" दूधवाला "नहीं" बोलकर चला गया। मैंने मनीषा से पूछा, "तुम्हारा

दूध कब आता है?"

"नौ बजे," सौरभ अचानक बोल पड़ा था।

"कोई बात नहीं, आज मेरे साथ चाय पी लेना," मैंने कहा था।

"हम सुबह चाय नहीं पीते। दूध पीते हैं।" मनीषा ने कहा।

मैंने अपनी चाय के लिए दूध निकालकर बाकी दूध मनीषा को दे दिया। मनीषा बोली, "गरम भी कर दीजिए न।"

"ठीक है," कहकर मैं स्टोव सुलगाने लगा। दोनों मेरे पास खड़े थे।

"जो दूध खराब हो गया न, रात उसे मैं पी लूँगा। इसे मम्मी के लिए रख देंगे" सौरभ बोला था।

"अरे नौ बजे तक दूध आ जाएगा," मनीषा ने कहा।

मैं सोच रहा था, इन बच्चों में कितनी समझ है। तभी सौरभ ने कहा, "पप्पा तो आज जल्दी आयेंगे।"

मैं सोच रहा था, ये नन्हे बच्चे अपने भीतर कितना स्नेह सँजोये बैठे हैं।

वे दोनों दूध की प्यालियाँ लेकर चले गये। मैंने अपनी चाय की प्याली ली और सुबह की खबरों में खो गया। 'बालवर्ष' पर नेताओं के भाषण भी छपे थे। नये शिविरों और बाल-मेलों की रिपोर्टिंग भी थी। तर्क-वितर्क और सम्भावनाओं की तलाश। वैसे इन खबरों में मुझे कोई रुचि नहीं थी क्योंकि मेरा ध्यान इस ओर अधिक था कि किस प्रदेश की सरकार ने सदन का विश्वास प्राप्त कर लिया। किस मुख्यमन्त्री को सरकार से खदेड़ दिया गया। यह सब पढ़ने के बाद ही मैं बालवर्ष की खबरों की तरफ मुड़ रहा था।

चाय की एक चुस्की लेते ही कप मैंने टेबल पर रख दिया और अब मैं सनसनीखेज खबर की तलाश में था। 'भुट्टो का जौहर को फोन। जल्लाद तारा मसीह के बाप ने भगतसिंह को फाँसी दी थी' आदि खबरें चाय से मेरा ध्यान हटा रही थीं। बच्चे अपने कमरों में चिल्लाए। कुछ डरे हुए, कुछ सहमे हुए। मुझे लगा मस्ती कर रहे हैं। पल भर को मेरा ध्यान हटा पर फिर भुट्टो की फाँसी और भगतसिंह की फाँसी के संयोग में उलझ गया। बच्चे चिल्लाते हुए भागे और अखबार सहित मुझसे लिपट गये। मेरी समझ में नहीं आ रहा था। तभी मनीषा ने बताया, "कुत्ता, घर में घुस गया है। बड़ा डरावना है।"

वे बहुत सहमे हुए थे। मैं उनको लेकर उनके किचन में गया। वहाँ उनकी थालियों पर कुत्ता झुका हुआ था। देखते ही भागा। उसके मुँह से झाग निकल रहा था। वह कुछ पगलाया भी था। मैंने उस थाली का खाना फिंकवाया और उनकी दूसरी थाली लेकर उन्हें अपने कमरे में बुला लिया। उन्होंने खाया तो कुछ नहीं पर बहुत देर तक मुझसे बतियाते रहे। मैं भी खबरों को भूल गया और खो गया उन दोनों में। पर मेरा ऑफिस का समय मुझे ज्यादा देर तक बैठने की इजाजत नहीं दे

रहा था। मैं शेव के लिए उठा। वे सोफे पर बैठे रहे। उनके साथ बात करने में मुझे बड़ा हल्कापन लगता। दोनों बहुत खुल गये हैं। मैं भी उनके आने पर किसी प्रकार की तकलीफ महसूस नहीं करता। पर बार-बार मुझे लगता है, सुबह की पहली किरण के साथ उनको वात्सल्य की जरूरत है। वे उठते ही स्नेह का हाथ और जी भरकर लाड़-प्यार चाहते हैं। इठलाना चाहते हैं, रूठना चाहते हैं, इतराना चाहते हैं...

मैं ताला बन्द करके बाहर निकल रहा था। तभी सौरभ ने कहा, "अंकल जल्दी आना, आज मैं तुम्हारे साथ शतरंज खेलूँगा।"

"तुम्हें शतरंज आता है?"

"नहीं, सीखना है।"

मैं वहाँ से निकला। मैं और पुरुषोत्तम ऑफिस से लौटने के बाद घंटों शतरंज पर झुके रहते हैं। सौरभ आता है। चुपचाप देखता है। चला जाता है। रात में जब वह बहुत देर तक मेरे पास बैठा रहता है, तब उसके पप्पा उसे बुलाकर ले जाते हैं। मम्मी उसे सोने के लिए कहती हैं। बड़ी मुश्किल से वह सो पाता है। जब तक दोनों बच्चे सो नहीं जाते तब तक दोनों पति-पत्नी उनकी पढ़ाई के बारे में पूछते रहते हैं। उनके सोने के बाद वे अपने-अपने ऑफिस और स्कूल के किस्से सुनाते रहते हैं।

कल जब बाल-वर्ष पर मेरा भाषण समाप्त हुआ तो स्टाफ के बहुत लोगों ने मुझे बधाइयाँ दीं। विशेष रूप से शिक्षा अधिकारी ने व्यक्तिगत बधाई दी और कहा, "आपको तो दूसरी शिक्षण संस्थाओं में भी बोलने के लिए बुलाया जाना चाहिए।"

फिर सौरभ के पिता कहते, "जल्दी ही डिपार्टमेण्टल प्रमोशन होने वाले हैं। फिर हम यह स्कूटर बेचकर नया खरीद लेंगे। यह रोज-रोज की घर्राहट से मैं तो तंग आ गया हूँ। इतनी किक लगानी पड़ती है कि सुबह-सुबह अच्छी-खासी कसरत हो जाती है..." दोनों देर तक बोलते रहते। मैं किसी उपन्यास में खोया रहता हूँ। 'कैसा क्या चल रहा है' की औपचारिकता व्यक्त करते हुए हम सब सो जाते हैं।

मैं जब ऑफिस से लौटा और अपने कमरे में दाखिल हुआ तो मुझे रोने और चिल्लाने, साथ-साथ जोर से बोलने की भी आवाजें सुनाई दीं। सौरभ था। शरारत करने के अपराध में सजा भुगत रहा था। उसे बाथरूम में बन्द कर दिया गया था। उसकी मम्मी कह रही थी, "जब तक शरारत नहीं छोड़ेगा, नहीं खोलूँगी। तुझे सजा मिलनी ही चाहिए, तू बहुत सिर चढ़ गया है।" सौरभ चिल्ला रहा था, 'खोलो-खोलो' और जोर-जोर से दरवाजे पर अपनी मुट्ठियाँ टकरा रहा था। सौरभ बड़ा चुलबुला और कुशाग्र बुद्धि का लड़का है, वह शरारती भी है। पर स्नेह का भूखा। जब वह सो जाता है तब उसकी माँ उसके शरीर पर हाथ फेरती हुई पति को कहती है, "आज सौरभ ने बहुत सताया, आज सजा भी बहुत पायी," यह कहते-कहते उसका मन भर-भर आता है।

"दूसरे भी माँ-बाप हैं, इस तरह बाथरूम में बन्द नहीं करते।" सौरभ के वाक्यों

से मैं दंग रह गया। यह 8-9 साल का बच्चा, यह कैसी समझ लेकर बढ़ रहा है।

"अरे कम-से-कम बाहर का दरवाजा बन्द करके तो किचन में रहा करो। कभी कोई सामान चला गया तो।" मम्मी फिर चिल्लायी। सौरभ अन्दर से थपथपा रहा था। मनीषा को समझाने के स्वर उभर रहे थे। मैं थककर आया था, फिर भी पत्रिकाएँ उलटता बैठा रहा था। उधर सब शान्त हो गया था। सौरभ रोते-रोते थक गया था। उसकी मम्मी शाम के भोजन में उलझी हुई थी और नन्ही-सी मनीषा उन दोनों छोरों को समेटने में जुटी थी। झटके से दरवाजा खुला और बदले में मनीषा को एक थप्पड़। मम्मी फिर बोली, "बाहर निकल।" भीतर से कोई आवाज नहीं।

फिर उसकी मम्मी ने ही खींच कर उसे बाहर निकाला, अरे सारे कपड़े उतार दिये? और बाल भी नोच लिए। अभी जमीन से उठे नहीं, गुस्सा इतना आता है, और फिर दो-तीन थप्पड़ों से सौरभ की सजा का दूसरा दौर समाप्त हो गया। मैं सामने के कमरे में आ गया। सौरभ रोता हुआ सामने कम्पाउंड के पास आ गया था। मैं उससे कुछ नहीं बोला। उसका मेरी ओर ध्यान आते ही वह फिर भीतर भागा। उसकी मम्मी शाम का भोजन बनाने में जुटी थी। उसके पप्पा अभी आयेंगे। पप्पा के घर में आने पर वह उन्हें नहीं छोड़ता। कभी-कभी दोनों घूमने भी निकल जाते हैं। सौरभ कपड़े और बाल ठीक कर बाहर आया। शायद उसकी मम्मी ने ही यह सब ठीक कर दिया था। उनका भोजन भी तैयार हो गया होगा। सौरभ कम्पाउंड की बल्लियों को पकड़ कर खड़ा था। तभी एक जोड़ा, अपने एक बच्चे को उसके दोनों हाथ पकड़ कर ले जा रहा था। बच्चा चहक रहा था। कभी माँ के हाथों, कभी पिता के हाथों। वह दूर तक उन्हें जाते देखता रहा, निहारता रहा...

चल जल्दी से खाना खा ले। उसकी माँ की आवाज थी। उसने मुड़कर पीछे देखा, फिर उस बच्चे को जो माँ-बाप के साथ इठला रहा था। पर वे अगले मोड़ से मुड़ गये थे।

सौरभ की मम्मी उसे खाने के लिए कहकर भीतर चली गयी थी। वह मुड़कर मुझे देख रहा था। मेरी इच्छा हुई, कहूँ, सौरभ शतरंज खेलेगा? पर मैं कुछ नहीं कह पाया। तभी मनीषा उसे फुसलाते हुए भीतर ले गयी। उनकी मम्मी तौलिए के साथ बाहर दरवाजे पर दिखाई दी। शायद वह हाथ-मुँह धोकर बाहर निकली हो।

"देखो, सौरभ आज के बाद बिल्कुल जिद मत करना। एक तो गर्मी, उसपर थकान और तू आने के बाद सताता है। परेशान हो जाती हूँ।" माफी माँगने की मुद्रा में उसकी माँ खाना खाने के लिए मना रही थी। भीतर की उमस से परेशान होकर मैं बाहर कुर्सी डालकर बैठ गया। मनीषा मम्मी को सुबह दूधवाली घटना बड़ी उत्सुकता से बता रही थी और सौरभ अभी गलत सजा के खिलाफ मौन विरोध प्रकट कर रहा था।

थोड़ी देर में मनीषा और सौरभ ने भोजन कर लिया। सौरभ को अपने पिता

के साथ खाना खाने में बड़ा मजा आता है। एक दिन उसके पिता ने ही बताया था। उसकी माँ भी शायद सौरभ के पिता की राह देख रही थी। तभी स्कूटर की आवाज आयी और तीनों बाहर। सौरभ पप्पा से लिपट गया। "कितनी देर कर दी।" उसकी मम्मी बोली।

"अरे, बहुत लम्बी लाइन थी। बड़ी मुश्किल से टिकटें मिली हैं।"

"कल की ले लेते पर जल्दी तो आना था।"

"एक ही दिन तो है इतवार जब खूब देर तक सोया जा सकता है। गर्मी में मैटिनी शो भी तो नहीं जा सकते।" सौरभ पिता से अलग होकर फिर कम्पाउंड के पास आ गया। मनीषा भी पिक्चर की बातों में रस ले रही थी। सौरभ को अकेला देख मैं बोला, "शतरंज खेलेगा।"

"नहीं, आज सिनेमा देखेंगे।" कहकर सौरभ फिर अन्दर चला गया।

सौरभ बाहर अकेला खड़ा था। उसके पिता आये और उसे उठा लिया। अब वह उठाने लायक बच्चा नहीं रह गया था। फिर भी सौरभ दो साल के बच्चे की तरह अपने पप्पा से लिपटा था। उनकी आँखों में झाँक कर मम्मी की शिकायत करना चाहता था। मैं सोच रहा था, वह आज मम्मी के खिलाफ उगलेगा। पर वह फफक कर रो पड़ा।

"क्या बात है?"

"कुछ नहीं, तुम्हारा लाडला आज भी बाथरूम की हवालात में था।" सौरभ के बदले उसकी मम्मी बोली थी। सौरभ फिर अपने पप्पा से चिपक गया। मानो कोई फूल भयंकर आँधी में अपनी ही डाली का सहारा पाने को मचल रहा हो। वे दोनों उसी तरह लिपटे रहे। मम्मी आयी, "चलो भी देर हो रही है।"

सौरभ अपने पप्पा के आगे-पीछे चक्कर लगा रहा था। स्कूटर निकला। फिर वही घर्राहट...सौरभ अपने पप्पा की टाँगों के बीच खड़ा हो गया। मानो देश का कोई बड़ा सम्माननीय नेता अपनी जनता का अभिवादन स्वीकारने के लिए सहर्ष खड़ा हो।

भीतर से उसकी मम्मी आयी। एक मंकी-कैप लिए। आते ही सौरभ के सिर पर पहना दी और उसकी ठुड्डी पकड़कर बोली, "बहुत शरारती हो गया है।" मनीषा और उसकी मम्मी भी पीछे बैठ गयीं। सब इतने सटकर बैठे थे कि देखने में बड़ा अजीब लगता है।

स्कूटर की घर्राहट ने मुझे फिर झिंझोड़ा। मैं सोच रहा था, अच्छा है पुराने स्कूटर की जगह नया आ जाए ताकि मेरी परेशानी दूर हो जाए पर इन दोनों के इतने प्रमोशन न हों कि आकांक्षा कार तक पहुँच जाए और बच्चों का शाम का समय भी इनका न रहे।

लौटते हुए

दरवाजे की बेल बजी। कोई नहीं उठा। एक-दूसरे को देखा सबने। पलभर टीवी के महत्त्वपूर्ण दृश्य खोने की कोफ्त सबके चेहरे पर थी। किसी सीरियल का अन्तिम रहस्य धीरे-धीरे खुल रहा था। अन्त कोई नहीं छोड़ना चाहता था। व्यभिचार, बलात्कार और हत्या के एक-एक रहस्य के चुपके-चुपके, उलटते-पुलटते, उलझते-सुलझते ही यह अचानक कौन आ गया इस वक्त...पौने दस रात के बज रहे हैं। यह क्या आने का समय है...किसी के घर। अन्ततः घर का मुखिया अपने अधेड़ जिस्म में खिसियाहट पिरोते हुए, टीवी पर निगाहें टिकाये, पीठ-पीछे की लैच को आदतन खोलते हुए, जंजीर लगे अधखुले दरवाजे के पार कुछ-कुछ पहचाने चेहरे पर एक सवालिया निगाह डालते हुए...'य...स?'

"केवल दो मिनट लूँगा आपके..." अनागत-अनाहूत-सा हाँफता हुआ बोला। तीसरी मंजिल तक चलकर आया था वह। साँस फूल रही होगी...नहीं दमा था उसे ...ऊपर से ये काले बादल और पिछले तीन दिन से लगातार बरसता पानी...उसके दमे को हवा दे रहा था। अब तक दरवाजे के भीतर वाले व्यक्ति ने इसे इतना तो पहचान लिया कि बाहर वाला व्यक्ति कॉलोनी का ही आदमी है। लैच की कुंडी उठाते हुए उसने टीवी पर एक फिसलती निगाह डाली। बेटे की निगाह से उठे सवाल को उसने होंठ बिचका कर उड़ा दिया, 'पता नहीं कौन है?' ऐसा संकेत करते हुए ही उसने दरवाजा खोला। उसे इस बात की चिन्ता नहीं थी कि आने वाला व्यक्ति उसकी इस रुखाई का बुरा मानेगा। अनागत दरवाजे से सटे सोफे के कोने में बैठ गया। किसी का ध्यान नहीं था उसकी ओर। परिवार-मुखिया चश्मा नाक पर ठीक कर एकाग्रता बटोर रहा था। अनागत से वह कुछ कहना चाहता था, तभी 'फ्लैश बैक' में टीवी पर एक महिला से ज्यादती करते हुए व्यक्ति को देखने में वह सब कुछ भूल गया। क्यों न भूले, यह व्यक्ति तो उस महिला का रिश्तेदार भी और पारिवारिक मित्र भी...भला हो ऐसे सस्पेंस का...बच्चों की एकाग्रता तो छोड़िए, उस नन्हे से फ्लैट में बच्चों की माँ भी किसी दृश्य से पीछे नहीं थी। टीवी के उस दृश्य में सारा परिवार लीन था। अनागत ने देखा कि बच्चों की थाली में खाना कब का ठंडा हो चुका है और उनके हाथ सने हैं, पर सूख गये हैं।

अनागत कभी परिवार के सदस्यों को निहारता, कभी टीवी के दृश्य को। दृश्य ऐसा नहीं था कि पूरे सदस्य एक साथ बैठकर देख सकें। पर सब एक-दूसरे को भूल ही चुके थे। दस साल के बच्चे और आठ साल की बच्ची को सब कुछ समझ में आ रहा था। जो नहीं समझ आ रहा था उसे दृश्य, ज्यादती, संगीत, छटपटाहट और चेहरे तथा शरीर की लपलपाहट स्पष्ट कर रही थी।

किसी तरह दृश्य अचानक रुक गया। सब ज्यों मीठी नींद से ठंडे पानी में गिर पड़े हों। परिवार प्रमुख अनागत की ओर मुड़े। फिर उन्हें ध्यान आया कि टीवी की आवाज कम करनी चाहिए। पर बड़े बेटे ने पिता को टोक दिया "रहने दीजिए नया 'एड' है...मजेदार है..." बहुत देर बाद मालूम होता है कि वह किसी शैम्पू का विज्ञापन था।

पर अब परिवार प्रमुख के ध्यान में आ गया कि यह अनाहूत कोई और नहीं— मोहन दीक्षित हैं। इसी कॉलोनी के। हर शाम किसी न किसी मोड़ पर कुछ करते रहने वाले मोहन दीक्षित। कॉलोनी के एक मोड़ पर चारों ओर से कचरा, प्लास्टिक की बेकार थैलियाँ और न जाने क्या-क्या फेंकते रहते। बहुत शिकायत की, अखबारों में लिखा पर कार्पोरेशन के कानों में जूँ तक न रेंगी। फिर एक दिन कुछ बच्चों को लेकर मोहन दीक्षित ने कचरा साफ किया। वहाँ धूप और अगरबत्ती जलायी। आने-जाने वाले उन्हें देखते रहे। किसी को कोई मतलब नहीं था। उनमें यह कुटुम्ब-प्रमुख नगेन्द्र खरे भी थे। अब उन्हें याद आया। उनकी आँखें कुछ परिचय की झलक पा सकीं और उत्सुकतावश उन्होंने मोहन दीक्षित से पूछा, "आप वही न, मोड़ पर कचरे का ढेर हटाकर किसी स्कूली बच्चे से साईंबाबा की तस्वीर बनवा रहे थे, उस दिन। बहुत अच्छा किया आपने। देखिए अब वहाँ कचरा कोई नहीं डालता।"

"मैंने कुछ नहीं किया...दरअसल आपके पड़ोसी राव हैं न उनके बेटे ने साईंबाबा की सुन्दर तस्वीर बनायी..." मोहन दीक्षित बीस मिनट बाद उस घर में बात करने का अवसर पा सके।

"मेरा बेटा भी बहुत अच्छा चित्र बनाता है..." कहते ही खरे रुक गये। पता नहीं ये बेटे की कला का दुरुपयोग तो नहीं करेंगे। दीवारें रँगवाने में बेगार में...

"मुझे मालूम है। इसीलिए मैं आपके घर आया हूँ..." बात पूरी होने से पहले ही खरे की आँखों में नकार के संवाद उलझने लगे। पत्नी ने भी आँखों से ही टोका। बेटा भी भीतर चला गया। और मोहन दीक्षित ज्यों अचानक रेगिस्तान में ढकेल दिये गये। उन्होंने असलियत तुरन्त भाँप ली। एक हल्की-सी मुस्कान उनके चेहरे पर खिंच गयी। इसमें उपहास बिल्कुल नहीं था।

"रवीन्द्र बड़ा होनहार बेटा है आपका..." अपने बेटे का नाम मोहन दीक्षित के मुँह से सुनते ही खरे ने टोका, "आप कैसे जानते हैं इसे...?"

"मैं यही बताने आया था आपको...दरअसल हमारे शहर का अखबार

'लोकसमाचार' की ओर से जो प्रतियोगिता आयोजित की थी, उसमें आपका बेटा पहला आया है। हमारी संस्था अपने वार्षिक कार्यक्रम में इसका सम्मान करना चाहती है।"

फिर अचानक खरे की पत्नी भी ड्राइंग रूम में आ गयी। रवीन्द्र भी अपनी ड्राइंग की कॉपी लेकर सामने आ गया। केवल रानी अब भी टीवी से चिपकी हुई थी। खरे की पत्नी ने अचानक घोषणा कर दी, "रुकिए मैं चाय लाती हूँ।"

खरे की ओर देखते हुए दीक्षित ने कहा, "मेरा खाना अभी बाकी है। चाय के बाद खाने पर बुरा असर होता है।" "आप पहली बार आये हैं। ना मत कहिए।" खरे ने औपचारिक आग्रह करते हुए कहा। मोहन दीक्षित केवल मुस्कुरा दिये। कैसे बताएँ कि हर वर्ष वे आते हैं साहित्य कला संगम के वार्षिक उत्सव का निमन्त्रण लेकर। पिछले चार वर्षों में एक बार भी खरे नहीं गये सम्मेलन में। पर मोहन दीक्षित नहीं माने। वे हर स्थिति का सामना केवल मुस्कुरा कर ही करते हैं।

वे अब भी मुस्कुरा रहे हैं। सम्मान बच्चे का हो रहा है तो इस घर में उन्हें कितना सम्मान मिल रहा है, वरना पिछली बार तो उन्हें बैठने के लिए भी नहीं कहा था—इसी खरे ने। उल्टे दीक्षित के आगे बढ़ते ही कहा था—"लोगों को आजकल काम-धन्धे कम हो गये... सार्वजनिक कामों में बहुत कुछ मिलने लगा है" यह पता नहीं क्यों वे कह नहीं पाये, पर उनके दिमाग में यह बात उठी जरूर थी।

इधर से चाय आयी और रवीन्द्र अपनी कॉपी खोलकर एक-एक पन्ना पलटने लगा। मोहन दीक्षित फिर मुस्कराने लगे। "आपका बेटा वाकई होनहार है। बेहतरीन चित्र बनाये हैं उसने। पहाड़, नदी, पेड़, फूल तो बेहद सुन्दर..." कहते-कहते वे सोच में पड़ गये। आज कल बच्चों को केवल टीवी पर सारी दुनिया मिल जाती है परोसी हुई। बच्चे अपनी मनचाही आँखों से न कुछ देख पाते हैं और न समझ पाते हैं। सब कुछ कोई और ही तय करता है। बस, सब बँध जाते हैं मनोरंजन के खूँटे से। फिर कोई हिलने का नाम ही नहीं लेता।

जब मोहन दीक्षित उठने को हुए तब भी रानी टीवी में लीन थी। मोहन दीक्षित ने सबसे विदा ली। खरे उन्हें छोड़ने बिल्डिंग के नीचे तक आये। सोचने लगे पुरस्कार लेते हुए रवीन्द्र कैसा लगेगा। तपाक से उनका गणितीय दिमाग इस खोज में व्यस्त हो गया कि इसमें मोहन दीक्षित का क्या स्वार्थ होगा। सोचते-सोचते वे अपने दरवाजे पर थे जहाँ रवीन्द्र ने उन्हें अपनी नन्ही बाँहों में भर लिया। रवीन्द्र का उत्साह बढ़ा था। उसके माँ-बाप खुश थे। रानी अब भी टीवी के दृश्यों में खोयी ही थी।

नगेन्द्र खरे के घर यह पहला पुरस्कार था। नगेन्द्र को कभी नहीं मिला था। बच्चे भी पढ़ने-लिखने में सामान्य ही थे। घर आते ही कार्यक्रम की समीक्षा होने लगी। रवीन्द्र पर उन्हें आज कुछ अतिरिक्त नाज हो रहा था। उन्हें कार्यक्रम की एक-एक बात याद आ रही थी। मोहल्ले में कितने प्रतिभाशाली लोग हैं। उन्हें आज मालूम

हुआ कि उनकी ही बिल्डिंग में एक ऐसा वैज्ञानिक है, जिसे राष्ट्रीय स्तर का पुरस्कार मिला है। यह भी मोहन दीक्षित की ही खोज है। कला, साहित्य, क्रीड़ा के क्षेत्र के लोगों को मोहन दीक्षित ने एक मंच पर ला दिया था। पर मोहन दीक्षित ढूँढ़ने पर भी मंच पर दिखाई नहीं दिये थे। वे कार्यक्रम में बिल्कुल पीछे चुपचाप किसी संकेत की प्रतीक्षा में रहते, किसी संकेत पर वे चुपचाप उठते और काम पूरा कर फिर वहीं आ बैठते। नगेन्द्र खरे को उनका निजी स्वार्थ ढूँढ़ने पर भी नहीं मिला।

दूसरे दिन सुबह सात बजे खरे जब रवीन्द्र को स्कूटर पर स्कूल छोड़ने जाने लगे तो फैक्टरी की नीली वर्दी के बीच मोहन दीक्षित भी थे। सब लोगों की भीड़ में रवीन्द्र ने उन्हें पहचान लिया। दोनों ने हाथ उछाल दिये। थोड़ी दूर जाने पर खरे ने बेटे से पूछा, "क्या वे दीक्षित थे?" बेटे के 'हाँ' कहने पर वे चुप हो सोचने लगे मोहन दीक्षित के चेहरे पर हर वक्त हँसी कैसी बिखरी रहती है। किसी ने मोहन दीक्षित को परेशान नहीं देखा।

मोहन दीक्षित के लिए इस प्रकार के कार्यक्रम कोई इकलौते न रहते। वे सालभर कुछ न कुछ करते रहते। शाम उनकी अपने मुहल्ले के कोने में ही गुजरती। वरिष्ठ नागरिकों के लिए कार्यक्रम हो या किसी का छोटा-सा व्याख्यान, वार्षिक गणेशोत्सव या कि किशोरों का संगीत-सम्मेलन...मोहन दीक्षित निरन्तर व्यस्त रहते। अब उनके साथ कुछ युवा मित्र जुड़ गये थे। विविध क्षेत्र के युवा साथी। फिर कार्यक्रमों की पत्रिकाएँ छपवाना-बाँटना, हॉल बुक करना। खर्चों के लिए प्रायोजक ढूँढ़ना, फिर कार्यक्रमों के समाचार अखबारों में देने जैसे कामों में वे निरन्तर व्यस्त होते। मंच पर वे कभी न होते। हर बार मुहल्ले के ही लोगों को आगे कर उन्होंने ऐसे अतिथि जुटाये, जिनके आकर्षण से लोग इन कार्यक्रमों में शरीक हो सकें। सबसे कठिन काम उन्हें लोगों को इकट्ठा करने का होता था। कई जगहों से उपेक्षित होने के बाद भी उनकी हँसी कोई नहीं छीन पाया।

खरे का बेटा रवीन्द्र मोहन दीक्षित का मित्र था। कार्यक्रम की सजावट और चित्र बनाने में सक्रिय। खरे कुढ़ता रहता एक सम्मान देकर रवीन्द्र को फुसला लिया इसने। खरे घनचक्कर दिमाग में मोहन दीक्षित के कार्यों की बैलेंस शीट चक्कर काटती। वह अजीब-अजीब दृष्टि से मोहन दीक्षित को देखता, पर मोहन दीक्षित की मुस्कान पर जरा-सा भी खरे का ग्रहण नहीं लगा। अपने बेटे रवीन्द्र को भी वह नहीं रोक सका। रवीन्द्र अब टीवी के सामने कम मोहन दीक्षित के सामने ज्यादा होता। बाल्कनी में नये-नये चित्र बनाता।

एक दिन उसने बताया कि मोहन दीक्षित सभी किशोरों को लेकर पर्वतारोहण के लिए जा रहे हैं। "कितने रुपये माँग रहे हैं।" खरे का पहला और महत्त्वपूर्ण सवाल था।

"केवल बीस रुपये बस का किराया। भोजन का खर्च नुक्कड़ वाले 'आशा

आइसक्रीम' की ओर से है। मेरा टिकट भी वे ही देंगे। मोहन अंकल ने कहा कि इस वर्ष जिनको पुरस्कार मिला है, उन्हें संस्था की ओर से ले जाया जाएगा।"

खरे की आँखें बुझ गयीं। पैसे भी नहीं देने थे। बस से जा रहे हैं। जमा-खर्च का हिसाब ही नहीं था। उन्होंने बेटे को स्वीकृति दे दी जाने की। लेकिन, मोहन दीक्षित को लेकर उनकी उत्सुकता, कुतूहल, कुछ-कुछ आशंकाएँ निरन्तर बढ़ते रहे।

मोहन दीक्षित ने भरी बरसात में पर्वतारोहण का एक उत्साही कार्यक्रम पूरा किया। एक-एक लड़के-लड़कियों को उनके घर तक पहुँचाया, फिर उसने घर पहुँचे रात ग्यारह बजे।

सुबह-सुबह रवीन्द्र की आँखों में थकान और अधूरी नींद थी। स्कूटर पर स्कूल जाते हुए ऊँघ रहा था, तभी मोहन अंकल के दूर से ही हाथ की उछाल से वह चौंक गया और जवाब में एक स्नेहिल हाथ लहरा गया। खरे ने पीछे हलचल महसूस की और पूछा, "कौन है?" "मोहन अंकल..." कहकर वह मचल उठा। अचानक उसने खरे की कमर में अपने किशोर हाथ बाँध दिये। खरे को लगा यह स्नेह भरा उपहार मोहन दीक्षित के लिए है। आज तक रवीन्द्र ने अपना स्नेह इस तरह नहीं जताया। स्कूटर पर तो वह उसे पिछले तीन साल से स्कूल पहुँचा रहा है।

रवीन्द्र मौन था। उसकी आँखों के सामने कल का निर्बाध झरना, बारिश में झूमते पेड़ और फिसलते हुए पहाड़ पर चढ़ने की एक सुखद होड़ नाच गयी थी। बस घर पहुँचते ही जूते और कपड़े खराब करने पर माँ की डाँट ने एक झनझनाहट के साथ सबकुछ छीन लिया था।

स्कूल आ गया था। खरे ने रोज की तरह हाथ उछाल कर रवीन्द्र को स्कूल के लिए रवाना किया। रवीन्द्र की आँखों में आज एक नयी चमक देखी उसने।

आज रविवार का दिन था। सब सुस्ता कर उठ रहे थे। अलसाये दिन को खरे चाय से तरोताजा करने की कोशिश कर रहे थे। तभी अखबार आया। राजकुमार डायना की नाटकीय और भयावह मौत की खबर ने सारे अखबार को लील लिया था। फोटो, बॉक्स न्यूज, श्रद्धांजलियों ने अखबार को कस लिया था। एक और खबर भी जगह बना चुकी थी—एक विदेशी कलाकार का आतंकवादियों ने कश्मीर की वादियों के चित्र खींचते समय अपहरण किया। शर्तें सरकार ने नहीं मानीं, इसलिए कलाकार का सीना भरे चौक में दिन-दहाड़े छलनी कर दिया और चुरायी गयी मारुति कार से भाग गये। पूरा रविवार 'हॉरर शो' बन गया। खबरों के आगे-पीछे सारे विवरण रोंगटे खड़े कर देने वाले थे। "ये क्या हो रहा है।" कहकर खरे ने अखबार पटक दिया। "चलो आधी कप चाय और बनाओ," कहकर उन्होंने पत्नी को रविवार होने का एहसास दिलाया।

"पहले बच्चों को उठाओ, फिर चाय मिलेगी।" हमेशा की शर्त सामने रखकर उनकी पत्नी भी अखबार में खो गयी। डायना के तलाक और प्रेम, प्रेस की सनसनीजन्य

भूख पर उन्होंने आपस में बातें कीं। आतंकवादियों की हरकतों पर वे कुछ नहीं बोले, केवल हेडलाइन ही पढ़ी थी–दोनों ने। शायद अब इस तरह की खौफनाफ हत्याएँ, अपहरण उतनी सनसनी नहीं फैलाते। खरे की पत्नी अचानक सँभल कर बैठी। और गौर से दूसरी खबर पढ़ने लगी, "अरे, देखा आपने?"

"क्या है...?" खरे ने कहा।

"देखिए-देखिए... मोहन दीक्षित का असामयिक निधन..."

पत्नी ने कहा था।

खरे ने अखबार छीन लिया। छोटी-सी खबर थी। छोटा-सा शीर्षक था–कोने में। रात को नींद में मोहन दीक्षित का हार्ट फेल हो गया। उम्र केवल पचास वर्ष।

बस, पति-पत्नी इस अप्रत्याशित खबर से चौंक गये। मोहन दीक्षित पास की ही बिल्डिंग में रहते थे। दूसरी चाय को कब का भूलकर वे मोहन दीक्षित के घर की ओर निकल पड़े। उन्होंने देखा कि अच्छी-खासी भीड़ इकट्ठा हो गयी है। आसपास के अधिकांश लोग वहाँ पहुँच गये थे। दूर-दूर से शहर के कोने-कोने से भी कुछ आये थे। खरे को अपने देर से पहुँचने का कुछ क्षण के लिए अफसोस हुआ। इलाके के विधायक ने अपनी सक्रियता बढ़ा दी। अम्बुलेंस और दूसरी व्यवस्था के लिए वे अधिक चिन्तित लग रहे थे।

हर क्षेत्र के लोग वहाँ थे। व्यापारी, साहित्यकार, राजनीतिज्ञ, कलाकार और पूरे इलाके से, हर घर से कोई न कोई था। आज खरे को मालूम हुआ–मोहन दीक्षित इन सबके घर हो आये होंगे–मेरे घर की तरह। क्योंकि इनमें से कोई उनका रिश्तेदार नहीं था। बिल्डिंग के नीचे पार्किंग की जगह, मोहन दीक्षित का पार्थिव शरीर रखा था। चेहरे पर वही जीवित मुस्कान थी। मोहन दीक्षित की पत्नी दूर पीछे गुमसुम खड़ी थी। उनके आँसू सूख गये थे। वे मोहन दीक्षित की माँ को सँभाले हुए थीं। मोहन दीक्षित की बेटी जर्मन में एम.ए. कर रही थी। बेटा बारहवीं की परीक्षा की तैयारी कर रहा...बस सूचनाओं के आदान-प्रदान में भीड़ उनके इस तरह अचानक चले जाने पर नियति की क्रूरता को कोस रही थी। कुछ दबे स्वर में कहते–उन्होंने अपनी तबीयत का कभी खयाल नहीं रखा। बहुत अधिक डाइबिटीज होने के बावजूद बहुत परहेज नहीं रखा। किसी के घर चाय को वे सख्ती से टाल नहीं पाये और न ही फीकी चाय के लिए निस्संकोच कह पाये। खरे के सामने वह दिन घूम गया जब उन्होंने अत्यधिक औपचारिकता से चाय पिलायी थी। मोहन दीक्षित ने कुछ अधिक विरोध नहीं किया था। पहली बार खरे को अपनी बात का अफसोस हुआ।

सारी भीड़ हतप्रभ थी। अम्बुलेंस आ चुकी थी। मोहन दीक्षित के घर वालों ने शायद पहली बार अनुभव किया कि इतने सारे लोगों तक दीक्षित पहुँच चुके थे। इस इलाके के सबसे बड़े उद्योगपति जो किसी कार्यक्रम में मुश्किल से ही आ पाये वे भी शालीनता से हाथ बाँधे शोकमग्न थे। केवल विधायक ही एक ऐसे व्यक्ति

थे, जो अपनी उपस्थिति का प्रत्यक्ष एहसास करवाने की कोशिश करते रहे। बाकी सब मोहन दीक्षित से संवाद करते रहे, मृत्यु को तौलते रहे, नियति को विस्मित और दुखी मन से महसूस करते रहे। इतनी विशाल भीड़ थी, पर हर आदमी इस मृत्यु से अकेला हो गया था। निश्चित ही यह श्मशानी विरक्ति नहीं थी।

अम्बुलेंस जब बढ़ने लगी तो खरे का रवीन्द्र नंगे पैरों भागता हुआ विह्वल होकर मोहन दीक्षित को ढूँढ़ रहा था। चीख को जज्ब किये यह चौदह साल का किशोर बेचैन हो इधर-उधर शोकाकुल चेहरों को देख रहा था, तभी उसके पिता ने उसे देखा। पिता से लिपटकर रवीन्द्र फूट पड़ा। जोरों से फफककर रो पड़ा वह। दूसरे पूछने लगे थे—आपस में कि कौन लगता है यह दीक्षित जी का। परन्तु, मोहन दीक्षित का बेटा भी उसे नहीं पहचान पाया।

रवीन्द्र ने अपने पिता खरे का निर्देश ठुकरा दिया और श्मशान जाने की जिद नहीं छोड़ी। वह मोहन दीक्षित को देखना चाहता था। 'अन्तिम दर्शन' शब्द का उसे अर्थ मालूम नहीं था। वह उन्हें देखना चाहता था। खरे आज उसे नहीं रोक पाये रवीन्द्र अपने साथियों से जा मिला।

श्मशान में मोहन दीक्षित की पार्थिव देह उतारकर जब रखी गयी तो लोगों ने उनके अन्तिम दर्शन लिए। रवीन्द्र ने उनका वही प्रफुल्लित चेहरा देखा और उसकी आँखें पता नहीं कैसे बहुत दृढ़ हो गयीं। खरे ने सोचा था कि वह डर जाएगा, सहम जाएगा...उस पर विपरीत असर होगा। पर रवीन्द्र के ऐसा कुछ नहीं हुआ। खरे जैसे नितान्त दुनियादार आदमी ने अनुभव किया कि उनका बेटा दीक्षित से संवाद कर रहा है। मन ही मन बातें कर रहा है और मोहन दीक्षित मुस्कराते हुए रवीन्द्र को सुन रहे हैं। खरे को पहली बार एहसास हुआ कि उनका बेटा अब बड़ा हो चला है।

विधायक जब तीन-चार लोगों के साथ अलग हुए तब भीड़ शोकसभा में बदल गयी। विधायक अपनी श्रद्धांजलि में बार-बार यह बताने की कोशिश करते कि किस तरह उन्होंने नयी कल्पनाओं-योजनाओं को मदद दी। उनके स्वभाव, समर्पण और सक्रियता को उन्होंने तयशुदा भाषा में सराहा। पर बार-बार वे मोहन दीक्षित की जगह मोहन जोशी का उल्लेख करते। उस शोकाकुल वातावरण में भी विधायक पर उपहासपूर्ण हँसी उछल पड़ी। क्योंकि मोहन जोशी एक हास्य अभिनेता है, जो इसी शहर का है। कई और लोगों ने भी अपनी भावनाएँ व्यक्त कीं। भावविवश वातावरण में जब बिजली दाह-यन्त्र से चड़-चड़ की आवाजें उठतीं तो रवीन्द्र सिहर जाता।

उसके जबड़े अदृश्य के लिए कस जाते। सब लोग भारी मन से धीरे-धीरे बाहर जाने लगे। 'जगत् मिथ्या' जैसे भाव उनके चेहरे पर थे। पर सब केवल मोहन दीक्षित के अचानक इस तरह चले जाने से बहुत दुखी थे—भीतर तक। खरे भी यही कुछ सोच रहे थे। उन्हें लग रहा था रवीन्द्र कुछ ज्यादा ही जुड़ गया था दीक्षित के साथ। रवीन्द्र के कदम ठिठक जाते पल-पल। बार-बार निगाहें दाह-गृह से टकरातीं। वह

अन्तर्मुखी हो गया था। सबको आगे बढ़ने देता और भीड़ में जान-बूझकर पिछड़ता रहा। खरे उसके साथ थे।

करीब-करीब सारे लोग मेन गेट पार कर चुके थे। रवीन्द्र भी मेन गेट की ओर बढ़ रहा था। खरे अब उससे कुछ न कहते। रवीन्द्र गेट पर पल भर के लिए ठिठका। पीछे मुड़कर देखा उसने और धीरे-धीरे गुमसुम सड़क पर आ गया।

खरे ने सोचा, हर कार्यक्रम में सबसे अन्त में मोहन दीक्षित निकलते थे। पिछले तीन सालों से वे मोहन दीक्षित के कई कार्यक्रमों में गये थे—रवीन्द्र के कारण। रवीन्द्र हर कार्यक्रम के बाद मोहन दीक्षित के बारे में कई-कई प्रसंग सुनाता। यही कुछ सोचते आगे बढ़ रहे थे नगेन्द्र खरे।

रवीन्द्र चुपचाप बोझिल कदमों से पिता के साथ-साथ चल रहा था। उसे लगा कि हर कार्यक्रम की तरह आज भी मोहन दीक्षित सब को धन्यवाद के साथ विदा कर रहे हैं। कार्यक्रम में आने के लिए आभार व्यक्त कर रहे हैं। मोहन दीक्षित साथ में ही हैं उसके। उनसे संवाद अधिक मुखर हो उठा है। चारों ओर केवल मोहन दीक्षित हैं—उसके भीतर भी। स्कूटर पर पिता के पीछे चुपचाप बैठ गया वह। हाथ हवा में लहराते-लहराते ठहर गया था उसका...!

गन्ध

आज रविवार का दिन था। पर प्राची के लिए कोई दिन भी छुट्टी का नहीं। उल्टे छुट्टी के दिन उसे ज्यादा काम होते। सिर्फ वह अपने ऑफिस में नहीं बैठती, लेकिन काम ज्यादा होते। घर पर मिलने-जुलनेवालों के लिए रविवार ही सुविधाजनक लगता। प्राची प्रिंसिपल है—नर्सिंग कॉलेज की। नर्सों की ट्रेनिंग ज्यों उसके जीवन का मिशन था। हॉस्टल की देखरेख, खानपान की व्यवस्था और पूरे परिसर का रखरखाव। किसी भी बात पर कोई समझौता नहीं, हर काम श्रेष्ठ होना चाहिए। वैसे वह प्रिंसिपल तो बिल्कुल नहीं लगती। एक तो उम्र में बहुत कम लगती, दूसरे वह अत्यधिक सादगी भरे लिबास में होती। आँखों में उस तरह की गम्भीरता न होकर, एक चमक की झलक, लेकिन एक चुनौती...चुनौती कि हर काम कसा हुआ हो। दिखने में दुबली-पतली पर स्वर में एक दबदबा, एक भारीपन और निर्णय का स्वर होता उसका।

पर आज उसने पूरी तरह छुट्टी ले रखी है। अपनी असिस्टेंट से कल ही कह दिया था कि कल भैया आ रहे हैं। वह पूरा रविवार मनायेगी उनके साथ, उनके परिवार के साथ। इसलिए हॉस्टल की सारी व्यवस्था ठीक-ठाक हो। खाना हमेशा की तरह चखा जाये। हॉस्टल पर कड़ी नजर हो। ऐरे-गैरे बेवजह लोग हॉस्टल की ओर न घूमे। लड़कियाँ भी सही समय पर अपने लौटने की सूचना दें। और कुछ खास रहा तो घर पर फोन करना न भूलें।

पर सुजय अब तक क्यों नहीं आया? उसकी गाड़ी तो सुबह छह बजे ही यहाँ आ जाती है। सात बजने को आये। अखबार भी सारा पढ़ डाला। फिर फोन किया स्टेशन। मालूम हुआ कि गाड़ी तीन घंटे लेट है। ओफ। तीन घंटे, वह समय की बहुत पाबन्द। अब क्या करें तीन घंटे! अखबार पर फिर नजर दौड़ायी। वही खबरें... आतंकवादियों के साथ मुठभेड़ में मरनेवालों के आँकड़े, मेडिकल कॉलेज में दाखिले के लिए डोनेशन के आँकड़े, शेयर घोटाले के आँकड़े, ट्रेन दुर्घटना में मरनेवालों के आँकड़े...बस आँकड़े ही आँकड़े! विश्व बैंक के कर्जों के आँकड़े, सुधरती अर्थ-व्यवस्था के आँकड़े—पटक दिया अखबार प्राची ने और सड़कों की ओर खुलनेवाली बाल्कनी में खड़ी हो गयी।

प्राची बाल्कनी में आ गयी। सूर्योदय हो चुका था। लोग सुबह की तफरी या

दूध आदि के लिए घरों से बाहर आ गये थे। नीचे से किसी परिचित ने 'हलो' में हाथ लहराया। पर प्राची तो अपने सुजय के साथ अपने भूतकाल में पता नहीं कब गहरे उतर चुकी थी....

सुजय उन दिनों छठी में था। पिता बहुत मामूली नौकरी पर थे। बच्चों को पढ़ाना उनके लिए आसान नहीं था। क्योंकि वे एक छोटे-से गाँव में थे, जहाँ चौथी तक ही पढ़ाई सम्भव थी। इसी बीच उनका तबादला दूर दूसरे गाँव में हो गया। सुजय पाँचवीं से ही दस किलोमीटर चलकर पास के कस्बे के एक स्कूल में जाता था। पिता के तबादले के बाद यह दूरी और बढ़ गयी। पिता ने सुजय को उस कस्बे के 'हॉस्टल' में रखा, जहाँ केवल नौ विद्यार्थी थे। नौ इसलिए, क्योंकि वहाँ कोई सुविधाएँ नहीं थीं। जमीन पर धान की सूखी घास पर एक लम्बी दरी होती। उसी पर सोना होता। एक ही कमरे में सारे विद्यार्थी होते, शाम को सब अलग-अलग खाना बनाते। साल खत्म होते, परीक्षा करीब आते इसमें से भी दो-तीन विद्यार्थी उसी कस्बे में बेहतर जगह, अपने रिश्तेदार या पहचानवालों के घर चले जाते ताकि भोजन और पढ़ाई की ठीक-ठाक व्यवस्था हो सके।

फिर बच जाते वे, जिनके पास कोई पर्याय न होता। और साथ में होते नये मास्टर, जिन्हें उस कस्बे में अभी तक मकान नहीं मिला था। पर पन्द्रह दिन से ऊपर वहाँ कोई न टिकता। मकान मिलते ही मास्टर अपने घर में चले जाते। 'हॉस्टल' की देखभाल के लिए स्थायी रूप से कोई नहीं था, सिर्फ रात के भोजन के बाद हेडमास्टर एक राउंड लगा जाते।

सात-आठ लोगों के इस हॉस्टल की दिनचर्या बड़ी ही सीमित थी। सुबह सीधे खाना ही बनता था। हाथ-मुँह धोने के बाद नाश्ते में अपना-अपना भिगोया चना होता। अक्सर रोज ही। फिर थोड़ा आगे निकलकर लकड़ियाँ तोड़ लाते। सूखी लकड़ियाँ। खाना बनाने के लिए। खाना भी तय था। दाल और चावल। तीन ईंटों का चूल्हा होता, जिसमें दो-दो की जोड़ियों में सुजय खाना बनाता। सुजय और उसका साथी दाल-चावल बनाते। दाल में ही कभी-कभी सब्जी डाल देते। आलू, प्याज या बैंगन। बस, यही दाल-भात रोज का भोजन होता।

सुजय ने एक दिन चाहा कि वह सुबह ही लकड़ी बटोर लाये। जब वह अपने साथी के साथ लौटा तो देखा कि उसकी देगची से चना गायब है और एक-दूसरा लड़का भी। वह बड़ी कक्षा का था—आठवीं का। उससे पूछने की हिम्मत न होती। लेकिन उसका बस्ता भी वहाँ नहीं था। शायद वह अपने गाँव निकल गया था।

सुजय के पास एक पुराना बक्सा था। इसी बक्से में वह अपना एक जोड़ी कपड़ा, कॉपियाँ-किताबें और चना-दाल-चावल रखता था। उसने सोचा कि अब चने बाहर सुरक्षित नहीं रहेंगे। इसलिए उसने लोटे में चने भिगोकर बक्से में रख दिये। ताला भी लगा दिया। बाद में सभी लड़के वैसा ही करने लगे थे। दो हफ्ते के बाद

वह आठवींवाला लड़का गाँव से लौटा। उसके पास कोई सीधा-सामान नहीं था। केवल बस्ता था। कुछ निराश और उदास था। गुस्से में भी था वह, किसी से बात न करता।

जब सुजय और उसका दोस्त लकड़ियाँ बटोरकर लौटे तो देखते क्या हैं कि बक्सा अपनी जगह नहीं है। इधर-उधर देखा तो वह कोने में पड़ा मिला। बक्से से पानी बाहर निकल रहा था। खोला तो बक्से भर भीगे चने बिखरे पड़े हैं। उसी में दाल-चावल भी भीग गया है। दो-दो रुपये के कुल जमा पाँच नोट भी भीग गये हैं। कपड़े और पुस्तकें भी। आज तो हद हो गयी। आज हेडमास्टर को बताना ही पड़ेगा।

शाम को हेडमास्टर आये। क्योंकि वह लड़का कक्षा में भी नहीं आया था। सुबह भी अकेला ही गायब था। शाम को जब सब उसकी शिकायत करने का मन बना चुके थे और हेडमास्टर भी आ चुके थे, तब वह वहाँ लौटा ही नहीं। रात को भी नहीं। उसका बस्ता वहीं था। पर वह नहीं लौटा। हफ्ता, महीना और साल पूरा हो गया। वह नहीं लौटा। उसका गाँव बहुत दूर था। बहुत दिनों बाद मालूम हुआ कि वह पास ही बन रही रेलवे लाइन पर मजदूरी करने लगा है...सुजय यह घटना जब पिता को सुना रहा था, तब उसकी आँखें डबडबा आयी थीं। प्राची पिता से सटकर बैठी उस छोटी उम्र में भी अपने बड़े भाई की आँखों में एक अदृश्य डर को पढ़ रही थी। पिता की आँखों में एक निश्चय सुजय को मिलता कि किसी भी हालत में पढ़ाई नहीं छोड़नी है।

दूसरे साल सुजय ने परीक्षा में अच्छे अंक लिए। पर अगले साल के बाद क्या होगा? उस कस्बे में आठवीं तक की ही स्कूल थी। इतनी तकलीफों के बीच अगली पढ़ाई पर यहीं पूर्णविराम का डर सुजय के लिए बहुत पीड़ादायक बात थी। बीच-बीच में पिता उससे मिलने आते। कुछ रुपये दे जाते। ढाढस बँधाते कि अगली पढ़ाई भी किसी तरह हो ही जायेगी। पर कैसे होगी—दोनों को मालूम नहीं था।

सुजय पर शिक्षकों का ध्यान होता। एक तो वह पढ़ाई में अव्वल रहता, दूसरे बहुत गरीब था। फिर स्वभाव भी मेल-जोलवाला होने के कारण सबका ध्यान उस पर रहता। लेकिन सुजय अपने भविष्य को लेकर सिहर उठता।

वैसे अब आठवीं में आकर उसे अपने चने बक्से में न रखने पड़ते। परन्तु अब भी लकड़ियाँ बीनने जाना ही पड़ता है। खाना बनाना ही पड़ता। पढ़ाई चल रही थी। दीपावली की छुट्टी से लौटने के बाद खुशखबरी मिली कि सरकार ने इस स्कूल को दसवीं तक बढ़ा दिया है। अगले साल नवीं की पहली कक्षा सुजय की बैच के साथ शुरू होगी। सुजय की खुशी का ठिकाना न था।

स्थितियाँ वैसी ही थीं। पर नया जोश आ गया था...आगे भी पढ़ सकेंगे।

एक शाम क्लास देर से छूटी। परीक्षाएँ करीब थीं। आठवीं की परीक्षा भी बोर्ड की ओर से होती थीं। स्कूल का रिजल्ट अच्छा लगे इसके लिए शिक्षक जी-जान से लगे थे। दूसरे, नवीं में अधिक विद्यार्थी मिलने पर ही कक्षा खोलने की अनुमति मिल पाती।

हॉस्टल पर लौटने तक शाम उतर आयी थी। धुँधलका पसर चुका था। किसी के लिए लकड़ियाँ नहीं बची थीं। विद्यार्थियों की संख्या उतनी ही थी—सात-आठ। पैरों में जूते-चप्पल कइयों के नहीं थे। सुजय के भी नहीं। इसलिए रात में डर लगता। हॉस्टल के बाहर ही सड़क थी और सड़क की दूसरी ओर सुनसान अँधेरे में जंगल-साड़ी। पर अब वहाँ कौन जाये। कई बार साँप-बिच्छू देख चुके थे। ये सब क्या करें...तभी किसी को सूझा—सड़क पर पड़ा जलता कोलतार। सड़क की मरम्मत चल रही थी। हॉस्टल की बगल में ही कोलतार के ड्रम पड़े थे। लाठी से उन्होंने कोलतार के टुकड़े किये और ले आये हॉस्टल में! कोलतार उनके चूल्हे में धू-धू कर जलने लगा था। सारे कमरे में काला धुआँ उफन रहा था...साथ ही दाल-चावल भी।

सबका ध्यान परीक्षा की तैयारी में था। बीच-बीच में दाल-चावल भी देख लेते। खाना पक जाने के बाद चूल्हे में पानी डालकर बुझा दिया और बर्तन ढँककर रख दिये। सब खुश थे। जिसने युक्ति सुझायी थी उसके लिए मन-ही-मन तारीफ चल रही थी—पढ़ाई भी। भूख अधिक लगने पर पढ़ाई सबने बन्द की और खाना खाने उठ गये।

थोड़ा ही खाया होगा कि एक को मितली आने लगी। उसने कहा कि तुम लोगों को गन्ध नहीं आ रही है...कोलतार की दुर्गन्ध...ऐसा कहने पर सबको दुर्गन्ध आने लगी। भूख की लपटों में दुर्गन्ध कब किसे आती। पर थोड़ा खा चुकने के बाद सभी ने महसूस किया कि भयंकर दुर्गन्ध है...फिर याद आया कि कोलतार की काली लपटों के साथ दुर्गन्ध भी उठी थी, जिसकी ओर किसी का ध्यान नहीं था। चावल जब देखे तो बड़े अच्छे पक गये थे...सफेद झक्...लेकिन इस दुर्गन्ध के मारे...अब और खाना सिर्फ उल्टी करना था...सब रुक गये। चावल देखते ही मितली होती। दूसरा दिन शनिवार का था। सुजय ने आज भजिए खाकर ही दिन गुजार दिया।

सुजय हर शनिवार तो नहीं, पर जब घर की याद आती, गाँव चला आता। अक्सर शनिवार को जाने की इच्छा होती। छोटी बहन प्राची, माँ-बाबू जी से मिलने का मन होता। आज तो उसे जाना ही था। जाते समय प्राची के लिए एक गन्ना और दोना भर जलेबी लेना न भूलता। गन्ने की लाठी बनाकर वह उसमें अपना झोला टाँग देता। इस झोले में उसकी किताबें-कापियाँ होतीं। प्राची का दोना भी।

बाबू जी रात में आये। प्राची गन्ना चूस रही थी। बाबूजी भी थके-हारे आये थे। सुजय के आते ही उसकी माँ की आँखों में एक निराली ही चमक तैर जाती। बढ़ते बेटे को देखते ही मन-ही-मन वह खूब आनन्दित होती। बाबू जी भी सुजय को

देखते ही सारी थकान भूल जाते। प्राची अभी चौथी में पढ़ रही थी। गाँव में ही।

खाना खाते समय जैसे ही माँ ने चावल परोसा, सुजय लगभग उल्टी करने की स्थिति में आ गया। उसकी आँखों से पानी टपकने लगा और लगा कि पेट का सारा कुछ बाहर आ जायेगा। तभी माँ ने पीठ पर हाथ फेरा। पानी दिया। और पूछा "क्या हुआ बेटे...तबीयत तो ठीक है...बेटे को किसी की नजर तो नहीं लग गयी..."

जब सुजय ने बताया कि किस तरह उन्होंने कल खाना बनाया था, जिसमें कोलतार की गन्ध चावल में समा गयी थी और चावल को देखने भर से उसके मन-मस्तिष्क में बसी दुर्गन्ध से उबकायी आने लगती है...माँ-बाप सुनते-सुनते रुआँसे हो गये थे। प्राची को वह घटना आज भी याद है। उतनी छोटी उम्र भी उस घटना का बोझ सहती रही...

अचानक वह चौंकी, "दीदी चाय!"

बिना कहे चाय...अच्छा लगा उसे। इन्दिरा, कितना ध्यान रखती है उसका। इन्दिरा न तो नौकरानी है और न ही रिश्ते की कोई। पर दीदी कहती है, प्राची को। प्राची ने ही उसे यह अधिकार दिया है।

दरअसल प्राची हर वर्ष एक ऐसी लड़की को अपने साथ रखती है, जिसके माता-पिता गरीबी के कारण अपनी बेटी को पढ़ा नहीं पाते। खासकर गाँव की लड़की। उसका सारा खर्च वह स्वयं उठाती है। इन्दिरा भी ऐसी ही एक लड़की है। वह घर का भी सारा काम करती है।

इन्दिरा को मालूम है, आज मेहमान आनेवाले हैं। उसकी अपनी तैयारियाँ चल रही हैं। प्राची कभी कुछ नहीं कहती खाने के लिए—क्या बनाना है। बस कभी खुद इन्दिरा के साथ जुट जाती है। इन्दिरा के बहुत मना करने के बावजूद।

ओफ्फ! नौ बज गये। अभी तक भैया नहीं आये। फोन किया। गाड़ी एक घंटा और देर से आयेगी। अब प्राची से नहीं रहा गया। क्या हो गया है सारी व्यवस्था को...कोई काम समय पर नहीं...क्या होगा...वह अधिक कुछ और नहीं बुदबुदायी। साड़ी बदली। इन्दिरा को बताया, "स्टेशन जा रही हूँ। दीप्ति उठ जाये तो ध्यान रखना...नहीं तो ऐसा करो, मेरे जाने के बाद उठा दो, नहीं तो जिद करेगी अभी मेरे साथ चलने की। उसे आज का ही दिन मिलता है सोने के लिए, नहीं तो रोज सुबह छह बजे स्कूल के लिए तैयार होना पड़ता है..."

फिर याद आया, सुजय ने मना किया था। स्टेशन आने के लिए। सुबह छह बजे स्टेशन पहुँचने के लिए पाँच बजे तैयार होना होगा। कुछ सोचकर वह फिर अखबार उठाकर बैठ गयी।

थोड़ी देर में एक रिक्शा आकर रुका। बाल्कनी और रिक्शा से एक-एक हाथ लहराया और प्राची मशीन की तरह सीढ़ियाँ उतर रही थी। इदिरा हैरान थी, मैडम

इतना तेज दौड़ सकती हैं। वह भी पीछे-पीछे साये की तरह नीचे आ गयी। प्राची भैया-भाभी से लिपट गयी। इन्दिरा सामान लेकर ऊपर पहुँच चुकी थी।

सीढ़ियों पर प्राची अपने भैया के आगे-पीछे होती रही। उसका स्नेह भाभी को बहुत भला लगा। उसने प्राची को फिर भींच लिया। आँखें भी क्या गजब ढाती हैं—ज्यों आदमी की सब कुछ इयत्ता आँखें ही हों। भीतर के सारे उफान को निजात देने के लिए ही बनी हैं। मुलाकात तो सुखद थी पर आँखों ने नये और पुराने दिनों का ऐसा घोल बहाया है कि प्राची और सुजय के स्वर भर्रा गये। और भाभी है कि इस मुलाकात का आनन्द खुशी से उन दोनों को देखकर एक अछूती आत्मीयता का अनुभव करती रहीं। कई-कई बार तो प्राची पुराना बहुत कुछ पूछते-पूछते मौन हो जाती। खास कर बाबू जी के रिटायर होते ही अगले वर्ष ही किडनी की जानलेवा बीमारी में चल बसने का हादसा प्राची के लिए बड़ी टीस पैदा करनेवाला था। माँ के हालचाल पूछे और बच्चों की खैरियत भी। उन्हें भी लेते आने की इच्छा भी व्यक्त की प्राची ने। कुछ ही देर में प्राची के दिमाग से ढेर सारी जिज्ञासाएँ तृप्त हो गयीं। बचपन के उदास दिन और डरावनी रातें अनायास ही चमक उठते और सुजय दीवारों पर, पूरे कमरों में कहीं जीजा जी को खोज रहा था। निराश हो उसने प्राची से पूछ ही लिया।

"आप तो जानते हैं भैया...उनको आदिवासियों के बीच काम करने में शान्ति मिलती है। बस उन्हीं की सेवा में गाँव-गाँव घूमते हैं। सिर्फ उनके स्वास्थ्य की ही नहीं पूरे जीवन की देखभाल करते हैं...बस यही एक बात थी, जिसके कारण हमने शादी की। दीप्ति न होती तो मैं भी उनके साथ रहती...दीप्ति की पढ़ाई के लिए ही मैंने नौकरी ली है..."

सुजय को लगा कि प्राची उससे कुछ छिपा गयी है।

"अभी जीजा जी कहाँ हैं..."

"मुझे भी पता नहीं होता...उन्होंने ऐसा कुछ काम नहीं किया है कि मैं न बता सकूँ...आप जो जानना चाहते हैं, वह मैं बता ही दूँ...पुलिस उनके पीछे पड़ी हुई है। सरकार उनसे खौफ खाती है। रात-बेरात पुलिस यहाँ भी छापा मार चुकी है..."

"प्राची।"

"हाँ, भैया...अब उनका काम काफी बढ़ गया है। गाँव-गाँव में उनके चर्चे हैं। आदिवासियों के लिए वे भगवान जैसे हो गये। उन्होंने न सिर्फ बीमारी में उनका साथ दिया बल्कि उनके बँधुआ जीवन को आजादी दी। गाँव-कस्बों के मुखिया और छुटभैयों को बेनकाब किया...छोटे-बड़े अफसरों की साजिशें सड़कों पर नंगी कर दीं...पुलिस की ज्यादतियों का भंडाफोड़ किया...बस सरकार दहल गयी और उन्हें, उनके काम और उनके साथियों को गुरिल्ला, नक्सली और न जाने क्या-क्या नाम

दिया। सरकार उन्हें खत्म करने पर तुली हुई है।"

सुजय कुछ सहम गया। पर प्राची की आँखों में एक दृढ़ता थी, एक चमक थी और पति के लिए गर्व भी। अपने पति के कई साहसिक किस्से वह सुनाने लगी थी। भाभी बड़े गौर से सब देख-सुन रही थी। उसे कुछ-कुछ समझ में आता, कई बातें कुतूहलपूर्ण और डरावनी लगतीं।

काफी देर तक यह चलता रहा। भाभी नहाने चली गयी। सुजय कमरों का मुआयना करने लगा। तब उनको मालूम हुआ कि ग्यारह बज रहे हैं। दीप्ति अभी तक सो ही रही है। पुरानी और नयी बातें इतनी घनी हो गयी थीं कि दीप्ति की ओर किसी का ध्यान ही नहीं था।

सुजय ने दीप्ति को जगाया, उठाया और उससे बातें करने लगा।

"अरे, भैया इतनी बड़ी लड़की को भला कोई इस तरह लेकर घूमता है।"

उसने उसे नीचे उतारा और दीप्ति बाथरूम चली गयी। सुजय ने देखा कि छह कमरों के फ्लैट में दो कमरे सिर्फ किताबों और पत्रिकाओं से भरे पड़े हैं। प्राची ने ही बताया कि ये पुस्तकें दुनिया के कोने-कोने से हमारे यहाँ आती हैं। पत्रिकाएँ भी आती हैं। इन्हीं पत्रिकाओं में वे छद्म नाम से भारत के आदिवासियों की कहानी लिखते हैं। गरीबी, अन्याय और अत्याचार की घटनाओं की ज्यों-की-त्यों लिखते हैं। उन्होंने एक संगठन भी बनाया है जो यहाँ की भाषा में एक पत्रिका छापता है और लोगों तक पहुँचाता है। सरकार को शक है कि देश के बाहर और स्थानीय भाषा की पत्रिकाओं का लेखक एक ही है और वे ही हैं। बस इसीलिए पुलिस उनकी तलाश में रहती है। एक बार पकड़े भी गये थे, परन्तु यह सब सिद्ध नहीं हो पाया। पर अब उन्हें एक हत्या के केस में उलझाने की कोशिश की जा रही है...

सुजय को कुछ दुख और आश्चर्य हुआ पर प्राची बोले जा रही थी, "उन्होंने कोई हत्या नहीं की। उनके संगठन ने कोई हत्या नहीं की। लेकिन उन पर यह आरोप मढ़ा जा रहा है। वे पिछली मुलाकात में बता रहे थे कि उस एम.एल.ए. की हत्या उसी की पार्टी के लोगों ने की है। परन्तु हमारा नाम उलझाकर वे एक पत्थर से दो शिकार करने का सपना देख रहे हैं...लेकिन हमें कोई डर नहीं है। उनके कई साथी हैं अब, और मुझे भी अब मौत से कोई डर नहीं लगता।"

प्राची को लगा, वह बहुत बोल गयी। तब तक इन्दिरा फिर एक बार चाय लेकर आ गयी। इन्दिरा के जाने के बाद प्राची ने इन्दिरा के बारे में बताया, "यह एक आदिवासी लड़की है। पाँचवीं कक्षा से मेरे पास है। तुम्हारे जीजा जी इसे किसी गाँव से लेकर आये थे। जानते हैं, भैया–इसका बाप बँधुआ मजदूर था। उसे छुड़ाया इन्होंने। मुखिया ने इसका पता जानने की बहुत कोशिश की पर इन्दिरा के बाप ने नहीं बताया। अन्त में, बेरहमी से पीट-पीट कर मार डाला गया। इन्दिरा उसी

की बेटी है। उस साल से उन्होंने कहा कि हम हर वर्ष किसी एक बेसहारा लड़की को पालेंगे-पोसेंगे, बड़ा करेंगे, पढ़ायेंगे-लिखायेंगे...इन्दिरा तो अब नर्सिंग के आखिरी साल में है...

सुजय कहीं खो गया था। शायद भूतकाल में। प्राची ने उस भूतकाल को किस तरह जीवित रखा है। उससे वह लड़ रही है। यदि वह चाहती तो सुख की जिन्दगी बसर कर सकती थी। वही मध्यमवर्गीय इच्छाएँ उनकी तृप्ति और छोटी-छोटी इच्छाओं के गमले सजाकर अपने घर को सजाती रह सकती थी। जैसा कि गृहस्थी बसाने के बाद सुजय ने किया। बाल-बच्चों में अपने बचपन का अभाव दूर करने के खयाल में उनका कुछ ज्यादा ही ध्यान रखता। फिर ड्राइंगरूमी जीवन की आवश्यकताओं में वह पता नहीं कब उलझ गया और उसका सारा संघर्ष अपने लिए ही सीमित रहा। आज जब वह प्राची की बातें सुन रहा है तो उसे लगा कि अभाव कहाँ दूर हुए हैं?

इस बीच सुजय की पत्नी सारा घर घूम आयी, बाल सुखाते-सुखाते। फिर भाई-बहन के साथ आकर बैठ गयी। इन्दिरा ने उसे चाय दी। भाई-बहनों की बातें चल रही थीं। सुजय ने पत्नी के दिमाग को भाँप लिया था। उसे लगा कि वह अब कुछ पूछेगी और पत्नी ने पूछ ही ली, "प्राची फ्लैट तो बहुत बड़ा है...पर ये नहीं है, वह नहीं हैं...है न...!"

सुजय ने अचानक प्रवेश कर लिया। इससे पहले कि पत्नी कुछ उल्टा जवाब दे उसने कहा, "प्राची एक लड़ाई लड़ रही है...जो हमने अपने बचपन में देखी, उसे लड़ रही है..." सुजय को मालूम था पत्नी यह सब नहीं समझेगी। पर उसके सामने कोई चारा भी नहीं था। वह प्राची को दुखी नहीं होने देना चाहता था। विषय बदला जा चुका था। दीप्ति कमरे में आ चुकी थी। सब कुछ शान्त था। तभी प्राची ने देखा कि साढ़े बारह बज गये।

इन्दिरा को पुकारा, "खाना तैयार है?"

इन्दिरा के 'हाँ' कहते ही सुजय ने कहा, "भैया, मैं दस मिनट में हॉस्टल जा कर आती हूँ। वैसे तो सब लोग ठीक काम करते हैं...लेकिन मैं लड़कियों के खाने से पहले खाना टेस्ट करती हूँ। बस गयी और आयी। फिर खाना खाते हैं..."

प्राची के जाने के बाद सुजय ने पत्नी को संक्षेप में सारा कुछ बता दिया ताकि जीजा के सन्दर्भ और घर के रख-रखाव के बारे में ऐसी-वैसी बात न निकल जाये।

प्राची सात मिनट में ही लौट आयी। भैया के आने की खुशी हर ओर से छलक रही थी। प्राची की बातों से, उठने-बैठने से हर कहीं से। उसने इन्दिरा से कहा, "खाना लगा दे।"

सब खाने की टेबल पर थे। जैसे ही इन्दिरा ने सबसे पहले सुजय की थाली में भात परोसा, प्राची टेबल पर हाथ पटकते हुए जोर से चिल्लायी, "इन्दिरा।"

इन्दिरा घबरा गयी। घबराहट में चावल कुछ इधर-उधर छितरा गये...सुजय और उसकी पत्नी भी आश्चर्यचकित हो गये। दीप्ति सहम कर माँ के पास आ गयी। इन्दिरा तो डर के मारे काँप रही थी। चम्मच उसकी हाथ से गिर गया था। पलभर के लिए प्राची को लगा कि वह और जोर से क्यों नहीं चिल्ला सकी...फिर सुजय ने ही पहल की..."प्राची, ठीक तो हो, क्या हुआ? हॉस्टल के किचन में कुछ गड़बड़ी हुई थी क्या?" "...सॉरी भैया, मेरी ही गलती होगी। मैं, आज खाने में कोई ध्यान ही नहीं दे पायी। इधर तो चावल ही बनता है खाने पर। मैं इन्दिरा को बताना भूल गयी कि भैया को चावल दिखना भी नहीं चाहिए—खाना खाते समय..." इतना कहकर प्राची अपनी कुर्सी पर ही फूट-फूट कर रोने लगी। रुँधे कंठ से ही उसने इन्दिरा को करीब बुलाया। गले लगाया और बोली, "बेटी, तेरी कोई गलती नहीं है...मैं ही भूल गयी।"

अभी तक सुजय की पत्नी को कुछ समझ में नहीं आ रहा था। इन्दिरा तो केवल डरी हुई थी। दीप्ति ने माँ को पहली बार रोता हुआ देखा और वह भी रोने लगी। थोड़ी ही देर में सुजय को सब कुछ स्पष्ट था। उसकी आँखें भर आयीं। वह उठा और प्राची के पास जाकर बोला, "प्राची! तुझे अब भी याद है, मेरे होस्टल का वह भात! कितनी छोटी थी तब तुम, शायद इस दीप्ति की उम्र की होगी..." दोनों की आँखों में कोलतार की गन्ध भरा अतीत था। भाभी और इन्दिरा को कुछ समझ नहीं आ रहा था। तभी सुजय बोला—

"पगली, मैं तो कब का भूल चुका, उस गन्ध को। चावल खाने में मुझे अब कोई परहेज नहीं...लाओ इन्दिरा, मैं परोसता हूँ। इन्दिरा, तुम भी बैठो हमारे साथ खाना खाने..."

माहौल खाना खाने का वह नहीं रह गया था। पर सुजय सबको परोस रहा था। बचपन की कुछ दूसरी हल्की-फुल्की बातें दोहरा रहा था। पर प्राची सचमुच अभी तक सामान्य नहीं हो पा रही थी, हालाँकि वह भी सामान्य होना चाह रही थी। सुजय चावल की और इन्दिरा की रसोई की तारीफ कर रहा था। पर प्राची एक-एक कौर बड़ी मुश्किल से निगल रही थी। सुजय ने दीप्ति से कहा, "अरी, तू कुछ खाती है या नहीं...?"

दीप्ति ने बड़ी सहजता से कहा, "भूख नहीं है..."

थोड़ी देर रुककर प्राची ने भर्रायी आवाज में कहा, "भैया हमें भी उस उम्र में भूख न लगती तो, कितना अच्छा होता...!"

तेंदुआ

हर आदमी चर्च की ओर देख रहा था। बहुत पुराना चर्च है यह। कभी शहर से बाहर एकान्त में हुआ करता था। अब शहर उसे अपने में दबोच कर चारों ओर फैल गया है। चर्च की पत्थर की दीवारें पूरी गरिमा और वैभव के साथ अब भी खड़ी हैं। पत्थर का ही आहाता है। भीतर ढेर सारे पेड़ हैं। आसपास के फ्लैट इतने ऊँचे हो गये कि चर्च का यह इलाका दब-सा गया। अचानक सभी की निगाहें आज चर्च के भीतर झाँक रही हैं। वैसे शाम के समय इस चौक का जब लाल सिग्नल होता है तब इतनी भीड़ यहाँ होती है। परन्तु, आज इतनी अधिक भीड़ है कि ट्रैफिक ही दूसरी सड़क से मोड़ दिया गया। किसी भी वाहन को इस चौक तक पहुँचने नहीं दिया जा रहा। पर भीड़ है कि खिंची चली आ रही है। पुलिस बन्दोबस्त लगा दिया गया है।

दूर से गुजर जाने वाले लोग अपनी बात अपने इलाके में फैलाते। जितने मुँह उतनी बातें। अफवाहों ने भी अपना मुँह खोल ही दिया। धीरे-धीरे पूरे शहर में चर्च चर्चा का विषय हो गया।

दरअसल चर्च का अचानक चर्चा में आ जाने जैसा इस महानगर में कुछ भी नहीं घटा था। केवल घनी झाड़ियाँ ही कारण बनीं। वहीं एक घने पेड़ पर एक तेंदुआ दुबका मिला। आदमियों के खुँखार जंगल में एक घने पेड़ पर चीता अपनी जान हथेली पर रखकर शायद रात होने का इन्तजार कर रहा था। पर ऑफिस के लिए जाते लोगों के समय के बाद किसी की निगाह उस पर पड़ ही गयी। समय सुबह का ग्यारह का रहा होगा।

वह आदमी तेंदुआ...तेंदुआ...चिल्लाता हुआ भीड़ में पता नहीं कब गायब हो गया और उसकी आवाज चर्च के भीतर, पुलिस स्टेशन, फायर ब्रिगेड, कारपोरेशन, कलेक्टर ऑफिस तक दनदनाती हुई पहुँची। पल भर में चर्च का परिसर खाली हो गया। सारी भीड़ आहाते से बाहर अपने कुतूहल और कानाफूसी तथा विस्मय को आपस में बाँटती रही।

"यह जंगली नहीं लगता," वन विभाग का कर्मचारी होगा। विशेषज्ञ की तरह आवाज थी। जीप से उतरा था। आहाते के बाहर से इधर-उधर से वह तेंदुए को निहार रहा था। "इसे किसी भी तरह बचाना चाहिए" वन्य-संरक्षण आन्दोलन से

जुड़े किसी व्यक्ति ने कहा।

"अरे, प्राणी संग्रहालय के अधिकारियों को बुलाओ।" अपनी सूझबूझ पर दाद की याचना करता कोई बोला।

फिर मोबाइल की बटनें चमकीं। कुतूहल गहराता गया। चीता पेड़ से झाँकता और घनी डालियों की तलाश में पेड़ का सर्वेक्षण करता ऊपर-नीचे घूमता।

छोटी क्लास के बच्चे अपनी साइकिलों, भरपूर बस्ते के बोझ का सन्तुलन बनाते एक झलक पाने के लिए अपने आपको तैयार करते और धड़कनों पर नियन्त्रण करते हुए आगे बढ़ने की कोशिश करते। पर लोग उन्हें पीछे धकेल देते।

भीड़ बढ़ती जा रही थी। कुतूहल बढ़ता जा रहा था। बातें बनती जा रही थीं।

"अरे, अभी तो सर्कस भी नहीं है...यह कहाँ से भाग आया?"

"चुप्प! आजकल चिड़ियाघरों की हालत बहुत खराब है...पढ़ा नहीं, शेर-बाघों को गलत दवाइयाँ दी जा रही हैं, सरकारी अस्पतालों की तरह..."

"अरे नहीं भई, ये तो विषाक्त खाने के डर से भागा हुआ है।"

"खामोश...उधर देखो..." किसी ने कहा ही था कि तेंदुआ बेचैन हो इधर-उधर ताकने लगा था। शायद छलाँग लगाये इस सतर्कता में सब अपनी पतली गलियों की ताक में इधर-उधर झाँकने लगे थे। तभी किसी ने कहा, "झाँसे में मत रहना यह जंगली और खूँखार लगता है। जिस पर भी झपटेगा। साफ कर देगा। भूखा भी लगता है।"

इस बीच प्राणि-संग्रहालय के अधिकारियों ने राहत की साँस ली। उनकी अपनी गिनती सही निकली। इसके कुछ दिन पहले उनकी गिनती में एक कम हो गया था। पर कोई खास बात नहीं—उसने अपने पिंजरे में ही दम तोड़ा था। वैसे भी उसमें भागने का दम ही कहाँ था। बीमारियों के नामों की भी क्या कमी थी। लेकिन हर बाघ इतना बदनसीब था कि आदमियों की तरह दो बार उसका पोस्टमार्टम करना पड़ा। पहली बार तो यह जानने के लिए कि किस विषाक्त खाने से वह मरा और दूसरी बार का कारण आदमी की राजनीति थी। अखबारों में यह बाघ बहुत छपा। फिर मरने के बाद भी उसकी चर्चा थी—"नेताओं और अधिकारियों ने मिलकर बाघ की खाल बाँट ली।"

"उस बाघ के नाखून कई डालरों में बिके। एक एन.आर.आई. ने खरीद लिए।"

"आपसी रंजिश के कारण प्राणि-संग्रहालय के ही किसी कर्मचारी ने मांस में जहर मिलाकर बाघ को मारा है।"

रोज कुछ न कुछ छपता।

मेयर ने निर्णय दिया, "बाघ को कब्र से निकाला जाए। दोबारा पोस्टमार्टम

किया जाए। अफवाहों को दूर किया जाए।"

बेचारे बाघ के मृत शरीर की इतनी छीछालेदर होगी, उसने सपने में भी नहीं सोचा था। बाघ को कब्र से निकाला गया। शहर के कुछ पत्रकार, विरोधी दल के सदस्य, उच्चाधिकारी, वन्यप्राणि प्रेमी आदि लोगों ने देखा कि वे सब केवल अफवाहें थीं। सब लोग राजनीतिक दाँव खेल रहे थे। खबरों में तथ्य नहीं था। बाघ की खाल गल रही थी। उसे फिर दफना दिया गया। इस तरह रोज उगती खबरें फिर मिट्टी के नीचे दफन हो रही थीं। पर बाघ तो अपनी जान गँवा चुका था, जिसके लिए वह कतई दोषी नहीं था। यह बात कई दिनों तक प्राणि-संग्रहालय के मुख्य अधिकारी को सालती रही थी। क्योंकि यह नौकरी उसके लिए केवल पेशा नहीं था, उसका अपना मन पसन्द काम भी था। वह प्राणियों में रमता था।

उसे जब मालूम हुआ कि एक तेंदुआ राह भटककर चर्च के पेड़ पर जा पहुँचा है तो वह तत्काल वहाँ भागा। अपने साथियों और साधनों से लैस होकर। मौके पर उसने देखा कि भीड़ के बीच कुछ पुलिस वाले उस चीते को गोली का निशाना बनाने की सोच रहे हैं।

कोई कहता, "टाइम मत गँवाओ। गोली चलाओ।"

"प्रेस वाले कहाँ हैं।"

"अरे, जरा फोटोग्राफर भी देखना।"

"वीडियोवाले हैं कि नहीं?"

"शाम के 'न्यूज' में आना चाहिए।"

"अरे, सब तैयार हैं।"

"आजकल सब बिकता है। फोटो, वीडियो टेप।"

"सभी पहुँच गये हैं।"

"उन्होंने भीड़ और तेंदुए के फोटो भी उतार लिए हैं।"

"वे सब उतावले हो रहे हैं।"

"बस, गोली चले और वे एकदम सही वक्त पर कैमरा क्लिक करते रहें।"

इधर बन्दूक चलाने वाले 'शूटर' के दिमाग में किसी रजवाड़े में देखी वह तस्वीर उभर आती, जिसमें कोई राजकुमार बाघ को मारकर उसकी छाती पर पैर रखकर अपने साथियों के साथ बन्दूक पर हाथ टिकाए बड़े रौब के साथ खड़ा है। मन ही मन यह अदना-सा सिपाही उस फोटो के लिए फोटोग्राफर के जुगाड़ की चिन्ता में दिखाई दिया।

तभी प्राणि-संग्रहालय का मुख्य अधिकारी आ गया। पुलिसवालों को कह गया, "इसे कोई नहीं मारेगा। हम पकड़ेंगे।"

"यह अधिकार किसने दिया।"

"यह अधिकार हमारे पास पहले से ही है। यदि हम नहीं पकड़ पाये तो

जिलाधिकारी पुसिल को कह सकते हैं।"

पुलिसवालों को लगा उनकी वर्दी ही किसी ने उतार ली।

सब एक-दूसरे का मुँह ताकने लगे। ऑफिसर ने निगाहें तेंदुए की ओर फैला दीं और प्राणि-संग्रहालय का मुख्य अधिकारी हरकत में आ गया। वन विभाग के लोग साथ हो लिए। पर्यावरणवादी भी कुछ सन्तुष्ट लगे।

पेड़ के नीचे तिरपाल तानी गयी। तेंदुए की दिशा में बन्दूक तानी गयी। उसे कुछ चुभते ही वह चिंघाड़ा। लोग सावधान हुए। थोड़ी ही देर में वह बेहोश होकर तिरपाल पर गिरा। बन्दूक के माध्यम से बेहोशी का इंजेक्शन उसकी दिशा में 'फायर' किया गया था।

दूसरे दिन अखबारों के मुख्य समाचारों में तेंदुए ने अपनी भरपूर जगह बना ली थी। फोटो भी छपे थे। कुछ बॉक्स कॉलम भी थे। कुछ रोचक बातें भी थीं–

"यह तेंदुआ तो रात ग्यारह बजे एक सुनसान सड़क पर एक कारवाले को दिखा था।"

"पास के बँगले के कुत्ते रात भर भौंकते रहे।"

"वह तेंदुआ शायद पालतू होगा। किसी पर हमला नहीं किया उसने..."

तरह-तरह की टिप्पणियाँ। पर्यावरण बचाओ आन्दोलन के सदस्यों ने कलेक्टर को ज्ञापन दिया कि इस तेंदुए को घने जंगल में छोड़ देना चाहिए। विविध विभागों के उच्चाधिकारियों की बैठक में तेंदुए का भविष्य तय किया जाना था। उधर तेंदुआ होश में आ गया था। डॉक्टर उसकी देखभाल कर रहे थे। उसे खाना दिया गया। परन्तु, विशेषज्ञ अभी भी तय नहीं कर पा रहे थे कि यह पालतू है या जंगली...!

जिस ि्न तेंदुआ चर्च के आहाते में देखा गया था, उसी दिन पूरे शहर में एड्स सम्बन्धी जनजागरण रैली का आयोजन था। कार्यकर्ता अलग-अलग इलाकों से विशेषतः झोंपड़ी-झुग्गियों और गन्दी बस्तियों में अलग-अलग कार्यक्रम कर रहे थे। नुक्कड़ नाटक थे। लोगों के छोटे-छोटे समूहों में बातचीत थी। बदनाम बस्तियों में लोक-जागृति अधिक महत्त्वपूर्ण थी। प्रचार माध्यमों को जोड़ा गया था। ताकि एड्स विरोधी मुहिम तेज की जा सके। पर, आयोजकों ने पाया कि उनके कार्यक्रमों में प्रचार माध्यमों के लोग आये ही नहीं। न फोटोग्राफर, न वीडियोवाले, इक्का-दुक्का पत्रकार जरूर थे।

दरअसल एड्स विरोधी कार्यकर्ता, लोगों को समझा रहे थे कि एड्स कितना खतरनाक है। किस तरह फैलता है। कितना हिंस्र है। कैसे बचाव करें। किसी तेंदुए की तरह वह झपटता है और देखते-देखते केवल आदमी को ही नहीं, घर-परिवार और समाज को भी लील लेता है।

लोग सुन रहे थे। नुक्कड़ नाटक देख रहे थे। एड्स का नाम लेते ही नाक-भौं

सिकोड़ रहे थे। उपहासात्मक मुस्कान भी कइयों के चेहरे पर थी। कार्यकर्ता अधिकांश कॉलेज के छात्र ही थे। पूरी तन्मयता से वे अपनी बात पहुँचाने की कोशिश कर रहे थे। लेकिन एड्स के इस तेंदुए के प्रति लोगों के मन में न तो कुतूहल था और न ही किसी प्रकार का खौफ...उधर चर्च के पेड़ पर बैठे तेंदुए के प्रति कितना आकर्षण और रोमांच था। बस यही बात सुबह के अखबारों और टीवी चैनलों पर भी दिखाई दी। पूरे शहर में तेंदुए की चर्चा। चर्च भी चर्चा में आ गया था। दबे पाँव समाज-शहर में घुसकर एड्स के तेंदुए ने अब तक सैकड़ों लोगों का शिकार कर डाला था, पर लोगों का ध्यान उस ओर मुश्किल से ही गया।

अखबारों में किसी कोने में रैली की खबर छपी। सारी जगह तो तेंदुए ने घेर रखी थी। बेचारे इस तेंदुए के लिए अपनी जान बचाना बहुत भारी पड़ रहा था। उसे लेकर शहर में खलबली थी।

दूसरे दिन 'झू' में बहुत भीड़ थी– बच्चों की। नया तेंदुआ देखने आये थे वे। पर बच्चे तेंदुआ नहीं देख पाये। क्योंकि उस पर अब तक फैसला नहीं हो पाया था। बैठक शाम को थी। तब तक उसे एक पिंजड़े में रखा गया था। उसने कुछ खाया नहीं था, यह सबके लिए चिन्ता का विषय था।

दोपहर चार के आसपास एक फोर्ड कार रुकी थी– झू के पास। उसमें से एक युवक नीचे उतरा था। उसकी निगाहें भी शायद कहीं कुछ तलाश रही थीं। निराश होकर वह अपनी कार में बैठकर निकल गया।

एक पिता अपने बच्चे को नया तेंदुआ दिखाने आया था। इस कार को देखकर उसे कुछ हैरत हुई। उसे याद आया–

"यह कार तो रोज रात ग्यारह से बारह के बीच गाँधी चौक पर होती है...यहाँ इतना बड़ा आदमी क्यों आया होगा।"

"तेंदुआ देखने..." उसके 12 वर्षीय बेटे ने कहा था।

"पर वह तो अन्दर गया ही नहीं..."

"हमें भी क्या मिला भीतर जाकर। नया तेंदुआ तो हमने देखा ही नहीं।"

"हाँ, उसे बाहर ही मालूम हो गया होगा।"

बाप-बेटे अन्दाज-पर-अन्दाज लगाते हुए बातें करते हुए, बस स्टाप तक पहुँच गये थे। पर बाप रह-रहकर उस कार वाले के बारे में सोचता रहा।

रात की बैठक में तय हुआ कि तेंदुए को शहर से दूर घने जंगल में छोड़ दिया जाएगा। सुबह ग्यारह बजे का समय तय हुआ। सभी सम्बन्धित अधिकारी, वन विभाग के अधिकारी और 'पर्यावरण बचाओ' के सदस्यों की उपस्थिति में चिड़ियाघर से तेंदुआ घने जंगल की ओर रवाना कर दिया गया। सभी लोग इस बात पर सहमत थे कि वह पालतू नहीं था। क्योंकि ऐसा सोचने पर उसके मालिक की तलाश करने का एक अतिरिक्त काम आ जाता। यह बात चिड़ियाघर के मुख्य अधिकारी को

लगी तो थी। पर वह इस झंझट में पड़ना नहीं चाह रहा था।

कल जो आदमी अपने बेटे को नया तेंदुआ दिखाने चिड़ियाघर लेकर गया था, वह अपना कोई काम निपटाकर देर रात घर लौट रहा था। उसे वही फोर्ड गाड़ी चौराहे के किनारे खड़ी दिखाई दी। वह गौर से देखने लगा—यूँ ही। एक आदमी पान की दुकान से गाड़ी की ओर बढ़ा। वह कार लपलपाते हुए सड़क से चिपककर तेजी से आगे बढ़ गयी।

रात के बारह बज रहे थे। एक थ्री स्टार होटल के किनारे यह पान की दुकान थी। इसमें फाइव स्टार लोग ही आम तौर पर पान खाने आते हैं। कहते हैं यह पानवाला इनकम टैक्स भी चुकाता है। बड़े-बड़े सेठों के यहाँ यहीं से पान जाता है। जैसे ही फोर्ड कार उसकी दुकान से आगे बढ़ी, यह आदमी उसके बारे में पान वाले से यूँ ही पूछताछ करने लगा—

"ये सज्जन कौन हैं?"

"आपको नहीं मालूम..."

"इसीलिए तो पूछ रहा हूँ।"

"अजी यह बहुत बड़े आदमी का बेटा है।"

"वह तो मालूम हो ही रहा है...फोर्ड कार है उसके पास..."

"शहर का बहुत बड़ा अमीर आदमी है। पर शहर से दूर आधे घंटे की दूरी पर पहाड़ियों में एक बड़ा फार्म हाउस है, वहाँ रहता है।"

"पर बड़ा अजीब आदमी है। बच्चों की तरह चिड़ियाघर देखने आया था कल। इसी कार में।"

"अच्छा...पर आज तो तीन दिन बाद आया था वह, पान खाने...वैसे रोज ही आता है। पान मेरे यहाँ से ही लेता है। कभी दूसरी दुकान पर नहीं जाता। बहुत गुमसुम रहता है। न कोई यार, न कोई उसका दोस्त है...कभी-कभी ड्रिंक्स लेता है। पर एकदम सन्तुलित, शायद आज भी लेकर आया था।"

"मुझे तो बड़ा रहस्यमय लगा था—उस दिन भी, आज भी।"

"रहस्यमय?"

"हाँ, अभी लगा कि कार में और कोई था। देखा नहीं, किस तरह इधर-उधर देखकर उसने काँच से पहले भीतर झाँका, फिर दरवाजा धीरे से खोलकर झट भीतर घुस गया।"

"मेरा ध्यान तो नहीं था। पर तीन-चार दिन पहले वह अचानक दुकान से गाड़ी की ओर भागा था। कार का दरवाजा खुला था। मैंने यहाँ से गौर से देखा था। वह कार के भीतर गया। फिर बेचैन हो बाहर आया। इधर-उधर परेशान-सा देखता रहा। तुरन्त वहाँ से गायब भी हो गया।"

इतने में होटल से और तीन लोग बाहर आये। पान की दुकान के सामने थे।

पान वाले ने कहा, “अब तो बन्द करने का समय कब का खत्म हो गया...”

“अरे लगा दे यार पान...और बन्द कर दे दुकान।”

“ठीक है” कहकर पानवाला पान बनाने लगा। आखिर बड़े लोग, बड़ा पान और बड़े नोटों की बात थी।

उन तीनों में से एक ने बात शुरू की–

“यार पार्टी जोरदार थी।”

“पार्टी से ज्यादा तो बातों का मजा आया।”

“बातों में क्या रखा है। बस, बात तो तेंदुए की जोरदार रही...” कहकर तीनों ने एक-दूसरे की ओर देखा।

“किस तेंदुए की?” अब दूसरा कुछ व्यंग्यात्मक मुद्रा में आ गया था।

पहले ने कहा, “भीतर पार्टी में जिस आदमी की बात चल रही थी।” ...फिर इधर-उधर देखकर बोला, “वही जो अब कम्प्यूटर की एक बड़ी कम्पनी का मालिक भी बन गया है। हाई-वे पर उसने एक बड़ा फार्म हाउस बनाया है। शहर का सारा काला पैसा फार्म हाउस के रास्ते सफेद कर लेता है। कोई खेती-वेती नहीं होती वहाँ। पर सारी इनकम उधर से दिखाता है। अपने घुम्मे बेटे के लिए पोल्ट्री फार्म लगा दिया था। इसका भी कोई खास इनकम तो है नहीं। पर मजदूर हैं, जिन पर वह तेंदुए की तरह झपटता है। बात-बात में पिस्तौल चलाता है...और भी बहुत कुछ करता है, फोर्ड गाड़ी में चलता है...”

“पर हाई-वे पर आज फार्म हाउस...करोड़ों की बात होगी। हमारे पापा ने ऐसा कुछ नहीं किया। बिजनेस के बाद बचा समय क्लब में टेबल टेनिस में गँवा दिया...नहीं तो...”

“चुप भी कर यार, बाप को क्या कोसता है। खुद कुछ कर...”

“पर हाई-वे पर तो अब कभी नहीं मिलेगा...!”

“हाई-वे का क्या रोना रोता है? सब डकैतियाँ हाई-वे पर ही होती हैं। गाँवों के पीछे भी बहुत जमीन मिल सकती है...बोल खरीदेगा?”

“अरे कहाँ आ गये हम...खरीदने-बेचने की बात कल करेंगे।” तीसरे को लगा कि उतरते सुरूर पर अहं का पारा चढ़ रहा है।

पहले वाले ने पान की दुकान के किनारे चुपचाप पान चबाते इन तीनों की बातें सुनने वाले आदमी की ओर देखा। फिर पानवाले को। पानवाला पान बनाने में व्यस्त लग रहा था। पर उसकी तीसरी आँख उन तीनों से होते हुए पूछताछ करने वाले आदमी पर टिक गयी, जो खामोश होकर बड़ी सतर्कता से सब सुन रहा था।

उन तीनों की बातों से लग रहा था कि वे फोर्ड कारवाले से अच्छी तरह परिचित हैं–

“अरे, यहीं वह रोज इसी वक्त आता है, फोर्ड कार में, पान खाने और वापस

आधे घंटे की ड्राइव करता है।" उनमें से एक जो अधिक जानता था, दूसरे दोनों को बता रहा था–

"उस दिन भी वह आया था। बाहर हल्की-सी बारिश थी–असमय, इसलिए जल्दी में उसने कार लॉक नहीं की...और दुर्घटना घट गयी।"

"तुम्हें कैसे मालूम?"

"हमारे बिजनेस लिंक्स हैं उनके साथ। यह सब निपटाने की जिम्मेदारी उन्होंने मेरे पिताजी पर सौंपी थी। पिताजी को उन लोगों ने सब कुछ बताया है। वह रोज तेंदुए को लेकर गाड़ी में घुमाता है। रात ग्यारह के बाद निकलता है और साढ़े बारह तक वापस आता है। उस दिन वह तेंदुआ पानी की टपटपाहट से बेचैन हो गया। उसने अपने पंजे कार के दरवाजे पर पटके। दरवाजा अचानक खुल गया और तेंदुआ भाग निकला। हालाँकि, वह उसके लिए बिल्कुल पालतू कुत्ते की तरह है। बुलाने पर भी आ जाता है। उसी ने बताया कि कार से बाहर निकलते ही तेंदुआ डरकर गली में छिपता हुआ आगे बढ़ गया। अब इसके लिए बहुत डर की बात थी। वाल्ड लाइफ प्रोटेक्शन एक्ट के तहत उसे काफी सजा हो सकती थी।"

"फिर क्या उन्होंने यह शौक छोड़ दिया!"

"अरे नहीं, तेंदुआ सही सलामत फार्म हाउस में पहुँच चुका है!"

तीसरे के विस्मय का ठिकाना न रहा। उसे विराम देने के लिए पहले ने कहा, "इसके लिए उन्हें तीन लाख रुपये गिनने पड़े।"

मौसम खराब है

विमान में कदम रखते ही उसने अपनी सीट ढूँढ़ ली। बहुत दिनों बाद उसने खिड़की की सीट अपनी ओर से माँगी। अन्यथा जो भी सीट उसे मिलती वह ले लेती। मुम्बई से दिल्ली जाने वाली इस आई.सी. 168 उड़ान में अक्सर भीड़ होती है। मुम्बई के सारे काम निपटाकर शाम 6.30 बजे इस उड़ान से दिल्ली 8.30 रात तक पहुँचा जा सकता है। उसने भी आज दिन भर ऑफिस का जरूरी काम निपटाया और पाँच बजे दफ्तर से निकली। सान्ताक्रूज विमान तल से उसका आफिस मुश्किल से पन्द्रह मिनट की दूरी पर होगा।

विमान में बैठते ही उसने आज ऑफिस की सारी बातों को झटक दिया और खिड़की से बाहर झाँकने लगी। वैसे भी उसने अपने आपको सुरक्षा जाँच के बाद पूरी तरह आश्वस्त कर लिया था कि परसों होने वाली वार्षिक बैठक की सारी तैयारियाँ ठीक ढंग से पूरी हो चुकी हैं। कल दिल्ली में आयोजित यह बैठक अचानक बुलायी गयी। संसद का सत्र प्रारम्भ होने जा रहा था और उसके मन्त्रालय से कुछ जरूरी प्रश्न उसमें थे। वह भारत सरकार के उपक्रमवाली एक आइल कम्पनी में काम करती है।

सुरक्षा जाँच हो जाने के बाद उसने अपनी पर्स से अपनी डायरी निकाली और सिलसिलेवार सारे कामों के बारे में एक बार फिर सोच लिया। फिर समय पर जो भी परिवर्तन हों। इस बार वार्षिक बैठक में मन्त्री जो आने वाले थे। एक भी बात ऐसी-वैसी नहीं होनी चाहिए। वह आज दिल्ली जा तो रही है, परन्तु उसकी सारी चिन्ताएँ मुम्बई में मँडरा रही हैं। तभी पाइलट की आवाज सुनाई दी। शब्द साफ नहीं थे, पर शायद यही कहना था कि विमान के दरवाजे ठीक से जाँच लें। विमान उड़ान की तैयारी में है। उसे हर बार लगता कि ये पाइलट भी क्या लोग हैं, जितनी सफाई से विमान चलाते हैं, उससे ठीक विपरीत अत्यन्त लापरवाही से विमान में सूचनाएँ देते हैं।

खैर! विमान हिला और उसने 'स्वागत' पत्रिका उँठा ली। हवाई सुन्दरियाँ मूर्तिवत् अंग्रेजी लहजे में हिन्दी बोलने की कोशिश करते हुए संकट की स्थिति में 'साँस लेने का तरीका' बता रही थीं। उसे इस बात पर भी हमेशा ही अजीब-सा

अनुभव होता। हवाई सुन्दरी को भी मालूम है कि उसकी बात की ओर कोई ध्यान नहीं दे रहा है और यात्रियों को भी मालूम है कि वह टेप फिर बज रही है। ये बात और है कि सचमुच संकट का समय आये तो कइयों की हवाइयाँ उड़ने लगेंगी। ये जरूर है कि कुछ यात्री सुन्दरियों को मूर्तिवत् ताकते रहते हैं। जो पहली बार सफर कर रहे होते हैं वे अपने कमर की पेटी को बार-बार ठीक से बँधे होने की आश्वस्ति कर लेते हैं। विमान के जमीन छोड़ते ही आधे लोग सो जाते हैं। लेकिन उसे आज न तो नींद है, न ही कुछ पढ़ने की इच्छा। वैसे हर सफर में वह एक पुस्तक अवश्य पढ़ लेती है। लेकिन आज कुछ नहीं। कल और परसों की बैठकें भी उसे नहीं खींच पा रही थीं—अपनी ओर।

विमान ने समुद्र की एक भरपूर परिक्रमा की। विमान ऊँची-ऊँची पहाड़ियों पर अपने बड़े-बड़े डैनों की छायाकृति छोड़ते हुए अपनी ऊँचाई बढ़ा रहा था। जमीन दूर-दूर होती जा रही थी।

कोई बस्ती मधुमक्खी के छत्ते की तरह दिखाई देती और धरती हरी-भरी छोटी-छोटी चादरों की तरह नजर आती। फिर अचानक कोई नदी सुनहरी रेखाओं-सी लगती। बड़ी नदी ऐसी लगती मानो किसी ने कहीं से सोना पिघलाकर बहा दिया हो। उसने दूर क्षितिज पर नजर घुमायी। वाह, क्या सुन्दर चित्र है। पेंटिंग ही हो कोई। ऋचा होती तो कितनी खुश होती। ऋचा उसकी नौ साल की बेटी। देखते-देखते बारह साल हो गये शादी को। अनायास ही कुशल भी याद हो आये उसे। कुशल ने कितनी आजादी दे रखी है। नौकरी में कभी भी उन्होंने अनजाने में भी, बाधा तो दूर की बात है, कोई ऐसी-वैसी बात नहीं कही। उसे सम्पूर्णता देने में कुशल की भूमिका बहुत ही विशिष्ट रही।

उसने ट्रेनी अफसर के रूप में जिस दिन इस दफ्तर में कदम रखा था, वह दिन अचानक आज उसके सामने घूम गया। वैसे उसकी आदत नहीं कि भूतकाल में इधर-उधर भटकती रहे। पर आज अनायास वह पीछे देखने लगी थी। किस तरह उसका पहला दिन सबके लिए कौतूहलपूर्ण था। उसके लिए भी कम कौतूहल नहीं था। ऑफिस के पुराने लोग उसे गाहे-बगाहे निगाहें उठाकर एक झलक देख लेते। वह भी सबसे खूब मिलती। कोई हिचक, कोई सीमा या दुविधा उसके मन में नहीं थी, पहने दिन से ही। इसीलिए वह महिला कर्मचारी या पुरुष कर्मचारी जैसी सीमा रेखाओं के बीच कभी नहीं उलझी। समर्पण उसके काम को निखारता, उत्साह उसके व्यक्तित्व को सँवारता और मेहनत उसमें नया आत्मविश्वास भरता। देखते-देखते वह ऑफिस की एक महत्त्वपूर्ण अफसर के रूप में अपनी हैसियत बना चुकी थी। और भी महिला अधिकारी उसके ऑफिस में थीं। पर इसने अपनी अलग और विशिष्ट पहचान बना ली।

लंच के समय सबसे घुलना-मिलना। काम की बातों के साथ विषयान्तर करना

भी वह खूब जानती थी, ताकि लंच के समय केवल ऑफिस की बातें न हों। अनौपचारिक बातें भी हों। बोझिलता कम हो और फिर नये उत्साह से दिन के शेष काम पूरे किये जा सकें। उसे हमेशा प्रसन्न ही देखा सबने। वह भी सबके साथ बहुत आत्मीयता और स्फूर्ति से पेश आती। लेकिन यह सब अत्यन्त सहजता और स्वाभाविकता के साथ। कभी भी बनावटीपन नहीं। सुबह-सुबह काम शुरू करने से पहले अपने साथियों को 'हॅलो' कहना भी कितना स्वाभाविक होता उसका। वरना अब तो हॅलो भी काफी अर्थपूर्ण, कभी बनावटी तो कभी बेजान औपचारिकता का निर्वाह ही करने को मजबूर रह गया है।

उसने अपनी हैसियत अपने काम से बनायी। इसका अधिकतम श्रेय वह कुशल को देती है। कुशल ने उसके व्यक्तित्व को कभी ढहने नहीं दिया, पिघलने भी नहीं दिया। कुशल के साथ कभी-कभी वह ऑफिस की बातें कर लेती। वैसे उसकी कोशिश होती कि ऑफिस की बातों को वह घर तक न जाने दे।

बहुत कम समय में वह मैनेजमेंट की नजरों में एक काबिल के रूप में उभर आयी। कुछ लोगों को विशेषतः पुराने कुछ अफसरों को उसकी यह उड़ान अच्छी नहीं लगी। लेकिन उसने इसकी परवाह भी नहीं की। कम्पनी की ओर से जो भी जिम्मेदारी सौंपी जाती, वह उसे उत्साह और लगन से पूरा करती। कभी-कभी उसके विभाग के अलावा भी कुछ और काम उसे दिया जाता, उसे भी वह इंकार न करती। यही कारण है कि उसकी अहमियत ऑफिस में बढ़ती गयी। लेकिन, उसके व्यक्तित्व की ही खूबी थी कि अपने साथियों एवं अन्य कर्मचारियों के साथ उसका व्यवहार हमेशा ही प्रसन्न और सौहार्दपूर्ण होता। कोई भी उसके बारे में हल्की-फुल्की बात कर ही नहीं सकता था। सबके साथ घुलने-मिलने के साथ ही एक विशिष्ट गरिमा उसने अर्जित कर ली थी। उसे सहयोगी भी बहुत अच्छे मिले। जल्दी ही उसे प्लानिंग डिपार्टमेंट का इंचार्ज बना दिया गया।

आज इसी विभाग के प्रमुख के नाते उसे दिल्ली एक बैठक के लिए जाना पड़ा है। कम्पनी के चेयरमैन पहले ही वहाँ एक दूसरी बैठक के लिए गये हुए हैं। काम जब अधिक हो और इस तरह अचानक और काम आ पड़े तो भी वह बहुत विचलित नहीं होती। बड़ी दृढ़ता और तल्लीनता से वह जुट जाती है।

दिल्ली विमानतल पर उतरते ही उसने विमानतल से प्रिपेड टैक्सी ली और अपने होटल के लिए चल दी। रात के साढ़े आठ बज रहे थे। मुम्बई में अकेले उसे कभी भी अपने महिला होने का अहसास नहीं होता, लेकिन आज दिल्ली में इस रात के समय अकेली टैक्सी में कुछ अटपटा-सा लग रहा था। वह सहज नहीं थी। टैक्सीवाले की ओर नजर रहती। वैसे दिल्ली कई बार आयी है लेकिन आज उसे अकेलापन लग रहा है। सम्भवतः आये दिन दिल्ली के आतंक और ऐसी-वैसी खबरों के कारण वह चिन्तित थी। टैक्सीवाले से बात करे या न करे इस असमंजस

में भी वह थी। उसे पहली बार यह दुविधा हो रही थी। मुम्बई में तो कभी ध्यान में नहीं आया कि उसे कभी ऐसा भी सोचना पड़ेगा। हिम्मत कर उसने टैक्सी का काँच नीचे उतार दिया। बहुत गर्मी भी थी भीतर। टैक्सीवाले ने सवारी की बेचैनी भाँप ली। "बीवीजी दिल्ली का मौसम काफी खराब चल रहा है। अन्धड़ ही अन्धड़ है कल से। आप काँच ऊपर चढ़ा लें।"

इतनी बात से उसे लगा कि टैक्सीवाला भला आदमी है। फिर भी उससे ज्यादा बात करना उसने उचित नहीं समझा। काँच ऊपर चढ़ा लिए और सुनसान रास्ता समाप्त होते ही उसने कुछ राहत की साँस ली। लेकिन दिल्ली की राजनैतिक बस्ती तो सुनसान बस्ती से भी अधिक भयावह लगी उसे। हर कोठी एक बंकर लगती। जितनी सुरक्षा बढ़ा रही है, उसे यह सब अपने लिए असुरक्षित लगता। किसी तरह कनाट प्लेस आया और उसने निःश्वास छोड़ा। होटल में पहुँचते ही पूरी राहत की साँस ली। लगभग दस बज रहे थे रात के। काफी कुछ खाना विमान में हो चुका था। अब उसकी इच्छा नहीं थी खाने की।

होटल में हाथ-मुँह धोने के बाद उसने अपने चेयरमैन से फोन पर बात की। कागजात की जानकारी दी। चेयरमैन की इच्छा कि सुबह दस बजे मीटिंग से पहले वह उनके होटल जाये। नाश्ता साथ करेंगे। उसने हाँ कह दी। अच्छा रहेगा। मीटिंग से पहले एक घंटा बातचीत का मौका भी मिल जाएगा। उसकी कम्पनी के चेयरमैन 'जनपथ' में रुके थे।

चेयरमैन से बात हो जाने के बाद उसने कुछ और हल्कापन महसूस किया और ऋचा व कुशल से बात करने की इच्छा हुई। फोन भी जल्दी मिल गया। ऋचा का गुडनाइट कहना उसे बहुत भाता है। देर तक वह ऋचा के बारे में सोचती रही।

दूसरे दिन वह सुबह ठीक 8.30 होटल जनपथ पहुँची। नाश्ते पर चेयरमैन से चर्चा भी हो गयी और दोनों एक साथ बैठक के लिए चल दिये।

चेयरमैन बैठक के बाद आज रुकनेवाले थे। वे कल सुबह की उड़ान से मुम्बई पहुँचेंगे। मन्त्रीजी को साथ लेते हुए वार्षिक कार्यक्रम के लिए। लेकिन उसे तो बैठक समाप्त होते ही आज ही मुम्बई जाना है। दोपहर दो बजे की उड़ान से उसका टिकट भी बुक है। एक बार फिर वार्षिक बैठक की अन्तिम तैयारी के लिए शाम वहाँ पहुँचना उसे जरूरी लग रहा था।

दिल्ली की बैठक अच्छी रही। चेयरमैन भी प्रसन्न थे। सब कुछ समय पर और बिना किसी गड़बड़ी के सम्पन्न हुआ। चेयरमैन ने उसे विमानतल पर पहुँचाने की विशेष व्यवस्था करवा दी। विदा देते समय कल के सारे कार्यक्रम और व्यवस्था के बारे में एक बार फिर बात की। आज की अच्छी बैठक का सेहरा भी चेयरमैन ने इसी के सिर पर बाँध दिया। उसने विनम्रतापूर्वक सब कुछ सुना और चेयरमैन को धन्यवाद देकर उनकी विदा ली। चेयरमैन के चेहरे पर सन्तोष के भाव, उसके लिए

सराहना भी थी। उसे अच्छा लगा। भागदौड़ में तैयार किये गये कागजात और अन्य सामग्री ठीक साबित हुई थी।

विमानतल पहुँचने के बाद उसे मालूम हुआ कि उसकी उड़ान दो घंटे देरी से जाएगी। यह विमान बाहर से यहाँ आना था अभी तक नहीं आया है। मौसम खराब होने के कारण वह उतर ही नहीं पाया था। पता नहीं उसे कितनी देर लगेगी। वह बेचैन हो गयी। दो घंटे समय भी इतना कम है कि कहीं से वापस नहीं लौटा जा सकता। वह वहीं बैठी रही। एक नयी पुस्तक खरीदी और उसमें खो जाने की कोशिश करने लगी। पर पता नहीं कब आँखों के सामने के अक्षर पिघल जाते और सामने परसों की वार्षिक बैठक के काम घूम-घूम जाते। फिर वह अपने सहयोगियों की दक्षता का हवाला देकर किताब में डूबने की कोशिश करती। वह अंग्रेजी का एक उपन्यास था। जिसमें सत्ता संघर्ष के लिए चूहादौड़ की एक लम्बी कहनी और हैरतअंगेज घटना-क्रम थे। पुस्तक अमेरिका से प्रकाशित थी। दस वर्ष पूर्व उसका प्रकाशन वहाँ हुआ था। पुस्तक बड़ी दिलचस्प थी। राजनेताओं, पत्रकारों और व्यावसायिक कम्पनियों की साँठगाँठ, मिलीभगत और अपने-अपने में आगे बढ़ने की गलाकाट भीषण सरपट दौड़ की कहानी में संवेदनाओं की हैसियत का पता ही न चलता। वह उपन्यास में डूब चुकी थी और विकसित देशों की कहानी में अपने देश की झलक भी अनायास वह पा जाती। कब दो घंटे बीत गये, पता ही नहीं चला। बल्कि और भी समय लग गया। दो बजे की उड़ान साढ़े पाँच बजे मुम्बई के लिए रवाना हुई। रास्ते में उसने उपन्यास पूरा किया। थोड़ी झपकी-सी लगी ही थी कि मुम्बई की धारावी को पार करता हुआ विमान सान्ताक्रूज विमानतल पर दौड़ रहा था। उसके दिमाग में हल्का-सा प्रश्न उभर ही गया। अभी दिल्ली में सम्पन्न बैठक एक पाँच सितारा होटल में, अभी पढ़ा उपन्यास अपने वैभव को बढ़ाने के लिए और यह धारावी की दूर-दूर तक अभावों और असुविधाओं के गर्त से संघर्ष करती विशाल झोंपड़पट्टी...क्या और कहाँ इन सारी बातों की जड़ें हैं। फिर सोचा, भयानक प्रश्न-जाल में वह उलझ गयी है। लोग सहयात्रियों की चिन्ता किये बगैर ऊपर से अपना सामान जल्दी में उतार रहे हैं। किसी को कुछ लग गया तो 'सॉरी' से काम चला रहे हैं। पर कोई भी पाँच मिनट रुकने को तैयार नहीं। विमान और घंटा भर देर से आता तो क्या कर लेते?

दूसरे दिन अपने समय पर वह ऑफिस पहुँची। लिफ्ट से बाहर आते ही उसी स्फूर्ति, उत्साह और प्रसन्नता से उसने अपने हॉल में प्रवेश किया। चलने का उसका एक अपना तरीका था। उसके कदमों में एक विशेष शैली का उत्साह झलकता। आँखों में निर्द्वन्द्ता होती और हलो में अनौपचारिक सादगी। दरवाजे पर बैठे चपरासी की ओर भी उसने हलो के अन्दाज में देखा और रिसेप्शनिस्ट की ओर नजर दौड़ाई तो उसकी नजर हवा में उछल गयी। रिसेप्शनिस्ट का ध्यान कहीं और था। उसने विशेष

नहीं माना इस घटना को। लेकिन अपनी सीट की ओर पहुँचते-पहुँचते उसने पाया कि आज सभी साथी इतने अनमने क्यों हैं। कोई नजरें क्यों नहीं मिला रहा। नजरें मिल भी गयीं तो नजर फेर क्यों लेते हैं लोग। उसे लगा कि जरूर कोई ऐसी-वैसी घटना हो चुकी है। विशेषतः साथी अधिकारियों की आँखों में उसके लिए एक प्रकार की परायेपन की भावना दिखाई देती। वह अपना पर्स टेबल पर रखकर 'प्रसाधन' में चली गयी। भीतर उसने इस पर काफी सोचा कि आज किसी ने हलो नहीं की और उसकी हलो का किसी ने उत्साह से प्रत्युत्तर नहीं दिया। चलो चीफ ऑफिसर से ही चलकर पूछते हैं, क्या गड़बड़ हो गयी है।

बाहर निकालते ही उसे फिर वही बेरुखी और परायेपन को झेलना पड़ा। आखिर क्या हो गया? दूर से ही उसने देखा कि उसका सहायक पांडे उसकी टेबल के पास खड़ा है। उसकी आँखों में सम्मानजनक चमक छलक रही है। उसे पांडे का इस तरह मिलना अच्छा लगा। ऑफिस की बैठने की व्यवस्था ऐसी है कि बैठने पर कोई किसी को दिखाई नहीं देता। आधुनिक ढंग से बना है यह ऑफिस। पर करीब आकर उसने देखा कि पांडे के हाथ में बुके भी है। इससे पहले कि पांडे से वह कुछ पूछे। पांडे ने ही कहा– बधाई, मुबारक।

"किस बात की?"

"आपको इस वर्ष की श्रेष्ठ अधिकारी घोषित किया गया है।"

.......। ....?

....

उसने एकबारगी चारों तरफ नजर दौड़ायी। लगा सब दस बजे इतनी व्यस्तता से काम कर रहे हैं कि किसी को उसकी ओर देखने की फुर्सत ही नहीं। किसी को खुशी नहीं, कहीं कोई बधाई नहीं। यहाँ तक कि जिसे पिछले वर्ष यह पुरस्कार मिला था और जिसकी खुशी में इसने अपनी ओर से मिठाई बाँटी थी, वह भी अपने काम में मशगूल है।

उसका जी खट्टा हो गया। लगा मिठाई में अचानक कंकड़ आ लगा दाँतों के बीच। पर उसने तो किसी को कभी भी आहत नहीं किया था। फिर क्यों उसकी खुशी साथियों के लिए काँटा बन गयी। ओफ् नो। अचानक उसके मुँह से निकला। पांडे ने कहा भी मैडम। छोड़िए भी, ईर्ष्या कहाँ नहीं होती। पर उसे बेचैनी होने लगी। वह कोई काम नहीं कर पायी।

और कल तो वार्षिक कार्यक्रम है। इसी कार्यक्रम में मन्त्रीजी के हाथों उसे पुरस्कार लेना है। चेयरमैन को तो यह मालूम होगा। परन्तु, दिल्ली यात्रा में उन्होंने कोई संकेत नहीं दिया। शायद वे सरप्राइज देना चाहते होंगे।

सरप्राइज तो दफ्तर के जाने-पहचाने साथियों ने दिया। इस अलगाव, बेगानेपन और निरपेक्षता से वह बुरी तरह आहत हुई। यह तो उसका अपमान है। धिक्कार है

ऐसे पुरस्कार से जो अपनों को परायों में बदल दे। नहीं चाहिए पुरस्कार। पर पिछले साल तो ऐसा नहीं हुआ था। कुछ लोग अवश्य अनमने हो गये थे पर बधाइयों की औपचारिकता तो निभायी गयी थी।

मेरे साथ इस तरह कठोरता और ईर्ष्या का कोई खास कारण? हाँ, है एक कारण–कारण है–उसे इस कार्यालय में तेजी से मान्यता मिली है। उसने इस मान्यता के लिए कभी गलत रास्ते नहीं अपनाये–सिर्फ मेहनत और लगन। इसीलिए वह जूनियर होकर भी यह खिताब पा सकी।

बस खटक गया कुछ लोगों को विशेषतः सीनियरों को। फिर क्या था। अनाप-शनाप, उल्टी-सीधी प्रतिक्रिया दिनभर ऑफिस में चलती रही। वह बुरी तरह आहत हुई। बिल्कुल नहीं चाहिए यह पुरस्कार। दोपहर के दो बज रहे थे। शायद चेयरमैन आ गये हों। वह झट् अपनी जगह से उठी और चेयरमैन के केबिन की ओर बढ़ी। सारी निगाहें फिर उसका पीछा करने लगीं। कुछ लोगों को आपत्ति तो थी ही कि वह किसी को गिनती ही नहीं, सीधे चेयरमैन।

पी.ए. ने रोक दिया। आज मुलाकात नहीं हो सकती। साहब बहुत ही व्यस्त हैं। उसने विनती की, सिर्फ दो मिनट। मैं बिल्कुल वक्त नहीं लूँगी। पता है कल की वार्षिक बैठक। ...सिर्फ दो मिनट..पर पी.ए. मजबूर था। उसे चेयरमैन की हिदायत ही ऐसी थी।

वह अपने टेबल पर आकर बैठ गयी। शाम को फिर पी.ए. को फोन किया। पर सम्भावना नहीं थी। अन्ततः उसने एक कागज पर संक्षेप में लिख दिया–"सर, मैं यह पुरस्कार नहीं ले सकती। मैं आभारी हूँ कि समिति ने मेरा चुनाव किया। आशा है, मेरी मजबूरी समझेंगे।" बस इतना ही लिखा। लिफाफे में बन्द किया और ऊपर 'कन्फिडेंशियल' लिखकर चेयरमैन के पी.ए. को दे दिया। अनुरोध किया कि इसे सिर्फ चेयरमैन ही खोलें।

बाद में पांडे को बुलाकर अनमने होकर ही उसने कल के कार्यक्रम की तैयारियों के बारे में पूछताछ की। सब कुछ ठीक हो गया था। अब वह ऑफिस में रुकना नहीं चाहती थी। परन्तु चेयरमैन यदि पाँच तक बुलाते हैं तो ठीक नहीं होगा। इसलिए वह साढ़े पाँच तक रुकी और फिर घर चली गयी। तैयारियाँ सारी हो चुकी थीं। अब केवल साढ़े नौ बजे मुख्य कार्यक्रम होना है। उसमें उसकी कोई रुचि नहीं थी। फिर भी उसने पांडे से कहा कि आठ बजे वहाँ पहुँचना ठीक होगा।

साढ़े छह के लगभग ऑफिस में भगदड़ उस समय हुई जब चेयरमैन ने उसे बुलाया। पर वह तो जा चुकी थी। उसके घर का फोन नम्बर ढूँढ़ा जाने लगा। पर घर पर फोन अभी तक लगा नहीं था। ऑफिस में कुछ लोग ऐसे थे जो काम के नाम पर इतना ही करते थे कि चेयरमैन के जाने के बाद ऑफिस छोड़ते। उन्होंने पी.ए. को बताया कि वह तो साढ़े पाँच बजे ही चली गयी और कोई कान्टेक्ट

नम्बर उसका नहीं है।

दूसरे दिन वह ठीक आठ बजे कार्यक्रम-स्थान पर आ चुकी थी। निश्चिन्त थी कि सम्बन्धित सारे कागजात ठीक ढंग से वितरित हो चुके हैं। उसने दूर से देखा चेयरमैन की कार आ रही है। पता नहीं उन्होंने लिफाफा खोला या नहीं। क्या सोचा होगा? पर इतनी जल्दी कैसे आ गये।

थोड़ी देर में ड्राइवर ने आकर कहा, साहब बुला रहे हैं। कुछ सहमती हुई वह चेयरमैन की ओर गयी। एक ओर ले जाकर बड़ी आत्मीयता से उन्होंने पूछा, "क्या बात है? किसी ने कुछ कहा। यह तो तुम्हारा जायज हक है। चयन समिति का निर्णय है। इसमें मेरा भी कुछ नहीं फिर भी मैं कहूँगा कि तुम्हें पुरस्कार लेना चाहिए। वरना जो नहीं चाहते कि तुम जैसे आगे आने चाहिए, वे सफल होंगे।"

उसने डबडबायी आँखों से चेयरमैन को देखा। वे सच कह रहे थे। उसे पुरस्कार लेना ही चाहिए। चेयरमैन ने फिर कहा, "इतना सेंटिमेंटल नहीं होना चाहिए। तुम पुरस्कार लेने आओगी।" इतना कहकर वे कार्यक्रम की अन्य तैयारियों की देखरेख में लग गये।

उसने भी अपने मन को तैयार कर लिया परन्तु उसके उत्साह, खुशी और सन्तोष को ज्यों ग्रहण लग गया था।

कार्यक्रम हुआ। उसका नाम पुकारा गया। तालियाँ उसके कानों में तीर-भालों का काम कर रही थीं। वैसे इन तालियों में लोकल ऑफिस भी थे। साथ ही, चेयरमैन और पांडे की तालियाँ भी हैं, यह सोचकर वह सामान्य होने की कोशिश करने लगी। उसे कदमों में स्फूर्ति सायास-सी लगी। उसने अपने आपको काफी मना लिया था कि पुरस्कार लेते समय उसके भीतर घुमड़ते काले बादलों की छाया उसके हँसमुख व्यक्तित्व पर न पड़े। इसी कोशिश में वह मंच की ओर बढ़ी। चेयरमैन की तालियों ने उसके दिमाग का कोलाहल दूर किया। पुरस्कार लेने के बाद, उसे लगा कि सीट पर बैठते ही पता नहीं बादल कब बरस पड़ेंगे...।

❑❑